84 donne che ispirano

Le vite di influenti eroine che si sono ribellate, hanno fatto la differenza e ispirano (Libro per femministe)

Dai lettori di Storia Attiva

1

Introduzione

Questo libro è una lettura obbligata per tutte le donne, dalle studentesse delle medie alle pensionate.

Le 84 potenti storie contenute in questo libro femminista vi ispireranno e renderanno la vostra vita più colorata. È perfetto per chiunque voglia saperne di più sul femminismo e capire come queste eroine femminili abbiano plasmato il nostro mondo di oggi.

Godetevi le brevi biografie di alcune delle donne più ispirate della storia e di oggi. È un ottimo modo per ispirarsi e conoscere meglio la grandezza delle donne.

Incluso:

- 19 donne nella scienza
- 15 artiste donne
- 18 donne combattenti per la libertà
- 16 donne influenti
- 16 Donne nere

Sebbene siano stati fatti molti progressi nella lotta per la parità di genere, la strada da percorrere è ancora lunga. Questo libro stimolante racconta le storie di 84 donne straordinarie che hanno fatto la differenza nel mondo. Dalle prime suffragette ai politici dei giorni nostri, queste donne si sono ribellate allo status quo e hanno lottato per il cambiamento. Così facendo, hanno aperto la strada alle future generazioni di donne.

Queste eroine provengono da tutti i ceti sociali e le loro storie sono in grado di coinvolgere lettori di tutte le età. Questo libro è una lettura essenziale per chiunque voglia saperne di più sulle donne potenti che hanno segnato la storia. Ispirerà sicuramente i lettori a seguire le loro orme e a fare la differenza nel mondo.

Rimarrete stupiti dal coraggio, dalla forza e dalla resilienza di questi eroi. Sono un'ispirazione per tutti noi e dimostrano che tutto è possibile se ci si impegna. Non perdete questa straordinaria opportunità di ispirarvi ad alcune delle donne più potenti della storia e di oggi.

Tabella dei contenuti

19 Donne nella scienza

1. Stephanie Kwolek (1923 - 2014)

Chimica americana nota soprattutto per il suo ruolo nell'invenzione del Kevlar

"Spero di salvare delle vite. Sono poche le persone che nella loro carriera hanno l'opportunità di fare qualcosa a beneficio dell'umanità".

Stephanie Louise Kwolek (New Kensington, 31 luglio 1923 - Wilmington, 18 giugno 2014) è stata una scheletrista amerikana che ha lavorato con la polimerica. Si tratta di un produttore di poli-p-fenileentereftaalamide o *para-aramıde*, meglio conosciuto con il nome di *Kevlar*.

Biografie

Kwolek era la figlia di Jan Kwolek e Nellie Zajdel Kwolek, immigrati in Italia, che nel 1923 avevano vissuto a New Kensington. Il loro padre si è fermato quando ze tien jaar era. Nel 1946 Kwolek ha conseguito il bachelor in ingegneria presso il Margaret Morrison Carnegie College della

Carnegie Mellon University. I suoi piani erano finalizzati a ottenere denaro per continuare a studiare nel campo della genetica.

Nel 1946 Kwolek ha ottenuto da Hale Charch una borsa di studio presso la società di chimica DuPont. Dat werk beviel haar zo goed dat ze daar uiteindelijk tot aan haar pensioen zou blijven werken. Nel 1950 Kurt ha lavorato a Wilmington. Qui, nel 1965, Kwolek ha iniziato a produrre Kevlar. Nel 1986 Kwolek ha iniziato a lavorare con le penne, ma non è più stato assunto come consulente da DuPont. Nel corso della sua carriera ha ottenuto due brevetti sul suo nome, tra cui quello per la produzione del Kevlar.

Ha iniziato il suo 90° anno di vita in una ziekenhuis nel Delaware.

Punti salienti

- DuPont aveva introdotto il nylon poco prima della Seconda Guerra Mondiale, e negli anni del dopoguerra l'azienda ha ripreso il suo cammino nel mercato altamente competitivo delle fibre sintetiche.
- DuPont si è trasferito con il Pioneering Research Laboratory dell'azienda a Wilmington, nel Delaware, nel 1950 ed è andato in pensione con il grado di ricercatore associato nel 1986.
- Kwolek è nota soprattutto per il suo lavoro negli anni '50 e '60 con le aramidi, o "poliammidi aromatiche", un tipo di polimero che può essere trasformato in fibre forti, rigide e resistenti alle fiamme.
- Il suo lavoro di laboratorio sulle aramidi è stato condotto sotto la supervisione del ricercatore Paul W. Morgan, che ha calcolato che le aramidi avrebbero formato fibre rigide a causa della presenza di ingombranti anelli di benzene (o "aromatici") nelle loro catene molecolari, ma che avrebbero dovuto essere preparate da una soluzione perché fondono solo a temperature molto elevate.

2. Rachel Carson (1907 - 1964)

Biologo marino e scrittore naturalista americano

"Un modo per aprire gli occhi è chiedersi: "E se non avessi mai visto questo prima? E se sapessi che non lo vedrei mai più?".

Rachel Louise Carson (Springdale (Pennsylvania), 27 mei 1907 - Silver Spring (Maryland), 14 aprile 1964) è stata una biologa che ha vissuto a Springdale, in Pennsylvania. È nota per i suoi libri e per il suo impegno per il miglioramento dell'ambiente.

Levensloop

Rachels voorliefde voor de natuur werd door haar moeder gestimuleerd.
Van kindsbeen af schreef ze erover en dit bepaalde ook haar latere
studiekeuze aan de Pennsylvania College for Women (nu Chatham
College). Nel 1929 studia da lì e nel 1932 ottiene il dottorato in zoologia
alla Johns Hopkins University. In seguito ha insegnato a questa università
e all'Università del Maryland.

Ha scritto radiocronache per l'U.S. Bureau of Fisheries durante le crisi e
ha scritto diversi articoli sulla natura per il Baltimore Sun. Da allora ha
iniziato anche una lunga carriera come wetenschapper e uitgeefster nel
dipartimento federale. Inoltre, è stato promosso a redattore per tutte le
pubblicazioni dell'U.S. Fish and Wildlife Service.

In tutte le sue opere è presente la convinzione che la natura non sia solo
un elemento del corpo umano, ma anche un elemento della natura,
mentre l'ambiente viene controllato da un altro soggetto, in alcuni casi in
modo particolare. Rachel Carson era molto preoccupata per l'uso
eccessivo di insetticidi chimici di sintesi nel Tweede Wereldoorlog, tanto
da farglielo notare. Si tratta di una questione di effetti dell'uso improprio di
pesticidi. È stato pubblicato il libro *Silent Spring* (1962), in cui il problema
della salute è al centro dell'attenzione. Il titolo è un'osservazione sulla
lente dell'anno apocalittico in cui i vogatori non hanno più nulla da fare,
perché sono stati colpiti dall'uso di bestrijdingsmiddelen. A parte il
tegenspraak e la critica, il libro è stato pubblicato per dare un'occhiata ai
bestrijdingsmiddelen che non vengono regalati. Nel 1963 ha ottenuto un
intervento presso i Congressi americani, in cui è emersa una nuova
visione degli uomini e del loro ambiente.

Rachel Louise Carson è nata nel 1964 da una lunga battaglia contro gli
scarafaggi. Le sue idee sulla salute e sulla distruzione della vita ispirano le
nuove generazioni a proteggere il mondo e tutti i cittadini del mondo.

Primavera silenziosa

Come primo libro, Rachel Carson presenta il suo lavoro più famoso sul
problema della salute, *Primavera silenziosa*. Il libro è ancora più attuale e
si basa su una ricerca aneddotica, sistematica e letteraria sull'uso di
diversi pesticidi. Il progetto è stato promosso dagli esperti di medicina
legale e da John F. Kennedy. All'inizio è stata fatta una critica all'industria
chimica. A partire dal 2000, molti gruppi di discussione libertari hanno
pubblicato il libro, sottolineando che le restrizioni agricole sul DDT
contribuiscono a una maggiore prevenzione della malaria.

Punti salienti

- Rachel Carson sviluppò presto un profondo interesse per il mondo naturale.
- Entrò al Pennsylvania College for Women con l'intenzione di diventare scrittrice, ma presto cambiò il suo campo di studi principale dall'inglese alla biologia.
- Un articolo apparso su The Atlantic Monthly nel 1937 è servito come base per il suo primo libro, Under the Sea-Wind, pubblicato nel 1941. The Sea Around Us (1951) divenne un best seller nazionale, vinse un National Book Award e fu tradotto in 30 lingue.
- Le prospettive del movimento ambientalista degli anni '60 e dei primi anni '70 erano generalmente pessimistiche e riflettevano un senso pervasivo di "malessere della civiltà" e la convinzione che le prospettive a lungo termine della Terra fossero desolanti.

3. Maria Goeppert Mayer (1906 - 1972)

Fisico teorico americano di origine tedesca, vincitore del premio Nobel nel 1963

"Vincere il premio non è stato così eccitante come fare il lavoro stesso".

Maria Gertrud Goeppert-Mayer (Katowice, 28 giugno 1906 - San Diego, 20 febbraio 1972) è stata una teorica naturopatica americana nata nel Duitse Rijk. Nel 1963 ricevette il Nobel per la natura insieme a Eugene Wigner e insieme a Hans Jensen "per i suoi interventi sulla struttura degli animali". È stato il secondo vincitore del Premio Nobel per la Natura, dopo Marie Curie nel 1903.

Biografie

Maria Gertrud Göppert è nata a Katowice, Opper-Silezië, come figlia di Friedrich Göppert e Maria Wolff. Nel 1910 si trasferì a Gottinga, quando il suo padre si trasferì a Gottinga come insegnante di scienze materne presso l'università. Il suo padre era, per il periodo in questione, una persona molto disponibile che si occupava di giovani e bambini.

Göppert ha frequentato una scuola privata e una aperta a Gottinga e ha iniziato un'attività di volontariato molto interessante. Temeer omdat ze omringd was met studenten en docenten van haar vaders universiteit, waaronder de latere Nobelprijswinnaars Enrico Fermi, Werner Heisenberg, Paul Dirac en Wolfgang Pauli, terwijl wiskundige David Hilbert haar naaste buurman was. La madre di Hilbert si è trasferita in uno *studio* privato *di donne, che le* sue sorelle hanno sostenuto per ottenere l'*Abitur*, il diploma di maturità per l'università. A parte il fatto che questa scuola, nei due anni successivi, ha subito un crollo a causa dell'iperinflazione della Repubblica di Weimarre, i professori si sono rivolti alle loro allieve.

Nel 1924 Göppert fu licenziato per il suo matrimonio, e gli fu affidata l'università con l'intenzione di diventare un medico. Tuttavia, non appena gli venne organizzato un seminario di Max Born, si diresse verso la scienza della natura. Sotto la sua cerchia di collaboratori ci sono stati due famosi Nobelswinnaar: Born, James Franck e Adolf Windaus. Un anno dopo si reca a Cambridge, presso il Ginton College, per studiare Engels, ma si accorge anche di Ernest Rutherford. Nel 1930 Mayer ha ottenuto la promozione di un'attività di ricerca (sulla twee-fotonexitatie). Ancora un anno dopo, Mayer si riunisce con il chimico-fisico Joseph Edward Mayer (1904-1983), assistente di James Franck. Il primo anno successivo ha visto il suo viaggio verso il Verenigde Staten, il paese di origine di Mayer.

Negli anni successivi Goeppert-Mayer lavorò in qualità di funzionario o di assistente presso le università in cui lavorava. Prima presso la Johns Hopkins-universiteit di Baltimora (1931-39), poi presso la Columbia-universiteit (1940-46) e infine presso l'università di Chicago. Era il periodo della grande depressione e nessuna università voleva che la nota antinomica di una nave da crociera venisse cancellata. In America ha anche i suoi due figli, nel 1933 è nata la figlia Maria-Ann e, qualche anno dopo, il figlio Peter Conrad.

In seguito ha svolto un'attività di ricerca sull'energia in un vasto campo, insieme all'esperto di scienze naturali Karl Herzfeld, che ha scritto un paio di articoli insieme a lui. Alla Columbia lavorò con chimici e fisici come Harold Urey, Willard Libby ed Enrico Fermi. Nel periodo dell'oorlog ha stretto amicizia con Edward Teller, una personalità di Hong Kong che ha svolto un ruolo importante nell'elaborazione delle acque, e che ha lavorato insieme al Progetto Mantattan.

Chicago era l'ultima università in cui Ze non era stato assunto (a causa della discriminazione nei confronti dei giovani), ma era stato assunto con le armi aperte, ma non aveva mai avuto una posizione di rilievo. È stato nominato professore ordinario presso la facoltà di scienze naturali e presso l'*Istituto di studi nucleari*. Daarnaast kreeg ze een positie bij het *Argonne National Laboratory*, ondanks haar weinige kennis van de kernfysica. È stato durante il periodo trascorso a Chicago e Argonne che ze ha elaborato il modello wiskundige sulla struttura degli atoomschillen, il lavoro per il quale ze, insieme a Jensen, ha ottenuto il Nobel.

Nel 1960 Goeppert-Mayer fu nominato (voltijds)professor natuurkunde aan de universiteit van Californië te San Diego, al bedroeg haar salaris slechts driekwart van dat van haar man. Poiché ze kort na aankomst werd getroffen door een beroerte kon ze voor een aantal jaren haar onderzoek en het doceren toch voortzetten. Nel febbraio del 1972 si è spento a causa di un infarto al cuore.

Magische getallen

Fu Teller a spingere Mayer ad approfondire la sua teoria sulla forza degli elementi. Gli scienziati hanno scoperto che gli elementi più stabili, come lo stagno e la linfa, sono molto più stabili di quanto non lo siano in base alla teoria più recente. Questo vale anche per altri elementi. Quando Mayer rileva la quantità di neutroni e protoni presenti nel contenitore di questi elementi, si rende conto che i metalli non sono più così forti. Si chiamano "magische getallen" e si identificano i seguenti elementi: 2, 8, 20, 28, 50, 82 e 126. Ogni elemento che si trova a contatto con protoni o neutroni è estremamente stabile. Gli elementi che hanno sia un numero di protoni che un numero di neutroni magici sono considerati "dubbel magisch" e sono extra stabiel. Dit zijn onder andere[4] He_2 ,$^{16} O_8$,$^{40} Ca_{20}$,$^{48} Ca_{20}$,$^{48} Ni_{28}$ en$^{208} Pb_{82}$.

Sulla base di questa teoria ha elaborato il modello a schillen dell'atoomkern, che prevede l'apertura del kern in presenza di linee di movimento dei nucleoni. Ha pubblicato la sua ipotesi sulla rivista *Physical Review*. Il fisico ducatista Hans Jensen ha accolto con grande entusiasmo le sue conclusioni, ma ha pubblicato il suo articolo due mesi dopo la pubblicazione, su un'altra rivista. Het tijdschrift publiceerde zijn werk echter een aflevering voor dat van Mayer. Na een briefwisseling onderling besloten ze gezamenlijk een boek te schrijven: *Elementary Theory of Nuclear Shell Structure* (1955).

Punti salienti

- Maria Goeppert ha studiato fisica all'Università di Gottinga (dottorato, 1930) sotto la guida di un comitato di tre premi Nobel.
- Nel 1930 sposò il fisico chimico americano Joseph E. Mayer e poco tempo dopo lo accompagnò alla Johns Hopkins University di Baltimora, nel Maryland.
- Nel 1939 lei e il marito ricevettero entrambi un incarico in chimica alla Columbia University, dove Maria Mayer lavorò alla separazione degli isotopi dell'uranio per il progetto della bomba atomica.
- Maria Goeppert è stata nominata professore ordinario nel 1959.

4. Rosalind Franklin (1920 - 1958)

Chimico e cristallografo a raggi X inglese

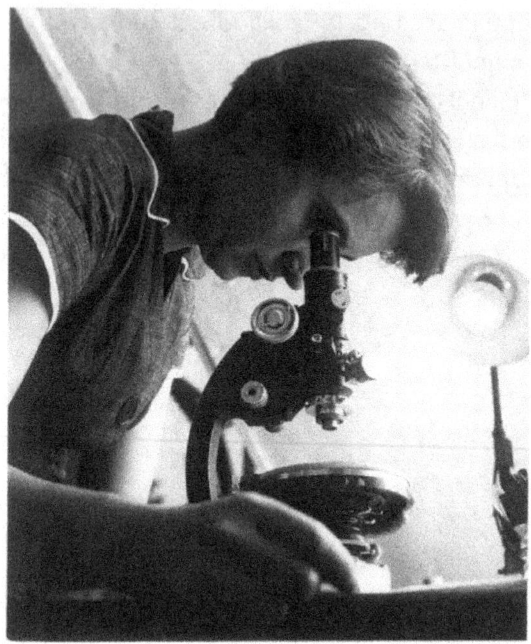

"La scienza e la vita quotidiana non possono e non devono essere separate".

Rosalind Elsie Franklin (Londen, 25 luglio 1920 - Aldaar, 16 aprile 1958) è stata una chimica britannica molto nota per i suoi studi sull'analisi della struttura del DNA attraverso la rarità.

Gioia

Franklin era la figlia del banchiere Ellis Franklin e della sua amica Muriel Frances Waley (1894-1976). La ragazza è entrata a far parte della St. Paul's Girls School, una delle più importanti scuole di specializzazione in scienze naturali e scienze naturali, con un contratto di due anni e mezzo. Al suo primo compleanno ha scoperto che la sua vita era in pericolo. Il suo capo era sempre più preoccupato per le donne e voleva che le donne lavorassero nel settore sociale. Da allora, non voleva che i costi del suo corso di studi universitario venissero ammortizzati, perché gli era capitato di fare un esame di laurea per l'Università di Cambridge con successo. Si è fermato per un po' di tempo, quando una donna ha deciso di proseguire il suo studio e di lasciare la sua compagna a bocca asciutta.

Carriera professionale

Nel 1938 Franklin è stato trasferito al Newnham College dell'Università di Cambridge, dove nel 1941 ha studiato scienze naturali con specializzazione in chimica fisiologica. Dopo un anno di lavoro presso l'università, nel 1942 ze è stato nominato onderzoekster presso la British Coal Utilisation Research Association nel quadro del Tweede Wereldoorlog. In quell'occasione si occupò della poreusheid dello steenkool con l'elio, affinché lo steenkool, da quando è stato studiato nell'oorlogsperiodo, potesse essere utilizzato in modo ottimale e affinché si potessero creare delle buone maschere antigas con il koolpoeder. Questo lavoro costituisce la base per la sua promozione in chimica fisiologica nella rivista *The physical chemistry of solid organic colloids with special reference to coal* presso l'Università di Cambridge nel 1945.

Parijs

Durante il suo periodo di lavoro a Cambridge, ha svolto due anni di studio a Parijs presso il "Laboratoire Central des Services Chimiques de l'Etat". Qui ha appreso le tecniche di analisi della cristallografia che possono contribuire all'analisi della struttura del DNA.

Londra

Nel 1948 ze terug naar het Verenigd Koninkrijk als onderzoekster op het gebied van moleculaire röntgendiffractie aan King's College London onder leiding van Sir John Randall.

Le discussioni sui risultati dell'analisi del DNA hanno portato a uno scambio di lettere tra Franklin e Maurice Wilkins, un ricercatore che lavorava per Randall da molto tempo. Franklin si è arrabbiato per i risultati ottenuti e si è preoccupato anche di essere un personaggio a sé stante: a fronte del fatto che la sua ricerca aveva dato origine a una struttura elicoidale del DNA, Franklin ha dichiarato che non si trattava di una situazione normale e che nel 1952 ha pubblicato nel suo istituto di ricerca un documento sulla meditazione: "E' con grande rammarico che dobbiamo annunciare la morte, venerdì 18 luglio 1952, di D.N.A. helix .... Si spera che il dottor M. H. F. Wilkins parli in memoria del defunto Helix". Wilkins si

17

rivolge, in un momento in cui è stato riconosciuto che Franklins
röntgendiffractiefoto's van DNA, a James Watson, un concorrente di
Cambridge, il quale ha espresso l'idea che la struttura del DNA debba
essere definita come un'elica dubbia, senza che Linus Pauling, con un
modello così semplice ma non valido, sia stato informato (hij ging uit van
een driedubbele helix in plaats van een dubbele helix). Il risultato fu un
articolo di Watson e Francis Crick nella rivista Nature. In un altro numero
di Nature si trova anche un articolo di Franklin che illustra le sue
conclusioni.

Di Franklin zelf de structuur van DNA zou hebben gevonden en in
hoeverre haar naam genoemd dient te worden in verband met de
ontdekking van de structuur van DNA blijft tot op heden reden tot
discussie. Il fatto è che, grazie alle sue foto di alta qualità del DNA, il più
giovane è stato giudicato e la struttura del DNA è stata modificata.

Collegio Birbeck

Na de DNA-publicaties vertrok ze naar het Birkbeck College waar ze haar
eigen onderzoeksgroep kreeg en zich concentreerde op virussen - ze
mocht alleen bij het King's College vertrekken als zeich ziet meer met
DNA zou bezighouden -, met name het tabaksmozaïekvirus en het
poliovirus.

Nel 1956, a seguito di un viaggio nei Verenigde Staten, fu costretto a fare
lo zecchino e fu costretto a fare l'eierstokkanker. Due anni più tardi, ze ha
un reddito di 37 anni, a causa di questa ziekte, che è stata resa più difficile
da gestire, perché ze tijdens haar onderzoek nonchalant omging met de
röntgenstraling: ze droeg zelden een loden schort en stelde zich vaak
bloot aan een röntgenstraal.

Nel 1962 Watson, Crick e Wilkins ricevettero il Premio Nobel. In tale anno
è stata inserita anche Rosalind Franklin, che non aveva ancora ricevuto il
premio. Il premio non è inoltre postumo e non è nemmeno accessibile a
più di dieci persone.

Punti salienti

- Rosalind Franklin ha frequentato la St. Paul's Girls' School prima di
  studiare chimica fisica al Newnham College dell'Università di
  Cambridge.

- Dopo la laurea nel 1941, ha ricevuto una borsa di studio per condurre ricerche in chimica fisica a Cambridge.
- Quando ha iniziato la sua ricerca al King's College, si sapeva ben poco della composizione chimica o della struttura del DNA.
- Il suo lavoro per rendere più chiari i modelli a raggi X delle molecole di DNA ha gettato le basi per James Watson e Francis Crick per suggerire nel 1953 che la struttura del DNA è un polimero a doppia elica, una spirale composta da due filamenti di DNA avvolti l'uno sull'altro.

5. Rosalyn S. Yalow (1921 - 2011)

Fisico medico americano e seconda donna ad aver vinto il premio Nobel per la medicina.

"Dobbiamo credere in noi stessi perché nessun altro crederà in noi, dobbiamo far coincidere le nostre aspettative con la competenza, il coraggio e la determinazione per avere successo".

Rosalyn Sussman Yalow, nata come *Rosalyn Sussman*, (New York, 19 luglio 1921 - Aldaar, 30 maggio 2011) è stata una medico-naturalista americana e una vincitrice del Nobel. Nel 1977 ha vinto il Nobel per la geneeskunde per l'applicazione del metodo Yalow-Berson. Ha vinto il premio insieme a Roger Guillemin e Andrew Schally che hanno vinto il premio per un'altra ricerca.

Biografie

Yalow è nata come figlia di Simon Sussman e Clara Zipper, immigrati ebrei. Ha iniziato il suo corso di studi alla Walton High School di New York. All'inizio degli anni successivi studia all'Hunter College, un college della City University of New York dedicato agli studenti stranieri. Qui ha sviluppato il suo interesse per la natura e il disegno.

Yalow ha iniziato la sua carriera come segretaria del Dr. Rudolf Schoenheimer, un biochimico e un veterinario che lavora presso il College van Artsen en Chirurgen della Columbia-universiteit. Volle fare un'opleiding stenografie en trad in diens als secretaresse van Michael Heidelberger. Quando il Tweede Wereldoorlog ha aperto le porte a molti uomini per il dienstplicht, ha dato a zij un incarico per assistere ai corsi di scienze naturali dell'Università dell'Illinois a Urbana-Champaign. Dal 1917 fu l'ultimo assistente di ruolo di una donna. Nel 1943 incontrò Aaron Yalow. Nel 1945 ha conseguito, come ultimo studente dell'università, il dottorato in fisica.

Na haar studie trad ze in dienst van het Bronx Veterans Administration Ziekenhuis om te assisteren bij het opzetten van een radio-isotopische dienst. Qui si parla di Solomon Berson, un medico newyorkese che si occupava di suikerzie, e di come lui, un uomo nadese, si sia occupato di un'emergenza nel 1972. I ricercatori hanno effettuato il radioimmunoassaggio (RIA), una tecnica che consente di individuare nel sangue, tramite traccianti radioattivi, minuscoli frammenti di sostanza biologica. Questo metodo è stato utilizzato anche per la misurazione dell'insulina nei pazienti affetti da diabete mellito. In seguito la tecnica è stata applicata anche a molte altre sostanze, come ormoni, prodotti farmaceutici, vitamine ed enzimi, oltre che alla misurazione delle concentrazioni di liquidi nel sangue. Oltre al grande potenziale commerciale di questo metodo, Yalow e Berson hanno ottenuto un brevetto per poter trarre vantaggio da questa tecnologia.

Nel 1968 Yallow è stato assunto come onderzoekshoogleraar presso la Mount Sinai Ziekenhuis di New York. In seguito ha assunto la funzione di Solomon Berson Distinguished Professor at Large.

Nel 1975 Yalow e Berson ricevono il premio AMA Scientific Achievement Award. L'anno successivo Yalow è stato l'ultimo vincitore del premio Albert Lasker per la ricerca medica di base e nel 1988 ha ricevuto la National Medal of Science.

Punti salienti

- Rosalyn S. Yalow si è laureata con lode all'Hunter College della City University di New York nel 1941 e quattro anni dopo ha conseguito il dottorato in fisica presso l'Università dell'Illinois.
- Dal 1946 al 1950 ha tenuto lezioni di fisica all'Hunter e nel 1947 è diventata consulente di fisica nucleare per il Bronx Veterans Administration Hospital, dove dal 1950 al 1970 è stata fisica e assistente capo del servizio radioisotopi.
- Con un collega, il medico americano Solomon A. Berson, Yalow iniziò a utilizzare gli isotopi radioattivi per esaminare e diagnosticare varie condizioni patologiche.
- Le ricerche di Yalow e Berson sul meccanismo alla base del diabete di tipo II hanno portato allo sviluppo della RIA.
- Nel 1976 è stata la prima donna a ricevere l'Albert Lasker Basic Medical Research Award.

6. Rita Levi-Montalcini (1909 - 2012)
Premio Nobel italiano, premiato per il suo lavoro in neurobiologia

"Soprattutto, non temete i momenti difficili. Il meglio viene da essi".

Rita Levi-Montalcini (Turijn, 22 aprile 1909 - Roma, 30 dicembre 2012) è stata una neurologa italiana che nel 1986, insieme al suo collega Stanley Cohen, ha ricevuto il Nobel per la Fisiologia e la Geneeskunde grazie al suo lavoro di ricerca di reperti. Nel 2001 è stato nominato senatore per la sua carriera nel Senato italiano ed è stato il primo Nobelswinnaar non ancora nato, nonché l'ultimo che abbia mai raggiunto i 100 anni di età. Inoltre, è stato il primo politico attivo del mondo. In Italia fu nominato

"Cavaliere di Gran Croce Ordine al Merito della Repubblica Italiana"
(Ridder van het grootkruis van verdienste van de Republiek Italië).

Levensloop

Rita Levi-Montalcini è nata nel 1909 a Turijn, in una famiglia sefardita-jodese, anche con il suo compagno Paola. I due fratelli sono i figli più giovani di tre parenti. Il suo capostipite, Adamo Levi, era un elettricista e una donna di strada. La sua compagna, Adele Montalcini, era un'esperta disegnatrice e, secondo Levi-Montalcini, "un uomo molto affidabile".

Quando un amico della sua famiglia è stato ucciso, Levi-Montalcini ha deciso di intraprendere un'attività medica. A parte i consigli del suo padre, che ha deciso di intraprendere una carriera professionale in qualità di madre e figlio, ha studiato fino al 1930 medicina a Turijn. Nel 1936, dopo aver ottenuto la *lode*, fu assistita da Giuseppe Levi, con il quale aveva iniziato gli studi. Nel 1938 Benito Mussolini ricevette un'ampia serie di documenti antisemiti, che, tra l'altro, confermarono che het Joden niet langer was toegestaan academische functies uit te oefenen. Nel periodo del Tweede Wereldoorlog, gli esperimenti sono stati condotti in un laboratorio di analisi, dove gli scienziati si sono occupati della crescita degli assoni (zenuwen) negli embrioni di kippen. In questo modo, le donne avevano a disposizione degli animali più grossi e più ricchi, che si trovavano in un campo di battaglia all'interno di un'area geografica. Gli esperimenti costituiscono la base per le sue ultime ricerche. Il primo laboratorio di genetica si trovava nella sua slaapkamer e, quando la sua famiglia si trasferì a Firenze, installò un laboratorio di analisi. Nel 1945 ha lasciato la sua famiglia a Turijn.

Nel settembre del 1946 Levi-Montalcini ricevette un'autorizzazione per svolgere un semestre all'Università di Washington a Saint Louis, sotto la supervisione del professor Viktor Hamburger. Presso l'università di Washington, Zija ha iniziato a lavorare per altri sei mesi, e nel 1952 ha iniziato a lavorare al suo più importante problema di natura tecnica: l'isolamento del fattore di crescita delle cellule zenitali, l'eiwit NGF, nelle cellule embrionali.

Nel 1958 viene promosso a professore. Nel 1962 ha iniziato un'esperienza di ricerca a Roma, e da quel momento ha iniziato a lavorare a St. Louis e a Roma. Dal 1961 al 1969 ha lavorato presso l'Onderzoekscentrum voor Neurobiologie (*Consiglio Nazionale delle Ricerche*) di Roma e dal 1969 al 1978 ha lavorato presso il Laboratorium voor Cellulaire Biologie.

Rita Levi-Montalcini e il suo gruppo di lavoro hanno studiato nel periodo 1993-1996 il meccanismo di funzionamento della sostanza palmitoiletanolamide. Si è scoperto che questa sostanza endogena funge da modulatore naturale delle membrane iperattive che agiscono in modo pro-infiammatorio con l'NGF. A partire dalla sua prima pubblicazione, l'interesse scientifico per la palmitoiletanolamide è molto forte.

Il 1° agosto 2001, Carlo Azeglio Ciampi, presidente di turno dell'Italia, l'ha nominata senatrice a vita. Quando ze niet in beslag werd genomen door ha wereldwijde academische activiteiten, nam ze actief deel aan de discussies in de Senaat.

Punti salienti

- Levi-Montalcini ha studiato medicina all'Università di Torino e ha svolto ricerche sugli effetti che i tessuti periferici hanno sulla crescita delle cellule nervose.
- Nel 1947 accettò un incarico presso la Washington University di St. Louis, nel Missouri, con lo zoologo Viktor Hamburger, che stava studiando la crescita del tessuto nervoso negli embrioni di pulcino.
- Nel 1948, nel laboratorio di Hamburger, si scoprì che una varietà di tumore di topo stimolava la crescita dei nervi quando veniva impiantata in embrioni di pulcino.
- Levi-Montalcini e Hamburger hanno ricondotto l'effetto a una sostanza presente nel tumore che hanno chiamato fattore di crescita nervosa (NGF).

7. Chien-Shiung Wu (1912 - 1997)

Fisico sperimentale e delle particelle cinese-americano

"C'è solo una cosa peggiore che tornare a casa dal laboratorio con il lavandino pieno di piatti sporchi, ed è non andare affatto in laboratorio!".

Chien-Shiung Wu (Shanghai, 31 mei 1912 - New York, 16 febbraio 1997) è stato un naturalista cinese-americano che ha studiato la pariteitsimmetria. Ha lavorato, tra l'altro, al progetto Manhattan (per la ricerca dell'uranio) e ha ricevuto il premio Wolfprijs nel 1978.

Cina

Dopo che la sua famiglia è nata a Taicang, nella provincia di Jiangsu, Wu è nato a Shanghai. Il suo padre, Wu Zhongyi, era un sostenitore dei diritti delle donne ed era il direttore della Mingde Vocational Continuing School for Women, dove Chien-Shiung andò a scuola per poi passare al Suzhou

26

Lerarenopleiding voor Vrouwen nummer Twee. Il padre di Wu era Fan
Fuhua.

Nel 1929 fu trasferito alla Nationale Centrale Universiteit di Nanchino. In
quell'anno è stato pubblicato un documento che indicava agli studenti
della scuola normale che si recavano all'università un periodo di tempo
superiore a un anno. Questo è il caso della *Openbare School of China di*
Shanghai, aperta da Hu Shi. Dal 1930 al 1934 studia presso l'Istituto di
Scienze Naturali dell'Università Centrale (nel 1949 l'Università di
Nanchino). Per due anni, durante i suoi studi, lavorò con un altro
ricercatore, Jing Weijing, presso questa università.

Stati Uniti

Nel 1936 Wu Chien-Shiung Wu insieme a un amico, Dong Ruofen, een
scheikundige uit Taicang, partì per la VS. Wu studiò all'Università della
California a Berkeley, dove nel 1940 conseguì il dottorato. Due anni più
tardi incontrò Luke Chia-Liu Yuan, anch'egli naturopata. I due figli hanno
un figlio, Vincent, che più tardi diventerà anche lui naturopata. La famiglia
si trasferisce nella zona del VS, dove Wu frequenta lo Smith College,
l'Università di Princeton e la Columbia University (1957). Presso l'istituto
NIST del VS si è svolto l'esperimento Wu. Nel 1975 ha vinto la National
Medal of Science e nel 1978 il primo Wolfprijs voor natuurkunde.

E poi c'era Wu, l'ultima ragazza a morire:

- Conferenza presso la Facoltà di Scienze Naturali dell'Università di
  Princeton.
- Un medico che lavora a Princeton.
- Presidente della Società Americana di Fisica (nel 1975).

Ontdekking pariteischending zwakke kernkracht

Wu ha iniziato il suo lavoro nel 1956 con il pariteitsschending nella prima
guerra mondiale. In quel periodo era già noto che la pariteticità era un
problema. Chen Ning Yang e Tsung-Dao Lee verificarono, su basi
teoriche, che il problema era che la pariteit non si poteva controllare con il
metodo di analisi della zwakke (che ha un ruolo importante nel bètaverval)
e Wu propose a Lee un metodo per effettuare l'esperimento, il cosiddetto
Wu-experiment. Con questo esperimento, Wu ha fatto notare che la
pariteitsbehoud geschonden è stata eliminata con il bètaverval del kobalt-
60, e che la pariteit non è più un fattore di disturbo in natura. Nel 1957
Yang e Lee ottennero il Nobel per la Natuurkunde. Wu non ha ottenuto

27

alcun premio, a causa di un'onerosa mancanza. Il suo libro *Beta Decay*
(1965) non è altro che un'opera standardizzata per i kernfysici.

Herdenking

Nel 1990 l'Accademia cinese delle scienze ha scoperto un pianeta
dedicato a Wu Chien-shiung: Wu Jianxiong Xing. Nel 1995, cinque
taiwanesi/nobel cinesi (Tsung-Dao Lee, Chen Ning Yang, Samuel Ting e
Yuan Lee) hanno fondato la Wu Chien-Shiung Education Foundation a
Taiwan, per aiutare i giovani studenti.

Wu è nato nel 1997 a Manhattan da un ragazzo. Ha iniziato a frequentare
la Mingde Senior High School (che è la scuola femminile di Mingde). Il suo
uomo, che nel 2003 si è trasferito, è lontano da lui. I disegni sono
realizzati con le fotografie di Tsung-Dao Lee e Chen Ning Yang (per Wu),
e Samuel Ting e Yuan T. Lee (per Yuan).

Naam

Chien-Shiungs Wu generatienaam, Chien, è identico a quello dei suoi
fratelli, e non è un tipico vrouwennaam. Bovendien betekent Shiung, il suo
nome personale, 'held, overwinnaar'. Vandaar dat veel Chinezen die haar
naam voor het eerst horen in eerste instantie aannemen dat Wu een man
was.

Punti salienti

- Chien-Shiung Wu si è laureato presso l'Università Centrale Nazionale
  di Nanchino, in Cina, nel 1936 e si è poi recato negli Stati Uniti per
  intraprendere gli studi di fisica presso l'Università della California a
  Berkeley, studiando con Ernest O. Lawrence.
- Dopo aver conseguito il dottorato nel 1940, Wu ha insegnato allo
  Smith College e all'Università di Princeton.
- Nel 1944 ha intrapreso un lavoro sulla rilevazione delle radiazioni
  presso la Division of War Research della Columbia University.
- Ha osservato che esiste una direzione preferita di emissione e che,
  pertanto, la parità non si conserva per questa interazione debole.
- Wu, che ha ricevuto la National Medal of Science nel 1975 ed è stato
  anche presidente dell'American Physical Society in quell'anno, era
  considerato uno dei principali fisici sperimentali del mondo.

8. Katherine Johnson (1918 - 2020)

Matematico americano della NASA

"Se vi piace quello che fate, darete il meglio di voi stessi".

Katherine Johnson (White Sulphur Springs (West Virginia), 26 agosto 1918 - Newport News (Virginia), 24 febbraio 2020) è stata una scienziata americana che si è occupata dei programmi di illuminazione e di ristrutturazione dei Verenigde Staten, in uno stadio in cui si è fatto uso di computer digitali della NASA. Grazie alla sua precisione nel campo dell'emodinamica computerizzata, ha effettuato le misurazioni per il programma Mercury e la partenza dell'Apollo 11 nel 1969.

Biografie

Katherine Coleman nacque nel 1918 come figlia di Joshua e Joylette Coleman a White Sulphur Springs nella Contea di Greenbrier, in West Virginia. Il suo padre lavorava come timmerman, boer e klusjesman. La sua madre era una lerares. Fin dai primi anni di vita Katherine aveva un grande talento per il wiskunde. I suoi padri hanno imparato a conoscere il valore dell'onderwijs. Poiché nella Contea di Greenbrier gli studenti nani non andavano a scuola, alla fine della scuola di base (*"terza media"*)

Katherine e i suoi fratelli e sorelle andarono alla scuola media di Institute, nella Contea di Kanawha, in West Virginia. La famiglia viveva a Institute durante il periodo scolastico e a White Sulphur Springs nel periodo successivo.

Johnson ha frequentato la scuola media presso il West Virginia State College e da lì ha ricevuto lezioni da diversi professori, tra cui la scheikundige e wiskundige Angie Turner King (che è stata anche il suo mentore durante la scuola media) e W.W. Schiefflin Claytor (l'ultimo afro-americano che è stato promosso in wiskunde). Johnson studiò nel 1937, con lode, in wiskunde e Frans. Da allora Johnson si trasferì a Marion (Virgina) per studiare letteratura, francese e musica.

Nel 1938 Johnson è stato l'ultimo studente afro-americano ad essere stato assunto alla West Virginia University di Morgantown (Virginia Occidentale) in occasione dell'apertura dell'Hooggerechtshof dei Verenigde Staten nella zona del Missouri ex rel. Gaines verso il Canada.

Carriera di lusso

Johnson ha dato la possibilità al National Advisory Committee for Aeronautics (NACA), l'ultimo nato della NASA, di assumere nuovi collaboratori, in particolare afro-americani, per il *dipartimento di guida e navigazione*. Johnson è entrato in servizio nel 1953.

Dal 1958 fino al suo pensionamento nel 1983 ha lavorato come ingegnere di bordo. In seguito ha lavorato presso lo Spacecraft Controls Branch. Nel 1959 Alan Shepard, l'ultimo americano ad aver partecipato a una missione di salvataggio, è stato chiamato a lavorare. Nel 1961, inoltre, gli fu affidato il programma Mercury per il lancio di un'ambulanza. Inoltre, ha fornito navigatori agli astronauti per risolvere problemi di natura elettronica.

Quando, nel 1962, la NASA utilizzò i primi computer elettronici per far bere l'aereo a John Glenn, Johnson si trovò a dover gestire gli strumenti di lavoro. In seguito Johnson lavorò anche con i computer digitali. Ha anche lavorato al lancio dell'Apollo 11 sulla terra nel 1969. Durante l'atterraggio, Johnson ha partecipato a un bijeenkomst sulle Pocono Mountains. Lui e un altro paio di persone sono gli ultimi spettatori di un viaggio a bordo di un televisore.

Nel 1970 Johnson lavorò alla missione dell'Apollo 13 verso la terra. Quando questa missione è stata interrotta, Johnson ha lavorato a procedure e tabelle alternative che hanno reso la missione più tardi velata.

Più tardi nella sua carriera Johnson ha lavorato al programma di navette spaziali, al satellite Earth Resources e alla pianificazione di una missione su Marte.

Nalatenschap

Johnson è stato autore di numerosi articoli di carattere umido. La NASA offre una lista degli articoli più importanti di Johnson.

Johnsons social invloed als een pionier in ruimtewetenschappen en computers kan eenvoudig afgelezen worden aan het eerbetoon dat ze heeft ontvangen en de aantallen keren dat haar verhaal is verteld. In questo caso può essere scelto come modello di rotolo.

Sinds 1979 (voordat ze met pensioen ging) aveva la biografia di Johnsons al een ereplaats in overzichten van Afro-Amerikanen in wetenschap en technologie.

Il 16 novembre 2015 il presidente americano Barack Obama ha nominato Johnson come uno dei 17 americani che nel 2015 hanno ricevuto la Medaglia presidenziale della libertà. Ze ontving de prijs op 24 november 2015 en werd genoemd als een voorbeeld van Afro-Amerikaanse vrouwen in bètavakken (STEM).

Nel 2017 è uscito il film *Hidden Figures*, un film su Johnson e le sue colleghe afroamericane alla NASA.

Privéleven

Nel 1939 Johnson incontrò James Francis Goble; i due si unirono a due figli. Dopo la morte di Goble, avvenuta nel 1956, nel 1959 si incontrò con il tenente colonnello James A. Johnson, che iniziò la sua carriera alla NASA.

Punti salienti

- L'intelligenza e l'abilità di Katherine Johnson con i numeri si manifestarono fin da bambina; all'età di 10 anni aveva già iniziato a frequentare la scuola superiore.
- Nel 1937, all'età di 18 anni, Coleman si è laureato con il massimo dei voti al West Virginia State College (oggi West Virginia State University), conseguendo le lauree in matematica e francese.

- Per il suo lavoro, Johnson ha ricevuto numerosi premi e onorificenze, tra cui la Medaglia presidenziale della libertà (2015).
- Margot Lee Shetterly ha pubblicato Hidden Figures: The American Dream and the Untold Story of the Black Women Mathematicians Who Helped Win the Space Race (Il sogno americano e la storia non raccontata delle donne matematiche di colore che hanno contribuito a vincere la corsa allo spazio), dedicato ai West Computers, tra cui Johnson, Dorothy Vaughan e Mary Jackson.
- Nel 2016 è uscito anche un film tratto dal libro.

9. Florence Rena Sabin (1871-1953)

Anatomista americano e studioso del sistema linfatico

"È disonesto semplificare qualcosa che non è semplice".

Florence Rena Sabin (Central City (Colorado), 9 novembre 1871 - Denver, 3 ottobre 1953) è stata una psicologa medica americana. È stata una pioniera delle donne in campo medico; è stata l'ultima donna che ha ottenuto una borsa di studio completa presso la Johns Hopkins School of Medicine, l'ultima donna che è stata nominata membro della National Academy of Sciences e l'ultima donna che ha lavorato presso il Rockefeller Institute for Medical Research.

Biografie

Florence Sabin nacque a Central City, nel Territorio del Colorado, come figlia minore di Serena Miner e George Kimball Sabin. Il suo padre era un medico e la sua famiglia Sabin ha trascorso diversi anni in diversi campi di lavoro. Quando Florence, a sette anni, era oud, ha lasciato la madre in un campo di battaglia. In seguito, insieme a sua madre Mary, andò a vivere presso il padre Albert Sabin a Chicago e da allora presso i suoi genitori nel Vermont.

Nel 1893 ha conseguito il diploma di laurea presso lo Smith College, dove ha studiato geneeskunde. Poiché la sua famiglia non dispone di risorse finanziarie sufficienti per uno studio universitario, Sabin iniziò a studiare per due anni presso la sua scuola superiore a Denver e si dedicò per un anno alla zoologia presso lo Smith College. Sabin partì per la Johns Hopkins School of Medicine come uno degli studenti più giovani e coraggiosi in una scuola di medicina. La scuola fu inaugurata nel 1893 e fin dall'inizio era aperta a tutti, uomini e donne.

Nel 1900 Sabin vinse, insieme alla sua collega Dorothy Reed Mendenhall, un prestigioso stage per studiare con William Osler. Sia Sabin che Mendenhall videro l'incontro con la scuola da loro organizzato in modo estremamente generoso per i giovani. Anche lui si rese conto di aver trovato un'opportunità di lavoro nel campo della medicina e di aver trovato un buon punto di partenza per la sua carriera. Un anno più tardi, nel 1901, si iscrisse a un corso di studi per lavorare insieme al professor Franklin P. Mall presso la facoltà di anatomia della Johns Hopkins. Nel 1905 fu nominato professore universitario di embriologia e istologia e nel 1917 fu nominato professore universitario di embriologia e istologia. Nel 1921 ze fu nominato il più grande voorzitter dell'"*American Association of Anatomists*".

Nel 1925 Sabin si recò al Rockefeller-Institut, dove ottenne una consulenza sul tema dell'immunologia cellulare; fu l'ultimo studente che si occupò della facoltà. Nel 1926 fu nominato membro dell'Accademia Nazionale delle Scienze come ultimo studente.

Quando, nel 1938, ha iniziato a lavorare a 67 anni con il titolo di emerito, è diventato un attivo collaboratore nel settore della sanità pubblica attraverso la sua corrispondenza, i suoi documenti e le sue varie pubblicazioni. Nel 1944 fu chiamato dal governatore John Vivian a svolgere il ruolo di consulente per un comitato di pianificazione nazionale in Colorado. L'obiettivo era quello di far verbalizzare i problemi di gezondheid più gravi e di aumentare le competenze in materia di gezondheids. Sabin ha lasciato il suo lavoro di 81 anni a Denver, in seguito a un incidente.

Informazioni

Durante la sua lunga carriera di medico, Sabin godette di un'ottima reputazione per il suo lavoro in embriologia e istologia. Nel 1900 pubblicò il suo primo libro "*An Atlas of the Medulla and Midbrain*" (*Un atlante del midollo allungato e del mesencefalo*) sull'applicazione dello zenuwstelsel ai bambini. Anche la tradizione ha voluto che si parlasse della manipolazione del linfonodo per capire che il linfonodo si trova in un punto in cui si trovano i vasi dell'embrione e che non è più un'altra cosa.

Presso il Rockefeller-Institut ha iniziato la sua ricerca sul ruolo di alcuni batteri infettivi (monociti), tra cui il *Mycobacterium tuberculosis*, l'organismo che ha dato origine alla tubercolosi. Se nel primo dopoguerra Robert Koch aveva scoperto il batterio della tubercolosi, nel secondo dopoguerra la malattia ha assunto una dimensione sempre più ampia. Nel 1924, in seguito all'apertura del suo ufficio, la ziekte divenne un sussidiario dell'Associazione Nazionale della Turbecolosi.

In seguito, ha creato un grande team di moderni wetenschappers per risolvere i problemi medici e per aiutare la nuova generazione di wetenschappers.

Punti salienti

- Dopo aver insegnato a Denver e a Smith per guadagnare le tasse scolastiche, Florence Rena Sabin entrò alla Johns Hopkins University Medical School di Baltimora, nel Maryland, nel 1896.
- Dopo la laurea, nel 1900, ha fatto un anno di tirocinio all'ospedale Johns Hopkins e poi è tornata alla facoltà di medicina per condurre ricerche nell'ambito di una borsa di studio assegnata dalla Baltimore Association for the Advancement of University Education of Women.
- Nel 1901 pubblicò An Atlas of the Medulla and Midbrain, che divenne un testo medico molto apprezzato.
- Nel 1902, quando la Johns Hopkins abbandonò finalmente la politica di non nominare donne nella facoltà di medicina, Sabin fu nominata assistente di anatomia e nel 1917 divenne la prima donna professore ordinario della scuola.
- Si dedicò quindi allo studio del sangue, dei vasi sanguigni e delle cellule ematiche e fece numerose scoperte sulla loro origine e sul loro sviluppo.

10.   Françoise Barré-Sinoussi (nata nel 1947)

Virologo francese che ha ricevuto il Premio Nobel per la Fisiologia o la Medicina nel 2008.

"Quando si lavora nell'HIV, non si lavora solo nell'HIV, ma si lavora molto, molto oltre". "

Françoise Barré-Sinoussi (Parijs, 30 luglio 1947) è una virologa francese. Ha vinto insieme a Luc Montagnier il Nobel per la Fisiologia e la Genetica del 2008 per il suo lavoro sull'immuundeficiëntievirus maschile (hiv). I Nobel sono stati assegnati a Harald zur Hausen per il suo riconoscimento del papillomavirus umano (HPV), che può essere considerato vero e proprio.

Biografie

Barré-Sinoussi è nata a Parijs come figlia di Roger Sinoussi e Jeanine Fau. Ha studiato presso il Lycée Bergson. In questo periodo studia scienze biomediche, ma interrompe il suo studio per motivi teorici. All'inizio del 1970 ze è stato assunto da Jean-Claude Chermann, un virologo francese, presso l'Istituto Pasteur di Marnes-la-Coquette. Nel 1975 ha conseguito il dottorato in virologia presso la Facoltà di Scienze Umane. Nel 1978 ha sposato il wetenschapper francese Jean Claude Barré.

L'Istituto Pasteur ha condotto un'indagine sui retrovirus. Samen met Montagnier isoleerde Barré-Sinoussi lymfkliercellen van patiënten waarvan het afweersysteem compleet lam was gelegd - een ziekte die later de naam aids zou krijgen. In queste cellule si trova l'enzima *trascrittasi inversa*, un enzima che i retrovirus sono in grado di controllare nelle cellule dell'uomo. In seguito, l'identificazione di queste ultime retrovirus maschili si chiamerà hiv. In seguito a questo processo partecipò attivamente alla ricerca di un gene e di un vaccino contro l'hiv.

Nel 1986 Barré-Sinoussi è stato laboratorio, nel 1992 laboratorio e nel 1996 direttore del gruppo di ricerca sulla biologia dei retrovirus presso l'Istituto Pasteur. Nel 2009 ha inviato un memoriale aperto al papa Benedetto XVI sulla sua dichiarazione di inefficacia dei farmaci nella crisi dell'aids. Nel luglio 2012 è stato nominato voorzitter dell'International AIDS Society (IAS), un'organizzazione di professionisti e pazienti affetti da HIV.

Erkenning

Nel 2006 Barré-Sinoussi è stato nominato officier in de orde van het Legioen van Eer en verheven tot Commandeur in 2009 en tot Grootofficier in 2013. Ha conseguito un dottorato di ricerca presso la Tulane University nel 2009 e uno presso la University of New South Wales nel 2014.

Barré-Sinoussi ha svolto attività di consulenza in diversi gruppi di lavoro e comitati sia presso il Pasteur Instituut che presso altre organizzazioni umanitarie, tra cui il Nationaal Agentschap voor AIDS-onderzoek in Frankrijk. È stato anche attivo a livello internazionale, tra l'altro presso la Wereldgezondheidsorganisatie (OMS) e la VN-organisatie UNAIDS/HIV.

Punti salienti

- Françoise Barré-Sinoussi ha conseguito il dottorato di ricerca (1975) presso l'Istituto Pasteur di Garches, in Francia, e ha svolto un lavoro di post-dottorato negli Stati Uniti presso il National Cancer Institute di Bethesda, nel Maryland.
- Nel 1975 è entrata a far parte dell'Istituto Pasteur di Parigi, dove nel 1996 è diventata responsabile dell'Unità di Biologia dei Retrovirus

(successivamente denominata Unità di Regolazione delle Infezioni Retrovirali).

- Dal 2012 al 2014 Barré-Sinoussi è stato presidente dell'International AIDS Society.
- Quando nel 1982 Montagnier guidò gli sforzi dell'Istituto Pasteur per determinare la causa dell'AIDS, Barré-Sinoussi faceva parte del suo team.

11.   Margaret Hamilton (nata nel 1936)

Informatico americano, principale ingegnere software dei voli Apollo

"Il software alla fine e necessariamente ha ottenuto lo stesso rispetto di qualsiasi altra disciplina".

Margaret Heafield Hamilton (Paoli (Indiana), 17 agosto 1936) è un'informatica e sistemista americana. È stata direttrice del centro di ingegneria del software del MIT che ha creato Colossus, il software di base per il programma Apollo. Nel 1986 ha fondato la Hamilton Technologies. Il 22 novembre 2016 Hamilton ha ricevuto dal presidente americano Barack Obama la Medaglia presidenziale della libertà per il software Apollo.

Biografie

Margaret Heafield è nata a Paoli (Indiana). Nel 1954 studia scienze naturali all'Università del Michigan e nel 1958 consegue il diploma di laurea in filosofia. Nel corso della seconda metà dell'anno, Hamilton ha frequentato una scuola media di lingue e di francese, mentre il suo assistente ha studiato ad Harvard. Hamilton si trasferì a Boston (Massachusetts) per continuare a studiare in scienze politiche alla Brandeis-Universiteit.

Nel 1960 ha lavorato al MIT per aiutare il meteorologo Edward Lorenz a utilizzare i computer di Marvin Minsky per la scrittura. Hamilton sostiene che l'informatica e il suo approccio all'ingegneria del software non sono più discipline a sé stanti e che i programmatori sono sempre presenti nella pratica.

Tra il 1961 e il 1963 Hamilton programmò il software per l'ultimo computer AN/FSQ-7 (l'XD-1) al fine di creare dei vettori di dati nel progetto Semi-Automatic Ground Environment del Lincoln Lab (MIT). Il progetto SAGE è stato un'integrazione del progetto Whirlwind del MIT per creare un sistema di computer che permettesse ai sistemi di navigazione di funzionare e funzionare con le simulazioni. Il SAGE è stato utilizzato per combattere le lotte contro gli attacchi sovietici nel periodo del Koude Oorlog.

NASA

Con il progetto SAGE, Hamilton si trasferì presso il Charles Stark Draper Laboratory del MIT, dove lavorò al programma Apollo. Inoltre, Hamilton ha creato il gruppo che ha sviluppato il software per l'Apollo e lo Skylab. Il team di Hamilton si occupò del software *di bordo*, con gli algoritmi dei programmatori senior per il modulo Apollo, il maanlander e lo Skylab. Un altro membro del team si occupò della creazione di un software per il rilevamento dei guasti e la verifica dei dati, tra cui i *Priority Display* di Hamilton.

Zakenleven

Dal 1976 al 1984 Hamilton è stato direttore dell'Higher Order Software (HOS), di cui aveva curato la gestione. Con HOS, Hamilton si è dedicato alle idee del MIT sulla foutentolerantie e sul funzionamento delle fouten. Hamilton ha aperto lo studio nel 1985. Nel marzo del 1986 Hamilton Technologies ha deciso di far passare il suo Universal Systems Language (USL) alla suite 001 Tool.

Invasato

Quando Hamilton ha invocato il termine "ingegneria del software", questa disciplina non è stata creata come materia prima e non è stata nemmeno
40

considerata una serie di materie prime come le altre. Hamilton ha utilizzato il termine "ingegneria del software" a partire dagli ultimi missili Apollo per conferire alla programmazione uno status diverso da quello di altre discipline come l'ingegneria dell'hardware.

Punti salienti

- Margaret Hamilton ha contribuito a scrivere il codice del computer per i moduli di comando e lunari utilizzati nelle missioni Apollo sulla Luna tra la fine degli anni '60 e l'inizio degli anni '70.
- Sebbene Margaret avesse intenzione di studiare matematica astratta alla Brandeis University, accettò un lavoro al Massachusetts Institute of Technology (MIT) mentre il marito frequentava la Harvard Law School.
- Al MIT ha iniziato a programmare software per prevedere il tempo e si è laureata in meteorologia.
- All'inizio degli anni '60 Hamilton si è unita al Lincoln Laboratory del MIT, dove ha partecipato al progetto Semi-Automatic Ground Environment (SAGE), il primo sistema di difesa aerea degli Stati Uniti.

12.   Emmy Noether (1882 - 1935)

Matematica tedesca nota per i suoi importanti contributi all'algebra astratta e alla fisica teorica

"I miei metodi [algebrici] sono in realtà metodi di lavoro e di pensiero; per questo si sono insinuati ovunque in modo anonimo".

Amalie Emmy Noether (Erlangen (Duitsland), 23 maart 1882 - Bryn Mawr (Verenigde Staten), 14 aprile 1935) è stata una donna duitese di origini jodesi. Il suo lavoro sul tema dell'algebra astratta ha dato alla geo-algebra una nuova dimensione. È stato apprezzato dai più grandi scienziati di tutto il mondo e anche Albert Einstein era interessato a questo lavoro.

Inleiding

Noether è famoso per le sue importanti scoperte sull'algebra astratta e sulla scienza della natura. È stato riconosciuto da David Hilbert, Albert Einstein e altri come il personaggio più importante nella geografia della scienza. Noether rivoluzionò la teoria degli anelli, dei laghi e delle algebre e fu considerato il fondatore dell'algebra astratta. In campo naturalistico teorico, Noether ha evidenziato il legame fondamentale tra la simmetria e il comportamento.

Noether nacque in una famiglia di poveri. Il suo padre era il famoso scienziato Max Noether. Emmy era oorspronkelijk van plan om teacher Frans en Engels te worden. Si preoccupò anche di sostenere i suoi esami per farli svolgere a Beierse middelbare scholen. In seguito, ha iniziato a studiare presso l'Università di Erlangen, l'istituto in cui era presente anche il suo capo come insegnante. Nel 1907, con l'aggiunta della tesi di laurea di Paul Gordan, Zij si dedicò al lavoro di ricerca presso il Mathematisch Instituut di Erlangen per oltre sette anni. Un'altra delle priorità di Noether è stata quella di mantenere, all'inizio del ventesimo secolo, posizioni accademiche non più vincolanti. Nel 1915 Noether fu chiamato da David Hilbert e Felix Klein a dirigere il centro di ricerca dell'Università di Gottinga, che divenne così un centro di ricerca scientifica di tutto il mondo. La facoltà di Filosofia è un'altra cosa. Per oltre dieci anni Noether si trasferì nei collegi di Hilberts. La sua abilitazione fu revocata nel 1919. Da allora si fregiò del titolo di *Privatdozent*.

Nel 1933, dopo la morte di Hitler, Noether divenne un membro della comunità scientifica di Gottinga; i suoi studenti furono chiamati "Noether-jongens". Nel 1924 l'esperto olandese B.L. van der Waerden entra a far parte della sua *cerchia ristretta*. Fu anche il più importante divulgatore delle idee di Noethers: il suo lavoro fu la base per la seconda parte del suo libro del 1931, *Moderne Algebra*. All'epoca della conferenza plenaria di Noethers presso l'Internationaal Wiskundecongres di Zurigo nel 1932, la sua visione dell'algebra si diffuse in tutto il mondo. Il primo anno successivo, l'importante regime nazista diede il via alla creazione di un'università ducale che si occupava di Joden. Noether si recò nel Verenigde Staten, dove si trovava il Bryn Mawr College in Pennsylvania. Due anni più tardi, lo scienziato dovette affrontare un'operazione rischiosa con un'autopsia. Aan de gevolgen hiervan overleed zij vier dagen na de operatie op 14 april 1935 op 53-jarige leeftijd.

Il suo lavoro è stato suddiviso in due periodi. Nell'ultimo periodo (1908-1919) ha dato il via alle sue importanti scoperte sulle teorie relative agli invarianti algebrici e ai getallenlichamen. Il suo lavoro sugli invarianti differenziali nella variatistica, lo 'stelling van Noether', è ben "een van de belangrijkste wiskundige stellingen ooit bewezen die richting hebben gegeven aan de ontwikkeling van de moderne natuurkunde". Nel secondo periodo (1920-1926) iniziò il lavoro che "l'analisi dell'algebra [astratta] è in corso". Nel suo classico articolo *Idealtheorie in Ringbereichen* (*Theorie van idealen in ringdomeinen*, 1921), Noether ha sviluppato la teoria degli ideali in anelli commutativi in uno strumento sofisticato con passaggi reali. Si tratta di un elegante utilizzo dell'ampia gamma di strumenti a contatto. Gli oggetti che si vogliono utilizzare in questa finestra sono classificati in base alle loro caratteristiche. Nell'ultimo periodo (1927-1935) pubblicò

importanti lavori sulle algebre non commutabili e sui complessi
ipercomplessi. Si occupò della teoria della rappresentazione dei gruppi e
della teoria dei moduli e degli ideali. A parte le sue pubblicazioni personali,
è stato famoso nell'elaborazione delle sue idee. È stato premiato con
diverse pubblicazioni che sono state pubblicate da altri studiosi, anche in
settori che sono stati oggetto di discussione nel suo lavoro più importante,
come la topologia algebrica.

Biografie

Il padre di Emmy, Max Noether, nacque nel 1844 a Mannheim. In
occasione del suo primo anno di vita ha iniziato a lavorare come
ingegnere, ma il resto della sua vita si è svolto in un'altra azienda. Ha
studiato wiskunde all'Università di Heidelberg. Lavorò per alcuni anni
come assistente-docente a Heidelberg, ma nel 1875 passò all'università di
Erlangen, vicino a Neurenberg, a Beieren, dove lavorò come assistente-
professore. Nel 1888 divenne professore a pieno titolo. Fu una delle figure
più importanti nell'ambito degli incontri algebrici di quel periodo; si occupò
molto di invarianti delle variazioni algebriche e del funzionamento delle
trasformazioni berazionali, con il supporto del lavoro di Bernhard Riemann
e Luigi Cremona.

Gioia

Emmy nacque il 23 marzo 1882 a Erlangen. Era l'ultima figlia di Max e
della sua compagna Ida Kaufman, entrambi di origine jodese. Emmy ebbe
altri due fratelli: Alfred, Fritz e Gustav Robert. Tra il 1889 e il 1897 Emmy
andò alla Höhere Töchter Schule di Erlangen, dove si laureò anche in
lingue straniere, inglese e francese. In questa scuola ha imparato a
suonare il pianoforte, ma in relazione a suo padre non ha fatto nulla. Le
piaceva fare le danze e le piaceva partecipare alle feste con i parenti dei
suoi colleghi. Nella sua scuola ha avuto modo di prestare servizio per i
suoi preziosi talenti. Per due anni studiò Engels e Frans e nell'aprile del
1900 riuscì ad ottenere il Beiers staatsexamen per i suoi talenti, che
doveva essere presentato al Beierse meisjesscholen.

Wiskundestudie

Per far sì che le donne si recassero in un posto di scoria, è necessario che
Emmy studi un'altra materia di studio. Dat was voor een vrouw in het
Duitsland van 1900 geen gebruikelijke keuze: in de meeste andere
Europese landen mochten vrouwen al enige decennia aan een universiteit
studeren, maar in Duitsland moest een vrouw per college van de

hoogleraar toestemming krijgen om aanwezig te mogen zijn en deze toestemming werd lang niet altijd gegeven. Emmy deve ancora, grazie all'intervento del suo padre, andare al college di Erlangen. I suoi esami dovranno essere superati presso il Realgymnasium di Neurenberg.

Nel 1903 partì per Gottinga, dove i college di Noether vennero frequentati da beroemde wiskundigen come Hermann Minkowski, Felix Klein e David Hilbert. Het jaar erop keerde Noether echter we terug naar Erlangen, omdat het daar nu voor vrouwelijke studenten mogelijk was geworden examens te doen. Due anni dopo, nel 1907, promosse zij bij Paul Gordan.

Periodo 1907-1915

Na haar promotie bleef Noether aan de universiteit van Erlangen werken. Si rivolse a un padre, che aveva iniziato a lavorare per un periodo ancora più lungo, e lo fece diventare membro di un collegio. In questo periodo, a Erlangen, si occupò anche di teoria degli invarianti. In questo periodo ha ottenuto due promesse per la sua pubblicazione.

Periode a Gottinga

Nel 1915, dopo la morte del padre, Noether partì per Gottinga. A Erlangen aveva già ottenuto tutto il tempo che voleva, ma a Gottinga si recarono Klein e Hilbert, i due più importanti studiosi di Gottinga, per regolare la situazione. Daartoe moest ze een voordracht houden, zodat ze aangesteld kon worden als privaatdocent. L'università si occupa di questo aspetto: a causa di un'infezione avvenuta nel 1908, i giovani non possono più essere considerati come priveatdocenti. Erano presenti anche le facoltà filosofiche e storiche che si opponevano a Noethers. Hilbert si inserì nella discussione per dire che: "Ik zie niet in waarom het geslacht van iemand een argument is tegen haar aanstelling. Noi siamo qui in un'università e in una scuola". Tuttavia, Noether ha lavorato e scritto a Gottinga. Le minime che lui ha ottenuto sono state definite con il nome di Hilbert. Questo non era affatto un problema di vita: Noether e Hilbert lavorarono in questo periodo molto simili tra loro e, tra l'altro, non passò molto tempo prima che Noether avesse messo in contatto i più grandi scienziati di cui si parlava.

A partire dalla metà dei primi anni Duemila, a Gottinga si riunì un gruppo di musicisti che, oltre a lavorare nel campo del wiskunde, si occupavano anche di musica e di feste. Gli uomini ebbero lunghe discussioni su argomenti tanto wiskundige quanto niet-wiskundige presso lo zwembad di Fritz Klie. Oltre a Noether, Richard Courant, direttore della facoltà di matematica, era la persona più importante del gruppo. Inoltre, a questo gruppo appartennero anche uomini come i topologi Alexandrov, Heinz Hopf e, in uno stadio successivo, Hermann Weyl.

Noether era, all'interno di questo gruppo, una persona eccellente e non solo perché lui, dopo la moglie di Courant, era l'unica donna. Era un uomo di nome e di fatto e aveva un gambo molto robusto. Era anche una persona molto socievole e sapeva stimolare molti altri utenti. Molte delle sue ricerche sono state pubblicate sotto il nome dei suoi colleghi e studenti.

Viaggio a Moskou

Nell'inverno 1928-1929 Noether accettò un incarico presso la Staatsuniversiteit van Moskou, dove si svolse il suo lavoro con Pavel Aleksandrov. Oltre al suo lavoro, ha anche studiato l'algebra astratta e l'algebra dei sistemi. Lavorò inoltre con i topologi Lev Pontryagin e Nikolai Chebotaryov, che in seguito si dedicarono alla spiegazione della *Galoistheorie*.

Sebbene la politica nella sua infanzia non fosse centrale, Noether aveva una grande importanza per le questioni politiche. Volgens Alexandrov demonstreerde Noether aanzienlijke steun voor de Russische Revolutie (1917). Ze era bijzonder in haar sas met de Sovjetvooruitgang in de natuurwetenschap en de wiskunde. Lo ha considerato come un'indicazione dei nuovi obiettivi che sono stati sviluppati dal progetto bolscevico. Questa situazione ha creato altri problemi in Duitsland, con il suo ingresso in pensione, perché gli studenti avevano ricevuto una dichiarazione di non voler vincere in un'altra casa come "een marxistisch georiënteerde jodin".

Noether aveva in mente di partire per Moskou, dove si trovava un'altra persona che aveva già fatto un passo avanti ad Alexandrov. Nel 1933, quando il Duitsland si liberò, Alexandrov si recò ad aiutare Alexandrov con un leerstoel alla Staatsuniversiteit van Moskou. Si appella al ministero sovietico dell'Interno. Se questo lavoro non ha avuto successo, nel 1930 ha avuto una corrispondenza regolare con Elkaar. Nel 1935 Noether pianifica un viaggio verso l'Unione Sovietica. Nel periodo in cui si trasferisce a Duitsland accetta di assumere un fratello, Fritz Noether, e di lavorare presso l'Istituto di Fisica e Meccanica di Tomsk, nella parte siberiana della Russia.

Gli ultimi giorni a Bryn Mawr

Nel gennaio del 1933 Adolf Hitler si recò al macello del Duitsland. La cosa ebbe conseguenze molto gravi per i medici giudei delle università. Alcuni studenti, tra cui Courant, sono stati condannati, mentre altri hanno subito una lesione da parte di studenti filo-nazisti. Tra questi studenti c'era anche Werner Weber, che da Noether era stato contattato. Gli studenti arcivescovi si sono resi conto che "gli studenti arcivescovi hanno un'idea di arcipelago e non hanno un'idea di Joodse". Noether indagò sulla situazione e sulla possibilità di incontrare la scienza, ma nel 1933 si rese conto della sua posizione, così come di quella di tutti gli altri medici jodesi.

Noether ha ottenuto l'autorizzazione dal Somerville College di Oxford e dall'università di Moscova, ma anche dal Bryn Mawr College, un'università per soli uomini, in Pennsylvania, negli Stati Uniti. Si trattava di una situazione completamente nuova per Noether: non solo i suoi colleghi e studenti erano tutti uomini di strada, ma per la prima volta aveva un'attività ufficiale e di prestigio. Questo in seguito a un trasferimento a Gottinga, dove ze era "buitengewoon assistent professor". La nuova situazione ha fatto sì che Noether si sia trovato bene, e che abbia stretto amicizia con una parte dei suoi colleghi di Bryn Mawr.

Nel 1934 ze si recò nel Duitsland, dove scoprì che la situazione a Gottinga, a causa del razzismo totale generato dai nazisti, si era aggravata nel corso degli anni. Tutti i suoi amici e colleghi sono stati colpiti da un'altra persona, come David Hilbert, che con la nuova situazione non era per niente geloso. Anche Artin è stato portato a Berlijn. Con Artin compie una serie di lunghe peregrinazioni, che Noether Artin ha affrontato con grande attenzione. Se Noether non si accontenta, deve fare di più e Artin deve fare di più. Dopo che Noether era partito per l'America, fu nominato presidente dell'American Mathematical Society e lettore presso l'Istituto di Studi Avanzati di Princeton.

Sovrapposizione

Nell'aprile del 1935 gli artisti hanno scoperto un tumore a Noethers. Non è possibile che i pazienti siano stati sottoposti a un intervento chirurgico. A causa delle complicanze legate all'intervento chirurgico, i pazienti si sono ritrovati per l'ultima volta due anni a letto. Durante l'operazione del 10 aprile, il chirurgo ha scoperto una cisti esterna "a forma di groppa di mela". Due piccoli tumori nell'utero sono andati in malora e non sono stati rimossi, anche per evitare che l'operazione durasse poco. In un primo momento, Noether si rivolge a lui in modo normale. Tre giorni dopo, il 14 aprile, la temperatura dell'impianto si è abbassata fino a raggiungere i 43°C. Kort daarna stierf Emmy Noether. "Non è bello vedere cosa è successo al Dr. Noether", dice uno degli artisti. "È vero che si trattava di
47

un'infezione grave e virulenta che si basava su un'infezione che aveva origine nel calore e che era stata trasmessa".

Il mondo selvaggio si è deteriorato, anche perché Noether aveva trovato un paio di amici che lo avevano conosciuto. Un paio d'anni dopo la morte di Noether, i suoi amici e colleghi di Bryn Mawr organizzarono un piccolo gruppo di lavoro nella casa del Presidente del College Park. Hermann Weyl e Richard Brauer sono partiti da Princeton e hanno parlato con Wheeler e Taussky dei loro colleghi. Nei mesi in cui sono volati si sono verificate in diverse località del mondo numerose necrologie. Tra gli altri, Albert Einstein, Bartel van der Waerden, Hermann Weyl e Pavel Aleksandrov si sono distinti per il loro rispetto nei confronti di Emmy Noether. Il suo lichaam è stato cancellato e il suo as è stato portato via dalla bacchetta che si trovava all'ingresso della M. Carey Thomas Library di Bryn Mawr.

Informazioni sulla saggezza e la scienza della natura

Eerst en vooral herinneren wiskundigen zich Noether als een abstract algebraicus en vanwege haar werk in de topologie. Gli studiosi di scienze naturali riconoscono il suo lavoro migliore grazie alla sua struttura beroemica; si parla dei vantaggi di questa struttura per la teoria delle scienze naturali e dei sistemi dinamici. Noether aveva un grande talento per la ricerca astratta, che gli permetteva di risolvere problemi di natura scientifica in modo nuovo e originale. Il suo amico e collega Hermann Weyl ha pubblicato la sua produzione umidificata in tre anni:

"Emmy Noethers wetenschappelijke productie valt op te delen in drie duidelijk verschillende periodes:

1. il periodo delle relazioni di amicizia (1907-1919);
2. onderzoek gegroepeerd rond de algemene theorie van idealen (1920-1926);
3. lo studio delle algebre non commutative, la loro rappresentazione attraverso le trasformazioni lineari e il loro passaggio allo studio dei getallenlichamen commutativi e ai loro risultati scientifici (1927-1935)".

Nell'ultimo periodo (1907-1919) Noether si occupa di invarianti differenziali e algebrici. Questo punto di forza iniziò con la sua pubblicazione su iniziativa di Paul Gordan. A seguito di una collaborazione con l'opzionista di Gordans, Ernst Sigismund Fischer, ha iniziato a conoscere il lavoro di David Hilbert. Nel corso del suo lavoro, il suo orizzonte wiskundige si è trasformato in un orizzonte più algemonico e astratto. Nel 1915, quando si trasferì a Gottinga, produsse il suo lavoro più importante nel campo della scienza naturale teorica, le due stelle di Noether.

Nel secondo periodo (1920-1926) Noether si dedicò all'elaborazione della teoria degli anelli wiskundige.

Nell'ultimo periodo (1927-1935) Noether si concentrò sull'algebra non commutativa, sulle trasformazioni lineari e sui getallenlichamen commutativi.

Contesto storico

Nell'epoca che va dal 1832 fino alla morte di Noether nel 1935, la scienza della parola - e più specificamente l'algebra - è stata oggetto di una rivoluzione profonda, che ha portato alla nascita di una nuova categoria di problemi. In diversi anni sono stati studiati metodi pratici per l'apertura di specifiche tipologie di vergelijkingen, tra cui derdegraads-, vierdegraads- e vijfdegraadsvergelijkingen, e anche al problema correlato della costruzione di velivoli regolari con l'aiuto di un passante e di un liniale, a partire dalla constatazione di Carl Friedrich Gauss nel 1829, che i velivoli di base, come i velivoli di base di Gauss, possono essere legati tra loro, L'introduzione dei permutatori da parte di Evariste Galois nel 1832, l'individuazione dei quaternioni da parte di William Rowan Hamiltons nel 1843 e la moderna definizione dei gruppi da parte di Arthur Cayleys nel 1854, hanno spinto l'indagine a concentrarsi maggiormente sulla valutazione delle caratteristiche dei sistemi astratti, che vengono definiti da regole universali. I più importanti cambiamenti della scienza sono avvenuti nell'ambito dell'elaborazione di questo nuovo terreno, l'algebra astratta.

L'algebra astratta e la concettualità della scienza

Due degli oggetti più importanti dell'algebra astratta sono i gruppi e gli anelli.

Le strutture dei gruppi e degli anelli sono molto varie e possono essere modificate in base a diverse situazioni astratte e reali. Ogni verifica è caratterizzata da una o due operazioni definite, che si applicano a tutte le regole di un gruppo o di un anello, ma anche a tutti gli aspetti di un gruppo o di un anello. I singoli elementi, così come le operazioni di scelta e di controllo, sono solo una parte del campo di applicazione. Gli elementi possono essere modificati in base ai dati informatici, dove l'ultima operazione combinata è una disgiunzione esclusiva e la seconda una congiunzione logica. Gli argomenti dell'algebra astratta sono difficili, perché si tratta di un'algemeen; essi sono il risultato di un gran numero di sistemi. Gli uomini possono capire che non c'è molto da bagnare sugli oggetti che vengono definiti in base a una serie di caratteristiche, ma è proprio questo il problema di Noether: *om het maximum te ontdekken dat uit een gegeven verzameling van eigenschappen kan worden geconcludeerd, of omgekeerd, de minimale verzameling te identificeren, de essentiële eigenschappen, die verantwoordelijk zijn voor een bepaalde waarneming.* Van der Waerden ricorda in zijn necrologie dat Noether in tegenstelling tot de meeste wiskundigen, die tot abstracties komen door het veralgemenen van bekende voorbeelden, eerder rechtstreeks met de abstracties werkte.

La regola che Emmy Noether ha adottato nel suo lavoro, può essere come volgarizzata: "Tutte le relazioni tra i vari oggetti, le funzioni e le operazioni vengono considerate come se fossero state formulate in modo trasparente, trasparente, trasparente e completo.

Si tratta della teoria concettuale, che era nota a Noether. Questo tipo di scienza fu poi sovrascritta da altri studiosi e si trasformò in nuove forme, come la teoria delle categorie.

Il primo viaggio - periodo 1908-19

Nel 1907 Noether fu promosso da Paul Gordan sulla sua rivista *Über die Bildung des Formensystems der ternären biquadratischen Form.* Gordan era un amico di Max Noether e uno dei fondatori della teoria dell'invarianza, una questione in cui Emmy Noether aveva un ruolo importante. Emmy era la prima studentessa di dottorato. Le due edizioni del suo libro sono le ultime due pubblicate. In seguito alla sua promozione Noether lavorò all'università di Erlangen. In questo periodo a Erlangen si occupò molto di teoria delle invarianti, con il nome di Gordan, Hilbert e Fischer.

Galoistheorie

La Galoistheorie si basa sulle trasformazioni di getallenlichamen che permutano i termini di una controversia.

Nel 1918 Noether pubblicò un articolo sul problema dell'inversione di Galois. In plaats van het bepalen van de Galoisgroep van transformaties van een gegeven veld en haar uitbreidingen, vroeg Noether zich af of het, gegeven een veld en een groep, altijd mogelijk is een uitbreiding van het veld te vinden die de gegeven groep als Galoisgroep heeft. Si riduce questo problema al "problema di Noether". In questo caso si tratta di capire che il vasto campo di un ondergroep G *di un* gruppo di permutazioni S_n , che ha un campo di permutazione $k(x_1 , ..., x_n)$ che si estende a tutti gli effetti e che è un'unione trascendentale del campo di permutazione k. (Zij maakte voor het eerst van dit probleem melding in haar artikel uit 1913, waar zij het probleem toeschreef aan haar collega Ernst Fischer). Zij liet zien dat dit het geval is voor $n=2$, 3 of 4. In 1969 vond R.G. Swan echter een tegenvoorbeeld van het probleem van Noether, met $n=47$ en G een cyclische groep van orde 47, hoewel deze groep op andere manieren als een Galoisgroep over de rationale getallen kan worden gerealiseerd. Il problema di Galois inverso è stato risolto (2012).

Stelling van Noether

Nel 1915 Noether fu accompagnato da David Hilbert e Felix Klein a Gottinga. Aveva bisogno della sua esperienza nella teoria dell'invarianza per poter contribuire all'avvio della teoria algemena della relatività, una teoria che si basa sull'incontro tra i popoli, che è stata elaborata da Albert Einstein. Hilbert aveva deciso che nella teoria algemena della relatività l'umido del comportamento dell'energia si sarebbe trasformato in un'immagine. Questo era dovuto al fatto che la gravitazione dell'energia su un terreno di proprietà era stata modificata da una porta di zwaartekracht. Noether si impegnò nella risoluzione di questo paradosso. Nel 1915 fu realizzata l'ultima stesura di Noether. Nel 1918 fu pubblicata la prima stesura, che divenne uno strumento fondamentale per la moderna teoria della natura. Noether perse il problema non solo per la teoria algemena della relatività, ma anche per il fatto che "behouden" (che si comporta in modo diverso) per *tutti i* sistemi di scienze naturali che continuano ad avere una simmetria.

A proposito del suo lavoro, Einstein scrive a Hilbert: "Gisteren heb ik van mejuffrouw Noether een zeer interessant artikel over invarianten ontvangen. Ik ben onder de indruk dat zulke dingen op een dergelijke algemene wijze kunnen worden begrepen. L'oude garde di Göttingen ha bisogno di un paio di minuti di tempo per parlare di Noether. Non è il caso di bagnare la questione di come si è arrivati a questo punto".

Ter illustratie: Als een natuurkundig systeem zich, ongeacht hoe dit systeem in de ruimte is georiënteerd, hetzelfde gedraagt, zegt men dat de natuurkundige wetten, die deze ruimte besturen rotatiesymmetrisch zijn; de stelling van Noether laat dan zien dat het impulsmoment van het

51

systeem bewaard moet blijven. Il sistema naturale non è simmetrico, ma un asteroide ongelijkvormige, che viene spinto da una ruota, ha un impulso che si manifesta grazie alla sua asimmetria. La simmetria nelle acque naturali che questo sistema offre, è assolutamente fondamentale per il benessere. Un'altra considerazione: poiché un esperimento naturalistico ha un'unica struttura in un piano e in un giorno, le acque naturali sono simmetriche rispetto alle continue traslazioni in piano e in giorno; per effetto del principio di Noether, queste simmetrie sono vere e proprie per il comportamento degli impulsi e dell'energia.

La tesi di Noether è uno strumento fondamentale per la moderna teoria della natura, sia per l'influenza che ha sul comportamento del pubblico, sia per la pratica. L'argomento è stato messo a disposizione dei ricercatori affinché si possano compensare le differenze di comportamento attraverso la simmetria di un sistema naturale. La descrizione di un sistema naturale è facilitata da una serie di esempi di ipotetiche acque naturali. Si veda l'illustrazione di un nuovo sistema naturopatico. L'affermazione di Noether fornisce un test per i modelli teorici di questo nuovo fenomeno: se la teoria ha una simmetria continua, la teoria ha anche un'altra dimensione di comportamento, e se la teoria è corretta, allora è necessario che la teoria abbia un'altra dimensione di comportamento negli esperimenti.

Secondo trimestre - periodo 1920-26

Il suo lavoro più importante si concentra sull'algebra, che ze met zo'n abstractheid en algemeenheid aanpakte dat ze later de bijnaam 'grondlegger van de moderne abstract algebra' kreeg. In un articolo del 1921, ze ha messo in evidenza un'importante teoria degli ideali, che ha portato alla definizione degli anelli di Noetherse.

Nel 1918, quando l'Eerste Wereldoorlog fu aperto, nel Duitsland si verificarono molti problemi politici e amministrativi, e si verificò che la posizione dei vescovi fosse fortemente verbalizzata, e che la posizione dei vescovi fosse priva di valore. Anche Emmy Noether ha fatto un'affermazione come privaatdocente.

Nel periodo dei due anni successivi Noether ottenne una maggiore notorietà nell'ambito della wiskunde e si recarono a Gottinga anche diversi studiosi del paese per farsi conoscere. Uno di loro era Bartel van der Waerden, un olandese di 21 anni, che ad Amsterdam, sotto Brouwer, aveva studiato e che nel 1924, a Gottinga, si era trasferito nei college di Noether. Nel 1931 Van der Waerden scrisse il suo libro *Moderne Algebra,* che si basava sul lavoro di Noether e di alcuni suoi colleghi, tra cui Hilbert e Artin. Nel 1925 Noether si recò a Blaricum, in Olanda, per scrivere Kerstmis. Da lì si unì a Brouwer e si occupò di topologia astratta. Crea, in base a un'analisi topologica, una serie di gruppi abeliani, che noi non consideriamo omologhi. Grazie al topoloog russo Pavel Aleksandrov, che un anno dopo divenne collega di Noethers a Gottinga, il mondo occidentale divenne più scettico, ma si accorse che gli omologiegroepen avevano molti spunti interessanti.

Macchine per la produzione di caffè e di prodotti per l'infanzia

In deze periode werd Noether beroemd door het behendige gebruik dat zij maakte van stijgende of dalende ketenvoorwaarden.Stijgende en dalende ketenvoorwaarden kunnen heel algemeen geformuleerd worden voor allerlei wiskundige objecten die partieel geordend kunnen worden. Hoewel oppervlakkig bezien niet heel erg krachtig, liet Noether zien hoe zulke condities met maximaal effect kunnen worden ingezet om bijvoorbeeld aan te tonen dat elke verzameling van deelobjecten een maximaal/minimaal element kent of dat een complex object uit een kleiner aantal elementen kan worden gegenereerd. Le conclusioni di questo tipo sono di importanza cruciale per un'analisi.

Anelli commutativi, ideali e moduli

L'articolo di Noethers, *Idealtheorie in Ringbereichen* (*Theorie van idealen in ringdomeinen*, 1921), è il fondamento della teoria algemena degli anelli commutativi e fornisce una delle prime definizioni algemetiche di un anello commutativo. Con l'articolo di Noether i risultati più importanti dell'algebra commutativa si riferiscono a speciali campi d'applicazione degli anelli commutativi, come ad esempio gli anelli di velluto, gli anelli e le georelle algebriche. Noether ha stabilito che in un anello, che si basa su un ideale, è presente un'idea di base. Per descrivere questa caratteristica, nel 1943 Claude Chevalley, studioso francese, formulò il termine *"anello di Noeth"*. Un risultato importante dell'articolo di Noeth del 1921 è la denominazione di Lasker-Noether. Questa affermazione interrompe quella di Lasker sulla prima decomposizione di ideali di anelli di velo tra tutti gli anelli di Noetherse. L'affermazione di Lasker-Noether può essere interpretata come un'analisi dell'analisi della ricerca, in cui si afferma che un'unica soluzione può essere data a un prodotto di un gruppo di persone e a un prodotto di un gruppo di persone.

Il lavoro di Noethers *Abstrakter Aufbau der Idealtheorie in algebraischen Zahl- und Funktionenkörpern* (*Abstracte structuur van de theorie van idealen in algebraïsche getallenlichamen en functievelden*, 1927) karakteriseert ringen, waarin de idealen op unieke wijze in priemidealen ontbonden kunnen worden, als Dedekind-domeinen: le cupole integrali che non sono dimensionali, 0 o 1, e che sono integrabili nei loro quotiëntali. In questo articolo è riportato anche il contenuto delle isomorfismestellingen. Vengono presentati una serie di isomorfismi naturali fondamentali e un'altra serie di risultati fondamentali ottenuti con i moduli di Noetherse e Artinia.

Aspetti della topologia

Se Pavel Aleksandrov e Hermann Weyl sono stati scelti nelle loro necrologie, Noethers illustra i suoi bijdragen alla topologia, la sua edelmoedigheid con le idee e anche come le sue inzichten in staat possano essere trasformate in gehele deelgebieden binnen de wiskunde. Nella topologia si analizzano le caratteristiche degli oggetti che non variano con le variazioni, come ad esempio il loro samenhang.

A Noether sono attribuite le idee fondamentali che hanno portato all'integrazione della topologia algebrica con la topologia combinatoria moderna, in particolare l'idea degli omologhi. In base alla descrizione di Aleksandrov, Noether si rivolse a Heinz Hopf e Aleksandrov negli incontri del 1926 e del 1927. Daar maakte "zij voortdurend opmerkingen, die vaak diep en subtiel waren". Aleksandrov si è espresso in merito:

Toen ... zij voor het eerst bekend raakte met een systematische constructie van de combinatorische topologie, merkte zij meteen op dat het de moeite waard zou zijn om groepen van algebraïsche complexen en cycles van een gegeven veelvlak en de ondergroep van de cyclusgroep, die bestaat uit cycles homoloog aan nul, direct te bestuderen; in plaats van de gebruikelijke definitie van Betti-getallen. Questo è il motivo per cui il gruppo di Betti come gruppo complementare (quoziente) del gruppo di tutti i cicli deve essere definito con l'aggiunta di cicli che hanno un'omolagia a zero. Questa osservazione non è affatto scontata. Ma in questi anni (1925-1928) si trattava di un nuovo punto di riferimento.

Derde tijdvak - periodo 1927-35

Nella seconda metà dell'Ottocento si è lavorato molto su getallen ipercomplesse e rappresentazioni di gruppo. Tuttavia, i risultati sono stati molto semplici. Noether verificò i risultati e creò la prima teoria algemena delle rappresentazioni dei gruppi e dell'algebra. In questo articolo si classificano la teoria della struttura delle algebre associative e la teoria della rappresentazione dei gruppi in un'ampia teoria scientifica dei moduli e degli ideali negli anelli, che si basa su una serie di parametri. Questo primo lavoro di Noether era di fondamentale importanza per l'elaborazione dell'algebra moderna.

Algebra non commutativa

Noether è stato anche autore di un'altra serie di ricerche sul tema delle algebre astratte. Assieme a Emil Artin, Richard Brauer e Helmut Hasse fu alla base della teoria delle algebre centrali enkelvoudige.

Un articolo di Noether, Helmut Hasse e Richard Brauer si occupa di delingsalgebra. Si tratta di sistemi algebrici in cui il deling è fondamentale. Gedrieën bewezen zij twee belangrijke stellingen: een lokale-globale stelling, waarin gesteld wordt dat als een eindig dimensionale centrale delingsalgebra over een getallenlichaam overal lokaal splitst het ook globaal zal splitsen (en dus triviaal is). Da qui si deduce un'argomentazione: una delingsalgebra centrale di dimensione infinita su un getallenlichaam F algebrico si divide su un uitbreiding ciclico ciclotomico.

Deze stellingen stellen ons in staat om alle eindig-dimensionale centrale delingsalgebra's te classificeren in een gegeven getallenlichaam. Een volgend artikel van Noether liet, als een speciaal geval van een meer algemene stelling, zien dat alle deelgebieden van een delingsalgebra D splijtlichamen zijn. Dit artikel bevatte ook de stelling van Skolem-Noether, waarin gesteld wordt dat elke twee inbeddingen van een uitbreiding van een veld k in een eindig dimensionale centrale enkelvoudige algebra over k conjugaat zijn. L'enunciazione di Brauer-Noether consente di effettuare un'analisi degli splijtlichamen di un'algebra centrale delingsalgebrica su un campo.

Postume erkenning

Nel giro di un anno Noether ha ottenuto sempre più successo per il suo lavoro di scienziato e sono state pubblicate diverse biografie di carattere umoristico sulle sue vicende. Sebbene il fatto che ze een vrouw was haar vaak heeft tegengewerkt, heeft dat haar postuum behoorlijk veel belangstelling opgeleverd.

Punti salienti

- Nel 1900 Emmy Noether fu abilitata all'insegnamento dell'inglese e del francese nelle scuole femminili, ma scelse di studiare matematica all'Università di Erlangen (oggi Università di Erlangen-Nürnberg). A quel tempo, le donne potevano seguire le lezioni solo con il permesso dell'insegnante.
- Noether ha conseguito il dottorato di ricerca a Erlangen nel 1907, con una tesi sugli invarianti algebrici.
- Dal 1927 Emmy Noether si concentrò sulle algebre non commutative (algebre in cui l'ordine di moltiplicazione dei numeri influisce sulla risposta), sulle loro trasformazioni lineari e sulla loro applicazione ai campi numerici commutativi.
- In collaborazione con Helmut Hasse e Richard Brauer, Noether ha studiato la struttura delle algebre non commutative e la loro applicazione ai campi commutativi mediante il prodotto incrociato (una forma di moltiplicazione utilizzata tra due vettori).

13.   Valentina Tereshkova (nata nel 1937)

Cosmonauta sovietico, ingegnere e prima donna nello spazio

"Ehi cielo, togliti il cappello, sto arrivando!".

Valentina Vladimirovna Teresjkova (Russisch: Валентина Владимировна Терешкова) (Maslennikovo, Oblast Jaroslavl, 6 maart 1937) è lid van de Russische Doema en een voormalige Russische kosmonaut. Si è imbarcato come rovistatore russo a bordo della Vostok 6 e da quel momento è stato l'ultimo viaggiatore della spedizione.

Opleiding en ruimtereis

Durante il periodo scolastico Teresjkova ha lavorato in un'azienda di banding e ha iniziato a studiare tecnologia. Ha imparato a usare i paracadute presso un club di volo locale.

Tra più di 400 persone è stata selezionata, insieme ad altri quattro, per il gruppo dei volontari dell'aeronautica. In questo gruppo c'è anche Teresjkova. Teresjkova è stata gelata il 16 giugno 1963 a bordo della Vostok 6, e da quel momento è stata l'ultima donna e l'ultimo hamburger del gruppo. Due anni più tardi fu gelatizzata la Vostok 5. Nel frattempo i Vostok 5 e 6 si sono allontanati di oltre un chilometro e sono entrati in contatto radio. Teresjkova è atterrata in una zona di confine da due anni. Sono in corso progetti per una nuova fuga con i bambini. 19 anni dopo Teresjkova è l'unica ragazza che è stata coinvolta nella rovina, visto che il 19 agosto 1982 la russa Svetlana Savitskaja l'ha voluta nella Sojoez T-7.

Ander werk

Durante il suo periodo di studi Teresjkova ha frequentato la Sjoekowski-luchtmachtacademie, dove nel 1969 ha studiato come ingegnere-cosmonauta. Nel 1977 è stata promossa in ingegneria tecnica. Teresjkova ha svolto diverse funzioni politiche. Dal 1966 al 1974 è stata membro dell'Opperste Sovjet, dal 1974 al 1989 è stata membro del presidio dell'Opperste Sovjet, dal 1969 al 1991 ha fatto parte del Comitato Centrale del Partito Comunista. Nel 2011 è stato nominato dal partito Verenigd Rusland nello Staatsdoema; nel 2016 è stato nominato. Il 10 marzo 2020 le donne sono state nominate dal presidente Poetin. Ze stelde voor, om bij het wijzigen van de grondwet opnieuw te beginnen met het tellen van de presidentiële termijnen, zodat Poetin nogmaals twee termijnen van zes jaar zou kunnen dienen. Ze onthulde daarmee vermoedelijk de ware bedoeling van de hele operatie. La sua decisione è stata presa all'unanimità.

Privato

Il 3 novembre 1963 Teresjkova si è incontrata con Andrian Nikolajev, un giardiniere di rovine. I due hanno avuto una figlia e sono scomparsi nel 1982. In seguito Teresjkova si è ritirata e nel 1999 si è sposata.

Punti salienti

- Sebbene Valentina Tereshkova non avesse una formazione da pilota, era un'abile paracadutista dilettante e su questa base fu ammessa al programma cosmonautico quando si offrì volontaria nel 1961.
- Dal 1966 al 1991 Tereshkova è stata un membro attivo del Soviet Supremo dell'URSS. Nel 1968 ha diretto il Comitato femminile

sovietico e dal 1974 al 1991 è stata membro del Presidium del Soviet Supremo.

- Nel 2008 Tereshkova è diventata vicepresidente del parlamento della provincia di Yaroslavl come membro del partito Russia Unita.
- Tereshkova è stata nominata Eroe dell'Unione Sovietica e ha ricevuto due volte l'Ordine di Lenin.

14.   Lynn Margulis (1938 - 2011)

Teorico evoluzionista, biologo, autore scientifico, educatore e divulgatore scientifico americano

Lynn Margulis (Chicago, 5 marzo 1938 - Amherst (Massachusetts), 22 novembre 2011) è stata una biologa americana famosa per la sua "teoria simbiogenetica" della *Serial Endosymbiosis Theory* (SET) per l'attivazione delle cellule eucariotiche. Margulis è stata, insieme al chimico britannico James Lovelock, l'ideatrice dell'ipotesi Gaia, secondo la quale in Aarde la biosfera si alimenta di un sistema anorganico che si è sviluppato da solo.

Biografie

Lynn Margulis è nata con il nome di Lynn Alexander, figlia di Morris Alexander (giurista e scrittore) e Leone Wise (giornalista). Ha iniziato a frequentare la Hyde Park High School e, dopo un paio di anni, è andata all'Università di Chicago, dove nel 1957 ha studiato. Un altro anno dopo incontrò l'astronomo Carl Sagan. Da allora studia genetica e zoologia all'Università del Wisconsin, dove nel 1960 studia. Nel 1963 si è iscritto a Sagan. Nel 1965 si è promosso e in questo stesso anno ha incontrato il chimico Thomas Margulis, di cui si è occupato nel 1978, ma il suo lavoro non è stato portato a termine. Ze overleed op 22 november 2011, enkele dagen nadat ze door een hersenbloeding was getroffen.

Insieme a Tony Swain, nel 1979 Margulis è stato l'organizzatore del *Planetary Biology Internship*, che ha permesso agli studenti di partecipare alle ricerche biologiche della NASA.

Nel 1998 ha ricevuto il *premio AIBS Distinguished Scientist Award* dall'*American Institute of Biological Sciences*. Nel 2008 ha ricevuto la *Medaglia Darwin-Wallace della Linnean Society di Londra*.

Lavoro di consulenza

In haar proefschrift uit 1965 liet ze, zestig jaar nadat de Russische botanicus Konstantin Merezjkovski de stelling had gepubliceerd dat chloroplasten zijn terug te voeren op symbiotische eencellige algen, een "endosymbiontenhypothese" zien: eukaryote cellen zouden zijn voortgekomen uit symbiose van diverse soorten bacteriën. Margulis afferma che le complesse cellule evolutive sono state eliminate. Nel 1967 è stata pubblicata la sua relazione *Origins of Mitosing Cells* (De oorsprong van cellen met mitose) sul *Journal of Theoretical Biology*.

Nel 1983 è stato nominato presidente della Nationale Academie van Wetenschappen. La sua *teoria delle SET* è stata inserita in un elenco di argomenti scientifici come l'endosimbiontentheorie.

Gaia-ipotesi

Quando Margulis si è soffermato sull'inquinamento anorganico dei gas nell'atmosfera, omdat ze veel bacteriën onderzocht die gassen uitstootten, ha cominciato a lavorare con Lovelock. A partire da quel momento si instaurò un'intensa collaborazione tra Margulis e Lovelock. Ze stelde voor dat oor bacteriën bijdragen aan de homeostase. Un altro aspetto importante di Haar era l'idea che l'Aarde non fosse un organismo, ma un sistema. Questo è ciò che si vede in un messaggio: *"Nessun organismo mangia i propri rifiuti".*

Punti salienti

61

- Oltre alle pubblicazioni scientifiche, Lynn Margulis ha scritto numerosi libri che interpretano concetti e quesiti scientifici per un pubblico popolare.
- Tra questi, Danza del mistero: On the Evolution of Human Sexuality (1991), What Is Life? (1995), What Is Sex? (1997) e Dazzle Gradually: Reflections on Nature in Nature (2007), tutti scritti insieme al figlio.
- Margulis ha scritto anche un libro di racconti, Luminous Fish (2007).
- È stata eletta alla National Academy of Sciences nel 1983 ed è stata uno dei tre membri americani dell'Accademia russa di scienze naturali.

15.   Cecilia Payne-Gaposchkin (1900 - 1979)

Astronomo e astrofisico americano di origine britannica

Cecilia Helena Payne-Gaposchkin (Wendover, 10 mei 1900 -
Cambridge (Massachusetts), 7 dicembre 1979) è stata un'astronoma
engelese-americana che nel 1925, nella sua pubblicazione, ha scritto che
l'acqua e l'elio sono gli elementi più importanti (99% della massa) delle
sterne.

Vroege leven

Cecilia Helena Payne era una delle due figlie di Emma Leonora Helena
(nata Pertz) e Edward John Payne, avvocato, storico e musicista di fama
mondiale. La madre era di origine pugliese e aveva due figli illustri, lo
storico Georg Heinrich Pertz e lo scrittore James John Garth Wilkinson,
autore di libri di Swedenborg. La madre di Cecilia Paynes si è accorta che
la figlia aveva una figlia di cinque anni e che i suoi figli erano tutti aperti.

Cecilia ha frequentato la St Paul's Girls' School e nel 1919 ha iniziato a studiare presso il Newnham College dell'Università di Cambridge. Qui ha ricevuto una lezione da Arthur Eddington sulla sua spedizione a Principe nel Golfo della Guinea. Eddington si mise a fotografare il 29 maggio 1919 per testare l'algemena teoria della relatività di Albert Einsteins. Con questo periodo nasce il suo interesse per l'astronomia. Ha iniziato il suo studio, ma ha ottenuto un riconoscimento accademico che l'Università di Cambridge, dal 1948 in poi, non gli ha concesso.

Cecilia Payne si rese conto che la sua lunga carriera nel Regno Unito non era ancora terminata, per cui si mise in viaggio per raggiungere gli Stati Uniti d'America. Nel 1923 si trasferisce in Inghilterra da Harlow Shapley, direttore dell'Osservatorio dell'Harvard College, dove era già stato avviato un programma di promozione dell'astronomia. Questo avvenne grazie a un gruppo di studenti che si recarono all'osservatorio per studiare. Il primo osservatore fu Adelaide Ames (1922) e Payne fu il secondo.

Promozione

Shapley ha chiesto a Payne di scrivere una bozza e nel 1925 è stato l'ultimo a essere promosso in astronomia al Radcliffe College (ora sede di Harvard). Il titolo della pubblicazione era "Atmosfere stellari, un contributo allo studio osservativo delle alte temperature negli strati inversi delle stelle". Gli astronomi Otto Struve e Velta Zeberg lo definiscono "ongetwijfeld het meest briljante astronomische proefschrift dat ooit geschreven is".

Payne ha fatto passare la scala degli spettri delle sterne non trattate in banda con la loro temperatura attraverso la teoria degli ioni di Meghnad Saha, un naturalista indiano. Si tratta di una variazione significativa nell'assorbimento degli spettri, che è stata determinata da un diverso grado di ionisatiegraad a seconda delle diverse temperature e non da un diverso grado di apertura degli elementi. Si è visto che il silicio, il koolstof e gli altri metalli comuni che nello spettro zonale sono più abbondanti rispetto all'Aarde sono più abbondanti rispetto all'Aarde, e si è pensato di applicare la teoria del "toen geaccepteerde", secondo la quale gli sterni hanno più elementi in comune rispetto all'Aarde. Inoltre, si è visto che l'acqua e l'elio sono molto più presenti nelle sterne che nell'aria (l'acqua è più ricca di un milione di tonnellate). Il suo articolo afferma che il waterstof è l'elemento più importante delle sterne e che è l'elemento più importante nel tallone.

Quando fu pubblicato il libro di Payne, l'astronomo Henry Norris Russell presentò le sue conclusioni: lo zodiaco è migliore dell'acqua e la sua struttura è molto diversa da quella dell'Aarde, e ciò è dovuto al fatto che il dato è in contrasto con le teorie di base. Daarom beschreef ze het resultaat in haar proefschrift als "onjuist". Russell ha continuato a lavorare più tardi per far sì che i suoi risultati venissero pubblicati e pubblicati in un altro modo. Se hij haar werk kort vermeldt in zijn artikel, wordt Russell vaak de eer van de ontdekking toegekend, zelfs nadat het werk van Payne was geaccepteerd.

Carrière

In occasione della sua promozione, Payne si è occupato della struttura del Melkweg. In seguito, tutti gli uomini si sono dimostrati più forti della media. Insieme ai suoi medici, i suoi operai hanno prodotto più di 1.250.000 vite di sterline di altri paesi. Questo lavoro è stato successivamente utilizzato per 3.000.000 di prelievi di sterline verosimili nei campi della Magelhaense. Queste analisi sono state utilizzate per analizzare la stereotipia. Le sue conclusioni sono state pubblicate nel suo secondo libro, *Stars of High Luminosity* (1930). Queste misurazioni e analisi, che ze deed samen met haar echtgenoot (de astronoom Sergei I. Gaposchkin), legden de basis voor all het volgende work aan veranderlijke sterren.

Payne-Gaposchkin era attivo nel campo dell'ingegneria sociale e ha iniziato la sua carriera accademica ad Harvard. All'inizio non aveva una posizione ufficiale e dal 1927 al 1938 lavorò come assistente tecnico di Shapley. A causa di questo status e di questo stipendio troppo basso, Shapley si impegnò per fargli assumere il titolo di "Astronoom" nel 1938, che in seguito fu pubblicato su Phillips Astronomer. Nel 1943 fu nominato membro dell'American Academy of Arts and Sciences.

Quando Donald Menzel, nel 1954, divenne direttore dell'Osservatorio dell'Harvard College, cercò di capire meglio la sua attività e, nel 1956, fu l'ultima persona a diventare professore (Phillips Professor of Astronomy) presso la Facoltà di Arti e Scienze di Harvard. In seguito ze fu nominato professore della Facoltà di Astronomia e da quel momento fu l'ultima donna a ricoprire tale incarico ad Harvard.

Tra i suoi studenti ci sono Helen Sawyer Hogg, Joseph Ashbrook, Frank Drake e Paul W. Hodge, che hanno dato vita a importanti progetti di astronomia.

Payne-Gaposchkin è entrato nel 1966 come emerito e ha ottenuto il titolo di professore emerito di Harvard. Ha svolto il suo lavoro come collaboratore del Centro di Astrofisica di Harvard-Smithsonian ed è stato per 20 anni redattore di riviste e libri pubblicati dall'Osservatorio di Harvard.

Informazioni sui lavoratori privati

Grazie a G. Kass-Simon e Patricia Farnes, Paynes ha iniziato la sua carriera presso l'Osservatorio dell'Harvard College. Sotto Harlow Shapley e E. J. Sheridan (che Payne-Gaposchkin ha avuto come mentore), l'Osservatorio di Harvard aveva ottenuto un numero maggiore di incarichi in astronomia rispetto ad altri istituti, e nel corso della seconda metà dell'Ottocento sono stati creati altri incarichi da Williamina Fleming, Antonia Maury, Annie Jump Cannon e Henrietta Swan Leavitt. Ma la promozione di Payne-Gaposchkin normalizzò la posizione delle donne. Payne ispirò molte persone, tra cui l'astrofisica Joan Feynman (la figlia di Richard Feynman). La madre e il figlio di Feynman hanno avuto a che fare con la scienza del lavoro, in modo da convincerli che i bambini non possono essere disturbati da problemi di salute.

Punti salienti

- Nel 1933 Payne si recò in Europa per incontrare l'astronomo russo Boris Gerasimovich, che in precedenza aveva lavorato all'Osservatorio dell'Harvard College e con il quale intendeva scrivere un libro sulle stelle variabili.
- Payne incontrò Sergey Gaposchkin, un astronomo russo che non poteva tornare in Unione Sovietica a causa della sua politica. Si sposarono nel 1934 e collaborarono spesso agli studi sulle stelle variabili.
- Nel 1938 fu nominata docente di astronomia, ma anche se tenne dei corsi, questi furono inseriti nel catalogo di Harvard solo dopo la seconda guerra mondiale.
- Nel 1956 Payne fu nominato professore ordinario ad Harvard e divenne presidente del dipartimento di astronomia.

16. Jocelyn Bell Burnell (nata nel 1943)

Astronomo britannico che ha scoperto le prime radio pulsar

"Nelle vostre vene c'è polvere di stelle. Siamo letteralmente, in ultima analisi, figli delle stelle".

Dame **Susan Jocelyn Bell Burnell** (Belfast, 15 luglio 1943) è un astrofisico britannico che, in qualità di promotore, ha messo a punto la prima pulsar e, da subito, il primo neutronenster. Il suo autore è Antony Hewish, che per questo lavoro, insieme a Martin Ryle, ha ricevuto un premio Nobel. Burnell è stato per due anni presidente dell'Istituto di Fisica (IoP) di Londra. Als eerste vrouw ooit werd ze in 2014 benoemd tot president van de *Royal Society of Edinburgh*. Nel 2018 ha ricevuto per il suo lavoro nel 1967 il premio speciale Breakthrough Prize con un'offerta di due milioni di dollari americani.

Biografie

Jocelyn Bell è nata nello stato di Noord-Ierse, a Belfast. Il suo padre era l'architetto del Planetario di Armagh, situato in zona. Come tipo ha pubblicato molti libri sull'astronomia, tra cui *Frontiers of Astronomy* di Fred Hoyle, scienziato britannico. È stato uno degli ultimi ragazzi che hanno studiato a Lurgan per studiare all'università.

Nel 1965 ha conseguito il bachelor (B.Sc.) presso l'Università di Glasgow. Per la sua promozione è andato all'università di Cambridge, dove l'astrofisica Hewish è stata promotrice. Insieme ad altri studenti fu coinvolto nella costruzione dell'Hewish *Interplanetary Scintillation Array*, un radiotelescopio con l'intento di effettuare ricerche sui quasar. Nel luglio del 1967 Bell ha realizzato un'opera grafica che si trova su un foglio di carta da lettere. Opeengepakte piekjes die er niet in thuishoorden en die ze *scruff* (vuiligheid) noemde. Con un dispositivo di scrittura rapido è possibile misurare il tempo di attesa tra i pezzi: 1,3 secondi. Quando si utilizza un'apertura di un'area di ingresso, Hewish deve dare un'occhiata all'*ipoteca* degli *omini verdi*, un'erba di colore che si trova in contatto con l'aria. Nel momento in cui sono stati attivati altri due impulsi sul tappeto, Hewish e Bell hanno concluso, tramite un processo di eliminazione, che i segnali sono ancora più deboli per quanto riguarda i neutronenitori più piccoli. Bell analizza in toto una carta millimetrata da un metro al giorno, per un totale di due chilometri di carta millimetrata. Bell stesso afferma che il suo obiettivo è quello di far sì che la sua stanza sia un luogo di lavoro: il fatto che gli uomini abbiano a che fare con i loro talenti, le loro prestazioni e i loro successi in modo sistematico e in due tempi diversi.

Nel 1969 Bell ha iniziato a promuovere la radioastronomia e l'attivazione della pulsar. Un anno dopo si è licenziato (è nato nel 1993) e ha creato uno zoon, che è anche un fysicus.

Na haar promotie werkte Bell Burnell bij de universiteit van Southampton (1968-1973), de University College London (1974-1982) en de *Royal Observatory* te Edinburgh (1982-1991). Nel 1991, dopo essere stato assunto come docente, consulente, esaminatore e lettore, è stato nominato professore di scienze naturali presso la Open University, una posizione che ha mantenuto per dieci anni.

Erkenning

Nel 1974, nel 1974, ze de eerste was die een pulsar ontdekte deelde ze niet mee in de roem van de Nobelprijs voor de Natuurkunde toen die werd toegekend aan Antony Hewish en Martin Ryle. Da solo non prova amarezza per questo fatto. In un'intervista ha dichiarato che: "È il supervisore [Hewish] che ha una grande responsabilità per il successo o il fallimento del progetto. Mi fa piacere, ma è anche vero che lui potrebbe approfittare di un successo".

Le offerte e i prezzi sono diversi, e questo è il motivo:

* 1973 - *Medaglia Michelson*, Istituto Franklin
* 1978 - *Premio J. Robert Oppenheimer*
* 1978 - *Premio Rennie Taylor*
* 1987 - *Premio Beatrice M. Tinsley*, Società Astronomica Americana
* 1989 - *Medaglia di Herschel*, Società Astronomica Reale
* 1995 - *Premio Karl G. Jansky*

Nel 2007 è stata nominata dalla regina Elisabetta Dame Commandeur in de Orde van het Britse Rijk. È stato presidente della *Royal Astronomical Society* dal 2002 al 2004 e presidente dell'*Istituto di Fisica* dal 2008 al 2010. Nel 2014 è stato presidente della *Royal Society di Edimburgo*.

Nel novembre 2018 Burnell ha ottenuto un riconoscimento per il suo lavoro attraverso il premio speciale Breakthrough Prize, con una dotazione di 3 milioni di dollari, che è stato assegnato a San Francisco.

Punti salienti

* Jocelyn Bell Burnell ha frequentato l'Università di Glasgow, dove ha conseguito una laurea (1965) in fisica. Ha proseguito all'Università di Cambridge, dove ha conseguito il dottorato (1969) in radioastronomia.
* Come assistente di ricerca a Cambridge, Bell Burnell ha contribuito alla costruzione di un grande radiotelescopio e nel 1967, rivedendo i tabulati dei suoi esperimenti di monitoraggio dei quasar, ha scoperto una serie di impulsi radio estremamente regolari.
* Dopo aver monitorato gli impulsi con apparecchiature più sensibili, il team scoprì diversi schemi più regolari di onde radio e determinò che erano in realtà emanati da stelle di neutroni in rapida rotazione, che in seguito furono chiamate pulsar dalla stampa.
* Bell Burnell è stato anche presidente della Royal Astronomical Society (2002-2004) ed è stato eletto per un mandato di due anni come presidente dell'Institute of Physics nel 2008.

17.   Lise Meitner (1878 - 1968)

Fisico austriaco che ha scoperto l'isotopo radioattivo protattinio-231

"La scienza fa tendere alla verità e all'oggettività; insegna
ad accettare la realtà, con meraviglia e ammirazione, per
non parlare del profondo stupore e della gioia che l'ordine
naturale delle cose suscita nel vero scienziato".

Lise Meitner (Wenen, 7 novembre 1878 - Cambridge, 27 ottobre 1968) è stata una naturopata di Oostenrijks-Zweeds che, insieme a Otto Hahn e Fritz Strassmann, ha sviluppato l'atoomkernsplijting, il meccanismo fondamentale per la kernenergie ma anche per le macchine. La parola è stata data al tipico campo di una ragazza che ha ricevuto un'importante prestazione di lavoro in ambito scolastico da parte di un collega uomo.

Meitner lavorò insieme a Otto Hahn e al suo assistente Fritz Strassmann, ma più tardi, come Joodse, a causa del nazismo in Duitsland. La verifica della loro collaborazione è avvenuta per iscritto. Un paio di mesi dopo la sua morte, il 17 dicembre 1938, Hahn e Strassmann furono coinvolti in un esperimento: per la prima volta avevano creato un atoomkern. Nel gennaio del 1939 Meitner, insieme a Otto Frisch, diede il via alla prima verifica teorica naturalistica del kernsplijting. Il suo collega Otto Hahn

ottenne nel 1944 il Nobelprijs voor Scheikunde per il suo lavoro.
L'elemento meitnerium viene rinominato da Meitner.

Biografie

Il processo di splijting è stato avviato nel 1938 da Otto Hahn, Fritz
Strassmann e Lise Meitner a Berlijn. Lise Meitner, nata a Wenen, era
l'ultima di otto figli di una famiglia libera. Si stabilì a Leopoldstadt, il
secondo distretto di Wenen, che insieme a Boedapest forma la città di
Oostenrijk-Hongarije. Nel registro dei geboortori della Weense Joodse
Gemeenschap è riportato il 17 novembre 1878 come geboortedatum.
Tutte le altre date ufficiali sono il 7 novembre 1878, data in cui Lise
Meitner si è impegnata. Il suo padre, Philipp Meitner, era uno dei primi
avvocati di Oostenrijk con il nome di Joodse Afkomst. La sua madre era
Hedwig Meitner-Skovran. Lise non era una giudea, ma una secolare, o,
per un altro motivo, una protestante. In seguito, si è convertita al
luteranesimo e ha deciso di farla smettere. Na een lagere school van vijf
jaar ging ze naar een Weense *Mädchen-Bürgerschule*, een
meisjesburgerschool, omdat het gymnasium dat voorbereidde op de
universiteit niet toegankelijk was voor meisjes. Alla meisjesburgerschool è
stata cambiata l'iscrizione come voltooid ("vom weiteren Schulbesuch
befreit"). L'unica possibilità per i giovani di continuare a studiare era quella
di andare in una scuola privata, la *Hohere Tochterschule*, e di ottenere un
diploma come docente in un numero limitato di ore. Per ottenere un
diploma di docenza in discipline umide è stata richiesta un'iscrizione
all'università. Ze besloot Frans te studeren, but but had nooit echt passie
voor het vak. In questo periodo di lavoro, ze ha ottenuto un corso di lingua
francese di un anno in una scuola elementare. Hiermee verdiende ze wat
geld voor de gevorderde muzieklessen van haar zus Auguste (Gusti), die
later concertpianiste werd.

Università di Wenen

La decisione di intraprendere un'attività di ricerca in campo scientifico è
stata presa da Meitner nel 1897. In quell'anno fu inaugurata l'attività di
bagnante che nella regione di Oostenrijk-Hongarije i giovani volevano
studiare all'università. Con l'aiuto di suo padre, la ragazza si rivolge per la
prima volta al docente Frans per verificare che la ragazza possa lavorare
in un proprio istituto di formazione. Con lo zampino di un privato-docente
locale, ze ha iniziato a lavorare duramente per l'assunzione presso
l'Akademisches Gymnasium Wien, per poi partecipare alle lezioni
universitarie in due anni. Qui ha iniziato a studiare la filosofia come studio
realistico. A breve, per il suo 23° compleanno, ze è uno dei più giovani

studenti di lingua inglese dell'Università di Wenen. Ispirata dal suo professore, Ludwig Boltzmann, nel suo ultimo anno di vita Meitner si dedicò completamente alla scienza della natura. In quel momento era l'unico esperto di natura e accettava i bambini come un'attività da svolgere in prima persona. Incontrò Henriette von Aigentler, studiosa di scienze naturali, che con la sua grande passione e il suo impegno volle far entrare Boltzmann nell'università. Il 1° febbraio 1906 Meitner ha conseguito il dottorato con lode con una tesi sul controllo del calore nei licheni non omogenei. Ze era hiermee de tweede vrouw die aan die universiteit promoveerde in de natuurkunde, ma als vrouwelijke onderzoeker kreeg ze nauwelijks werk. In seguito, Marie Curie si mette a disposizione di Meitner, ma non riesce a trovare una posizione valida per lui.

Per ottenere un guadagno, Boltzmann si rivolse a una scuola di medie dimensioni. Dopo il suo addio a Boltzmann, Boltzmann divenne assistente di Stefan Meyer, che lavorava per Boltzmann. Lavorò per un anno per Meyer, che gli diede molte informazioni sulla kernfisica. Pubblicò anche alcuni articoli sulla radioattività: "Über Absorption von α- und β-Strahlen" e "Über die Zerstreuung von α-Strahlen".

A Wenen c'erano ancora altri carriere di tipo verde e in occasione di un incontro con il naturopata Max Planck, professore all'Università di Berlijn, ze ha ottenuto un geluk a Berlijn. Il suo piano era quello di far partire uno o più semestri. Doveva affrontare le lezioni di Plancks sulla fisica teorica, una questione che riguardava Planck, il quale aveva già coinvolto un'altra donna, Elsa Neumann. A Berlijn fece anche amicizia con Otto Hahn.

Carriera professionale

L'inizio della seconda metà dell'Ottocento fu il periodo dei più importanti interventi sul tema della radioattività. Negli ultimi anni a Berlijn Meitner lavorò intensamente con Hahn, dapprima presso il Chemisch Instituut dell'Università di Berlijn, che si avvaleva della collaborazione di Emil Fischer, e dal 1912 presso il Kaiser-Wilhelm-Institut für Chemie di Berlino-Dahlem. Il lavoro a Berlijn non è stato molto apprezzato da Meitner. Insieme a Hahn, Meitner dovette lavorare come "gast" di Hahn, con uno stipendio, in un laboratorio omnicomprensivo nel cortile del Chemisch Instituut, senza che Meitner avesse mai visitato le zone più difficili della casa. Per poter utilizzare una toilette, gli ospiti devono recarsi in un bar. Hahn e Meitner si conoscono bene: mentre Hahn lavorava in modo più intuitivo, Meitner era l'analista dei due. Il suo laboratorio nel cortile del Chemisch Instituut emetteva un forte segnale radioattivo e i suoi partner erano sempre più preoccupati per la mancanza di amore e di fiducia. Un anno più tardi vennero anche i ragazzi a lavorare nei collegi e Meitner si dedicò a un'attività di volontariato.

Nel 1913 Meitner ottiene una posizione importante presso il Kaiser-Wilhelm-Institut. Dezelfde Fischer che haar nel 1907 slechts als gast tolereerde, steunde haar steeds meer, totdat ze in 1916 hetzelfde loon als Hahn betaald kreeg. Nel 1914, una posizione accademica di rilievo, con un maggiore impegno, gli fece ottenere un maggiore prestigio e un salario più basso.

Nel 1915, Ze onderbrak haar werkzaamheden om tijdens de Eerste Wereldoorlog te werken als verpleegster en röntgentechnicus in het Oostenrijkse leger. Nel 1916 si trasferisce a Berlijn. Otto Hahn diende tijdens de hele oorlog als soldaat en was slechts af en toe aan het werk in het laboratorium. Nel 1918 Hahn e Meitner vennero isolati da un isotopo con un lungo intervallo di tempo dell'elemento chimico protactinium (23191Pa) e nel 1921 dall'isotopo uranium-Z (23492U). Se Lise Meitner aveva lavorato per l'individuazione del 23191Pa, Hahn fu l'ultimo autore dell'articolo che pubblicò. Per questa pubblicazione, nel 1924 Hahn ricevette una medaglia di Leibniz dalla Pruisische Academie van Wetenschappen. Nel 1917 Meitner creò anche un proprio istituto presso il Kaiser-Wilhelm-Institut, il *Physikalisch-radioaktive Abteilung*, e si mise a gestire da sola il proprio personale e le proprie finanze. Hiermee verdiende ze ook genoeg om haar studentenkamer te verlaten en een huis voor zichzelf te betrekken. Sebbene Ze non avesse un proprio orientamento, ebbe un contatto costante con Hahn. Nel 1919 ottenne il titolo di professore.

Meitner ha ottenuto l'abilitazione nell'ottobre 1922 con la *tesi di abilitazione* "Die Bedeutung der Radioaktivität für kosmische Prozesse" (De betekenis van radioactiviteit voor kosmische processen), in cui si parlava di radioattività nei college. Questo gradino della scala accademica fu aperto per i giovani a partire dal 1920. A breve distanza da allora, nel 1922, si verificò l'effetto Augereffect. Nel 1926 Meitner fu l'ultima donna in Duitsland ad essere assunta come assistente all'Università di Berlijn, con uno stipendio ridotto e un laboratorio proprio. Meitner iniziò un'indagine sulle caratteristiche dell'emissione di raggi gamma e del bètastraling, e si rese conto che gli elementi del bètastraling erano elettronici e che Hahn aveva iniziato a lavorare presso la facoltà di scheikunde. Una lunga serie di esperimenti condotti da Charles Drummond Ellis e Lise Meitner portò nel 1930 all'ipotesi della nascita del neutrino. Oltre all'attività pionieristica nel campo della radioattività, ha lavorato all'individuazione di parenti positroni-elektron, alle reazioni chimiche e alla misurazione della massa dei neutroni. Albert Einstein la definisce in questo periodo "l'unica Marie Curie".

Richiesta di informazioni sui transuranen

Nel 1934 Lise ha avviato una collaborazione con Otto Hahn, dopo che il naturopata italiano Enrico Fermi aveva pubblicato una relazione sui transuranici. Per bombardare elementi con neutroni lunghi, Fermi aveva prodotto, insieme a un gruppo di elementi, un'atoomgetale più elevata, che aveva permesso di ottenere un'ulteriore delta β. Fermi verificò che l'uranio da bombardare con i neutroni, elemento prodotto, aveva un'atoomgetale maggiore di 92.

Ci sono stati due nomi di nomi di natuurkunde e scheikunde che hanno portato a una conclusione diversa dagli esperimenti. Il primo era dat de kern gedroeg als een stabiele vloeistofdruppel, en slechts in stappen van een of twee atoomgetallen kon veranderen. L'altro aspetto è stato quello di far sì che le transuranen venissero utilizzate come metalli di copertura. Aangezien de producten van kernsplijting, die hier eigenlijk plaatsvond, overgangsmetalen waren, dachten ze transuranen gevonden te hebben. Nei giorni in cui si svolgevano i lavori, Hahn e Meitner pubblicarono una serie di pubblicazioni sui transuranen che avevano ritenuto opportuno realizzare. Meitner non può fare alcuna verifica teorica sull'"ontdekking" dei transuranen.

La Danimarca nazista in fuga

Con l'avvento del nazional-socialismo nel Duisland, Meitner si trasferì ancora di più all'università. Alcuni ricercatori giudei, tra cui Fritz Haber, Leó Szilárd e il suo collega Otto Frisch, vennero invitati ad assumere una posizione di rilievo e a controllare il territorio. Se nel 1933 Meitner aveva perso la sua posizione di leader, nel Duitsland si era rifugiata. Vier dingen beschermden haar tegen de anti-Joodse wet die in 1933 werd afgekondigd: haar Oostenrijkse nationaliteit, het feit dat het Kaiser-Wilhelm-Instituut geen overheidsinstantie was, haar vriendschap met vooraanstaande onderzoekers, zoals Max Planck en Otto Hahn, en het feit dat ze een vooraanstaand onderzoeker was.

Niettemin ha il suo status di beschermde e non può essere considerato come una sorta di lotto pubblico in cui gli Joden sono più importanti. Si trattava di un'azienda che si occupava di gestire i giardinieri e che era regolarmente impegnata in lavori di manutenzione del bosco e in attività di manutenzione. Nel marzo del 1938, l'*annessione* di Oostenrijk da parte del

Duitsland portò anche Meitner a votare per il nazismo. Il suo porto di Oostenrijks era stato danneggiato dal nazismo, e aveva ricevuto più di dieci marchi di garanzia su uno zak. Hahn diede a Meitner un anello di diamanti di cinque millimetri sulla sua testa, per far sì che potesse aprire una macchina per il lavaggio dei denti. Ma la cosa non fu sfruttata a dovere: con l'aiuto dei fici olandesi Dirk Coster, Peter Debye e Adriaan Fokker, il 13 luglio, la donna si trasferì in Olanda per bere, mentre via Danimarca si dirigeva verso lo Stato svedese. Fokker e Coster sono stati invitati a versare dei soldi a Meitner per ottenere una posizione presso la Rijksuniversiteit di Groningen, dove i buitenlander non hanno più funzioni beta. Sebbene le donne abbiano avuto un'esperienza di riduzione del numero di letti, hanno dovuto fare i conti con la loro presenza in Duitslandia e con il loro impatto sul surriscaldamento dei Paesi Bassi. Per una vakantie non c'era un documento di riferimento. Per far funzionare lo schienale di una borsa, gli fu dato un equipaggiamento molto chiaro: i brillanti, il segno di spillo e l'anello con i diamanti. (L'ultimo lo portò sul tetto del suo bambino).

A Denemarken lavorò con Niels Bohr per un breve periodo, ma in seguito a un incidente a Stoccolma, la Meitner si trasferì in Svezia. Presso l'Istituto Nobel di Manne Siegbahn a Stoccolma, Meitner - con i suoi giovani collaboratori che l'avevano colpita - ha portato le sue conoscenze in campo kernfisico. Van Siegbahn kreeg ze weinig ondersteuning wegens vooroordelen over vrouwen in de wetenschap.

Modifica dell'impianto di riscaldamento

La rottura della porta avvenne nel 1938 nel laboratorio di Irène Joliot-Curie, che con un bombardamento di neutroni di un elemento ottenne delle caratteristiche che ze non poteva verificare. Hahn e Strassmann sostengono che si tratta di un isotopo del radio. Lise, che a causa di un intenso briefwisseling ha potuto ottenere un bijdrage per il lavoro sugli elementi transuranici, non ha potuto verificare la presenza di questo elemento. Nel novembre del 1938, in occasione di un incontro clandestino a Copenhagen, Meitner e Hahn prendono accordi con il laboratorio di Berlijnse. I due hanno chiesto a Hahn e Strassmann di verificare i risultati ottenuti a Parijs. Hahn tiene questa corrispondenza con Joodse geheim e dice che Strassman e hij hanno fatto un lavoro alleen deden. Hahn e Strassmann iniziarono inoltre a Kopenhagen, in un terugkomst, a condurre esperimenti di ricerca.

Il kerstvakantie del 1938 porta Meitner a Kungälv, nello stato di Zweedse, dove anche Otto Frisch è stato chiamato da Kopenhagen. Poco tempo dopo, Otto Frisch aveva pubblicato una lettera a Berlijn. In het schrijven maakte Hahn melding van het feit dat hij en Strassmann tijdens het bombarderen van uraniumkernen met langzame neutronen het lichtere element barium, met atoomnummer 56, hadden geproduceerd als een van de bijproducten, een resultaat dat hij echter niet kon verklaren, mede omdat het uiteenvallen van een atoomkern op theoretische gronden als ondenkbaar werd beschouwd.

Sulla base del modello di drogaggio di Niels Bohr, Meitner e Frisch concludono che i gherigli sono stati versati in modo talmente pesante da essere invasi da un neutrone e che i gherigli di oorspronkelijke sono stati trasformati in due piccoli gherigli.

Inoltre, è stato necessario verificare che non esistano atomi stabili naturali con un numero di atomi più grande di 92 (uranio): l'elettrostimolazione dei vari protoni ha creato un'onda sterile, che ha dato origine agli altri protoni.

Meitner ha iniziato a scrivere come primo dato che la piccola massa che si è liberata è stata trasformata in una grande energia cinetica per i prodotti di valanga, in base al principio di Einstein che prevedeva l'energia della massa $E = m\,c^2$. Frisch ha usato il termine "splijting" (*fissione*) per indicare questo processo. È stato introdotto il principio del kernsplijting.

Quando Ida Noddack nel 1934, na de experimenten van Fermi te hebben bestudeerd, voor het eerst met het (theoretisch niet onderbouwde) idee kwam van kernsplijting, werd dit door Hahn en Meitner sceptisch en zelfs vijandig ontvangen, deels vanwege de ophef nadat ze de ontdekking van het element masurium opeiste.A causa della situazione politica nel Dopoguerra nazista, Hahn e Meitner pubblicarono i loro risultati. Hahns artikel in het Duitse *Die Naturwissenschaften* (6 gennaio) beschreef het experiment en het vinden van barium als bijproduct. L'articolo di Meitner e Frisch intitolato *"Disintegrazione dell'uranio da parte dei neutroni: un nuovo tipo di reazione nucleare"* illustra la fisiologia che si verifica dopo la fenomea del kernsplijting, insieme all'articolo *"Prodotti della fissione del nucleo di uranio"* (*Nature*, 18 marzo 1939). Het was pas na deze twee publicaties dat Hahn en Strassman een volgende serie experimenten begonnen, waarin onder andere haar voorspellingen van aanwezigheid van krypton als splijtingsproduct werden geverifieerd, en het daaropvolgende verval in rubidium, strontium en yttrium. Na de oorlog werd Meitners naam nog zelden genoemd in verband met het experimenteel onderzoek, hoewel ze zelfs vanuit Zweden het onderzoek de goede kant op stuurde door middel van een intensieve briefwisseling met Hahn, en de vier voorgaande jaren deel uitmaakte van de experimentele groep.

Carriera di latere

Al momento dell'inaugurazione del Tweede Wereldoorlog ha ottenuto una posizione presso il Cavendish-laboratorium di Cambridge. Het aannemen hiervan stelde ze echter uit vanwege de belofte dat ze in Stockholm een assistent zou krijgen en omdat haar paspoortaanvraag niet werd beantwoord. Ze wilde geen tweede keer op illegal wijze immigreren. Nel 1943 ze gevraagd mee te werken aan het Amerikaanse Manhattanproject, ma als overtuigd pacifist weigerde Meitner bij te dragen aan een atoombom. A causa di ciò, Meitner fu regolarmente chiamata dagli ufficiali di polizia di Groot-Brittannië e dei Verenigde Staten per ottenere informazioni sull'attività di guerra in Duitsland, grazie alla sua corrispondenza con Otto Hahn. Meitner non si accorse di alcuno degli sviluppi del bombardamento di Hiroshima.

Na de oorlog weigerde ze terug te keren naar Duitsland, verbitterd over het feit dat vooraanstaande Duitse wetenschappers, zoals Planck, Heisenberg en Von Laue voor en tijdens de oorlog meer oog hadden voor hun eigen wetenschappelijke carrière dan voor de rechten van hun Joodse collega's. Anche una visita personale di Hahn e Strassmann per aiutare il gruppo di lavoro del Kaiser Wilhelm Instituut di Magonza ha portato i suoi amici a non fare nulla. Qui ha avuto luogo l'arruolamento di una vasta gamma di esperti di scienze naturali. Nel 1948, per l'ultima volta, ha vinto una cerimonia di incoraggiamento per Max Planck.

Karl Herzfeld ha iniziato a frequentare, durante l'inverno 1945-1946, una borsa di studio presso la Katholieke Universiteit van Amerika, che ze ha accettato. Durante il suo periodo di permanenza negli Stati Uniti ha ottenuto diversi riconoscimenti per l'insegnamento della gassificazione, ma non è riuscito a partire per lo Stato svedese. Sebbene il suo ruolo nell'organizzazione tecnica sia stato marginale, nel corso della sua permanenza in America è stato definito come il "fondatore jugoslavo dell'atoombom" e come il giudeo che ha voluto il geheim dell'atoombom sotto la guida di Adolf Hitler. Il film è stato anche interpretato in un filmato, ma questo ha risolto il problema. "Liever loop ik naakt over Broadway", disse zei nei confronti di Otto Frisch. Nell'anno in cui è stata premiata negli Stati Uniti, è stata nominata "Donna dell'anno".

Nel 1947 è stato promosso a collaboratore dell'Università di Stoccolma, ha lavorato come assistente e ha ottenuto un diploma di laurea. Nel 1949 divenne Zweeds staatsburger e un paio di anni più tardi si trasferì a 75 anni con le penitenze.

Per conquistare il suo nipote Otto Frisch, Meitner si trasferì nel 1960 nel Regno Unito, dove nel 1968 si trasferì a Cambridge, a breve distanza dal suo 90° compleanno. Il testo di Otto Frisch sui suoi graffiti: Una scienziata che non ha mai perso la sua umanità

Privéleven

Lise Meitner ha iniziato a lavorare nella sua infanzia a Wenen come un'area di stimolo per i suoi figli ed è stata ringraziata per l'interesse che ha suscitato in loro. Anche se Leopoldtstad era un distretto di grandi dimensioni, ha svolto un ruolo importante nella sua attività. Otto Frisch ha scritto più tardi che tutti i parenti di quel popolo protestante si erano convertiti e che tutti erano stati condannati. L'idealismo era importante in questo paese; il suo leader era un politico riconosciuto. Durante il suo insediamento, Frans si dedicò a un'attività di volontariato, e da allora gli furono dati anche dei soldi da versare per l'insediamento di Auguste, il suo figlio. Dopo le sue perdite private come voorbereiding sulla Matura (eindexamen), plaudono le sue zussen e gli dicono: "Je gaat het niet halen: net liep je door de kamer zonder studieboek".

Il suo benessere personale è stato compromesso e non ha avuto alcun riscontro con la natura. A dispetto di tutto ciò, ze ze è diventato un amico molto gentile. Otto Hahn e la sua compagna Edith hanno avuto un'amicizia innegabile e hanno trascorso insieme il fine settimana. Ze era l'allevatore di un figlio e di un nipote, e non vedeva Hahn come un *collega*. Il suo gruppo di amici ha fatto sì che il verdetto di Hahn sull'attuazione del kernsplijting, e il fatto che non sia stato corretto in un libro, fosse ancora più difficile.

Erkenning

Hahn ottenne il Nobel per lo Scheikunde nel 1944 (assegnato nel 1945), mentre Meitner fu premiata con il Nobel per la medicina, in quanto Hahn aveva un ruolo minimo nei processi di ontdekking nel Duitsland. Hij verdedigde zich door te beweren dat de ontdekking van kernsplijting had plaatsgevonden na de gedwongen vlucht van Meitner en geheel was te danken aan het chemisch onderzoek van hem en Strassmann. Hij gaf haar een deel van het prijsgeld, maar maakte dit niet openbaar.

Il premio Nobel è stato assegnato a Bohr per la prima volta che ha ottenuto un'analisi teorica per il kernsplijting. Il messaggio di Bohr, in cui affermava che non si trattava di nulla, fu inviato per il Nobel del 1944. Il fatto che negli anni successivi il problema non sia stato risolto è un fatto positivo. Door de jaren heen is Meitner minstens 46 keer genomineerd voen Nobelprijs, zowel voor Scheikunde, als voor Natuurkunde. Un paio di anni fa, insieme a Otto Hahn, un paio di anni fa, insieme a Otto Frisch, e anche lui è stato nominato per un altro Nobel. Tra i nominati figurano James Franck e Max Planck.

Het niet verkrijgen van de prijs heeft haar waarschijnlijk meer bekendheid opgeleverd dan een eventuele toekenning ervan, mede omdat haar uitsluiting door de gemeenschap werd opgevat als een achterstelling van de vrouw in de wetenschap, waardoor ze uitgroeide tot een feministisch icoon. Nel 1966 fu deciso di dare a Zij, insieme a Hahn e Strassmann, il premio Enrico Fermi. Inoltre, nel 1949 (insieme ad Hahn) ottenne il premio Max Planck e nel 1955 fu l'ultimo vincitore del *premio Otto-Hahn per la chimica e la fisica*, vinto insieme a Heinrich Wieland.

Il prestigioso Deutsches Museum ha organizzato una dimostrazione sul processo di kernsplijting. Qui si trovava un'opera con apparecchiature naturali di Lise Meitner, utilizzata per l'attuazione del kernsplijting, insieme a un'opera di Otto Hahn, e la stessa Meitner è stata nominata sua collaboratrice in qualità di collega. L'opera è stata abbandonata nel 1990 in seguito a una protesta.

Nel 1945 è stato trasferito presso la Koninklijke Zweedse Academie van Wetenschappen; nel 1951 è stato omesso di trasferirlo in una normale Accademia.

Nel 1997 l'elemento meitnerium, che nel 1982 era stato creato dal gruppo di Peter Armbruster e Gottfried Münzenberg, è stato inserito nella lista della IUPAC. Anche due crateri, op de Maan e op Venus, sono stati creati per lui.

Punti salienti

- Dopo aver conseguito il dottorato all'Università di Vienna (1906), Lise Meitner partecipò alle lezioni di Max Planck a Berlino nel 1907 e si unì a Hahn nella ricerca sulla radioattività.
- Durante i tre decenni di collaborazione, lei e Hahn furono tra i primi a isolare l'isotopo protattinio-231 (a cui diedero il nome), studiarono l'isomerismo nucleare e il decadimento beta e negli anni '30 (insieme a Strassmann) studiarono i prodotti del bombardamento neutronico dell'uranio.

- Nel 1944 Hahn ricevette il Premio Nobel per la Chimica per la scoperta della fissione nucleare, anche se alcuni hanno sostenuto che Meitner avrebbe meritato una parte del premio.
- In questo periodo, Meitner fu invitata a lavorare al Progetto Manhattan (1942-1945) negli Stati Uniti. Tuttavia, si oppose alla bomba atomica e rifiutò l'offerta.

18.   Christiane Nüsslein-Volhard (nata nel 1942)

Biologo tedesco dello sviluppo e premio Nobel

"Mi è piaciuto subito lavorare con le mosche. Mi affascinavano e mi seguivano nei miei sogni. "

Christiane Nüsslein-Volhard (Maagdenburg, 20 ottobre 1942) è una bioioga e Nobelswinnaar. Nel 1995 ha vinto, insieme a Edward B. Lewis e Eric Wieschaus, il Nobel per la Fisiologia e la Genetica per l'individuazione dei geni che sono stati coinvolti nella prima trasformazione embrionale della frutta, i geni homeobox. Nel 1991 Tevens ha vinto il premio Albert Lasker per la ricerca medica di base.

Biografie

Christiane Nüsslein-Volhard è nata come seconda delle due figlie di Rolf Volhard, architetto, e Brigitte Hass. Nel 1964 studia biochimica all'Università Eberhard-Karls di Tubinga. Questi studi sono iniziati nel 1968 e sono stati promossi nel 1973 in biologia molecolare. È stato assunto presso le università di Bazel e Friburgo e presso il Laboratorio europeo di biologia molecolare di Heidelberg, mentre nel 1981 è stato nominato genetista presso il Max Planck Instituut di Tubinga.

Nel 1985 Christiane Nüsslein-Volhard è direttrice del Max Planck Institute for Developmental Biology di Tubinga. Nel frattempo ha assunto la direzione del dipartimento di genetica. Nel 1986 ha ottenuto il Premio Gottfried Wilhelm Leibniz della Deutsche Forschungsgemeinschaft.

Werk

Insieme a Wieschaus introdusse la "Big Science" nella biologia con un progetto di mutagenesi di successo. In questo periodo è stata avviata la manipolazione embrionale della *Drosophila melanogaster*. Nel periodo in cui è stata condotta questa ricerca, i più importanti esperimenti di biologia molecolare sono stati poco impegnativi. I geni che erano stati identificati durante l'embrione, vennero distrutti da mutazioni selvagge e vere e proprie mutazioni nei geni dei fruttiferi. Il risultato è stato un catalogo completo di mutazioni che si sono sviluppate a livello fisiologico. Questo studio ha portato a importanti informazioni sull'evoluzione. Il gene homeobox ha un ruolo essenziale nel processo di formazione embrionale dei frutti; in seguito è stato dimostrato che questo gene funziona in tutti i settori.

Aan Nüsslein-Volhard wordt ook de ontdekking van het toll-gen toegeschreven, welke heeft geleid tot de identificatie van toll-like receptoren en die een belangrijke rol spelen in ons afweersysteem.

Dal 2001 è al timone del *Nationaler Ethikrat* voor de ethische assessment van nieuwe life sciences en hun invloed op de gemeenschap. Nel 2004 ha inaugurato la nuova Christiane Nüsslein-Volhardstichting, che, oltre ad altre attività di assistenza e assistenza sociale, si rivolge a giovani donne con figli, affinché possano intraprendere la loro carriera nel campo dell'assistenza sociale.

Nel giugno 2005 ha ottenuto dalla Oxford-universiteit un incarico di ricerca.

Punti salienti

- All'Università Eberhard-Karl di Tubinga, Christiane Nüsslein-Volhard ha conseguito il diploma in biochimica nel 1968 e il dottorato in genetica nel 1973.

- Nel 1981 Nüsslein-Volhard è tornata a Tubinga, dove ha ricoperto il ruolo di direttore dell'Istituto Max Planck per la biologia dello sviluppo dal 1985 al 2015.
- A Heidelberg, Nüsslein-Volhard e Wieschaus hanno trascorso più di un anno incrociando 40.000 famiglie di moscerini della frutta ed esaminando sistematicamente il loro patrimonio genetico al microscopio doppio.
- Hanno assegnato la responsabilità dello sviluppo embrionale del moscerino della frutta a tre categorie genetiche: i geni gap, che definiscono la pianta del corpo da testa a coda; i geni pair-rule, che determinano la segmentazione del corpo; e i geni segment-polarity, che stabiliscono le strutture di ripetizione all'interno di ciascun segmento.
- Christiane Nüsslein-Volhard ha pubblicato anche diversi libri, tra cui Zebrafish: A Practical Approach (2002; scritto con Ralf Dahm) e Coming to Life: How Genes Drive Development (2006).

19.   Peggy Whitson (nata nel 1960)

Ricercatore americano di biochimica e astronauta della NASA in pensione

"Incoraggerei sicuramente i giovani a perseguire i loro sogni. Non è sempre un percorso facile, ma vale la pena inseguirli".

Peggy Annette Whitson (Mount Ayr, 9 febbraio 1960) è un'astronauta americana. I 665 giorni che ha trascorso in totale in un campo di rotaia sono un record per l'America.

Whitson fa parte del gruppo di astronauti 16 della NASA. Questo gruppo di 44 astronauti ha iniziato il suo addestramento nel 1996 e ha avuto come gruppo di riferimento *The Sardines*.

Il suo primo ruimtevlucht è stato l'STS-111 verso la stazione spaziale internazionale ISS con lo shuttle Endeavour e si è svolto il 5 giugno 2002. In totale ha visto la presenza di due roulotte sul suo territorio. In totaal maakte ze tien ruimtewandelingen.

Nel 2009 Whitson è stata direttrice dell'Ufficio astronauti della NASA. Non era solo l'ultima donna a ricoprire questo ruolo, ma anche l'ultimo specialista di missioni. Gli altri direttori erano invece piloti normali. Whitson è entrato in servizio nel 2012.

Il 17 novembre 2016 è partito dalla base di raketlance Kosmodroom Bajkonoer in Kazachstan per una missione di sei mesi nella ISS. Si è trattato della prima missione di durata pluriennale (Expeditie 50/51) della NASA, dell'ESA e della Roscosmos. Whitson nel mese di maggio 2017 si è ritirata dall'incarico, ma il suo volo è stato revocato e la donna è tornata a bordo per l'Expeditie 52 della ISS. Nel settembre 2017 ze era weer terug op Aarde. Il 15 giugno 2018 Whitson è stata licenziata dalla NASA. All'inizio del 2021 è stato deciso di assumere il ruolo di astronauta commerciale per Axiom Space e di riserva per la Crew Dragon di SpaceX Axiom Space-1 (Ax-1) e di Gezagvoerder per Ax-2.

Punti salienti

- Peggy Whitson ha conseguito una laurea in biologia e chimica presso l'Iowa Wesleyan College di Mount Pleasant, Iowa, nel 1981 e un dottorato in biochimica presso la Rice University di Houston nel 1985.
- Dal 2009 al 2012, Whitson è stata capo dell'Ufficio astronauti, che supervisiona tutte le attività della NASA in materia di astronauti, tra cui la selezione e l'addestramento degli equipaggi. Whitson è stata la prima donna e il primo civile a ricoprire questa posizione.
- Il 10 aprile 2017, Peggy Whitson è diventata comandante della missione Expedition 51 della ISS, che è durata fino al 2 giugno. Ha effettuato quattro passeggiate spaziali durante le quali sono stati eseguiti interventi di manutenzione o sostituzione di componenti della stazione.
- Peggy Whitson ha trascorso quasi 666 giorni nello spazio durante le sue tre missioni di lunga durata sulla ISS, diventando così l'astronauta con maggiore esperienza della NASA.

15 artiste donne

1. Beyoncé (nata nel 1981)

Cantautrice e attrice americana, vincitrice di numerosi Grammy di platino

"Se tutto fosse perfetto, non si imparerebbe mai e non si crescerebbe mai".

Beyoncé Giselle Knowles-Carter (Houston (Texas), 4 settembre 1981) è una cantante r&b americana, cantautrice, attrice e cantante di moda. È nata a Houston, è cresciuta da lì e ha dato il suo nome a diversi spettacoli di musica e danza. Da un anno a questa parte si è fatta conoscere come leader del gruppo r&b Destiny's Child. Con il suo leader Mathew Knowles come manager, il gruppo è diventato uno dei migliori gruppi musicali del mondo. A seguito di una rottura nel mercato del gruppo, Beyoncé ha pubblicato l'album di debutto *Dangerously in Love* (2003), che ha permesso a Beyoncé di mantenere il suo nome come solista; l'album è stato pubblicato per 11 milioni di copie e ha vinto diversi Grammy Awards, a partire dai due singoli *Crazy in Love* e *Baby Boy*, che hanno conquistato il primo posto nella classifica americana.

Dopo l'uscita dalle Destiny's Child nel giugno 2005, Beyoncé ha pubblicato il suo secondo album da solista, *B'Day* (2006), che comprende i successi *Déjà Vu, Irreplaceable* e *Beautiful Liar*. Ha anche iniziato a recitare, con un ruolo da Golden Globe Award in *Dreamgirls* nel 2006, e ha recitato in *La Pantera Rosa* nel 2006 e in *Obsessed* nel 2009. Sia il suo incontro con il rapper Jay-Z che la sua interpretazione di Etta James nel film *Cadillac Records* del 2008 sono stati inseriti nel suo ultimo album, *I Am... Sasha Fierce* (2008), con il quale ha vinto il suo alter ego Sasha Fierce e nel 2010 ha vinto tre Grammy Awards, un record per un artista femminile, tra cui la canzone dell'anno *Single Ladies (Put a Ring on It)*. In seguito Beyoncé ha iniziato una carriera e ha affidato a se stessa la gestione della sua carriera. Il suo ultimo album, *4* del 2011, è stato più divertente e ha invaso gli anni '70 (funk), '80 (pop) e '90 (soul). Il suo ultimo album in studio, *Beyoncé* (2013), raccoglie le ultime recensioni e si distingue per l'uso di prodotti sperimentali e per la promozione di temi diversi. Beyoncé è la protagonista del suo marchio *House of Deréon*.

Beyoncé, definita "femminista moderna", scrive numeri che affrontano diversi temi come la fede, le relazioni e la monogamia, ma anche la vrouwelijke seksualiteit e l'onafhankelijkheid. Sul podio, il suo dinamismo e le sue coreografie hanno conquistato il pubblico e la reputazione di uno dei migliori intrattenitori della musica pop. Negli ultimi anni di carriera ha venduto più di 100 milioni di album da solista e circa 60 milioni con le Destiny's Child, che lo hanno reso uno dei migliori artisti di tutti i tempi. Ha vinto 20 Grammy Awards ed è la più grande cantante nella classifica dei Grammy. La Recording Industry Association of America l'ha nominato Top Certified Artist in America nell'ultimo decennio del 2000. Nel 2009 *Billboard* l'ha inserito tra i migliori artisti musicali dell'ultimo decennio del 2000 e tra gli artisti del millennio nel 2011. La rivista *Time* ha inserito l'artista sia nel 2013 che nel 2014 nella lista dei 100 personaggi più famosi del mondo.

Levensloop

Beyoncé Giselle Knowles è nata a Houston come figlia di Celestine Ann "Tina" Beyincé, una capogruppo e proprietaria di un salone, e di Mathew Knowles, che era verkoopmanager presso la Xerox. Il nome Beyoncé è un omaggio alla nascita della madre. La sua giovane figlia Solange è ancora più giovane. Vader Mathew è un afro-americano, mentre la madre Tina, una creatura afroamericana della Louisiana, può parlare in afrikaans, indiano, franco e per un sedicesimo di dollaro. Beyoncé frequenta la St.

Mary's Elementary School di Fredericksburg (Texas), dove è nata senza figli. Il suo talento è stato messo in atto quando l'insegnante di danza Darlette Johnson ha iniziato a recitare una canzone e ha incluso le note più importanti. Alla sua età, Beyoncé vinse un talentenjacht a scuola con un'interpretazione di *Imagine* di John Lennon, dove si esibirono i suoi allievi.

All'inizio del 1990 Beyoncé ha iniziato a frequentare la Parker Elementary School, una scuola di musica a Houston, dove ha iniziato a frequentare la scuola. In seguito, Beyoncé ha frequentato la High School for the Performing and Visual Arts e la Alief Elsik High School. Inoltre, Beyoncé è stata la protagonista della St. John's United Methodist Church, dove è stata solista per due anni.

Il giorno prima Beyoncé e la sua amica Kelly Rowland hanno partecipato a un'audizione per un gruppo di sorelle e hanno presentato LaTavia Roberson. Insieme ad altre due sorelle sono entrate a far parte del gruppo Girl's Tyme per partecipare al circuito dei talenti di Houston. Dopo che il gruppo si era formato, il produttore di musica r&b Arne Frager lo portò nel suo studio nel nord della California e gli diede un posto in *Star Search*, il più importante programma di talentenjacht della televisione americana. Girl's Tyme non vinse affatto e Beyoncé scoprì in seguito che il suo lavoro non andava bene. Nel 1995 Beyoncé ha deciso di aprire il suo portaborse per diventare manager del gruppo. In questo periodo si verificò l'incidente della famiglia di Beyoncé con l'aiuto del padre e i figli furono allontanati per essere vinti. Mathew porta il gruppo originario a quattro persone e il gruppo viene scelto come numero di apertura per altri gruppi di musicisti r&b. Dopo un paio di audizioni, il gruppo firma un contratto con Elektra Records e si trasferisce per un periodo presso Atlanta Records per lavorare con il suo ultimo nome, ma la casa discografica glielo nega. Il problema era che i rapporti tra i membri della famiglia erano più ampi e che i figli di Beyoncé erano in circolazione. Il 5 ottobre 1995 nasce il gruppo Grass Roots Entertainment di Dwayne Wiggins. Nel 1996 i coniugi iniziano a realizzare il loro album d'esordio con la Sony Music e a lavorare insieme agli altri artisti. Poco dopo il gruppo ottiene un contratto con la Columbia Records.

1997-2001: Destiny's Child

Nel 1996 il gruppo ha acquisito il suo nome nelle Destiny's Child, dopo un passaggio nel Bijbelboek Jesaja. Nel 1997 le Destiny's Child debuttano in un grande catalogo con il brano *Killing Time* nella colonna sonora del film *Men in Black* del 1997. In quell'anno le *Destiny's Child* hanno pubblicato il loro album di debutto e hanno ottenuto il loro primo successo con *No, No, No*. Il gruppo ha ottenuto un nuovo successo e l'album ha vinto due Soul Train Lady of Soul Awards: per il miglior album R&B/Soul dell'anno, per il miglior nuovo artista R&B/Soul o Rap e per il miglior singolo R&B/Soul per *No, No, No*. Il secondo album *The Writing's on the Wall* viene pubblicato nel 1999, e da allora contiene alcuni dei più importanti numeri del gruppo, tra cui *Bills, Bills, Bills* (il suo primo singolo americano), *Jumpin' Jumpin* e *Say My Name*, il cui primo numero è stato il suo più grande successo e un numero di riferimento per il gruppo.

Say My Name ha vinto il Grammy Award per la Best R&B Performance con uno zangduo of -groep e quello per la Best R&B Song alla 43esima edizione dei Grammy Awards. L'album *The Writing's on the Wall* è stato venduto in oltre un milione di esemplari. In questo periodo Beyoncé ha duettato con Marc Nelson, uno dei membri del gruppo dei Boyz II Men, in *After All Is Said and Done* per la colonna sonora del film *The Best Man* del 1999.

Il modo in cui Mathew controlla la gestione del gruppo, è stato adottato da LeToya Luckett e Roberson. Sono stati inoltre controllati da Farrah Franklin e Michelle Williams. Dopo la rottura, Beyoncé è caduta in depressione perché i media, i blog e i critici l'hanno criticata duramente. In questo periodo anche la sua amica ha iniziato a relazionarsi con lui. La depressione durò alcuni giorni, durante i quali le donne non poterono più vivere e non poterono più mangiare. Beyoncé aveva anche una motivazione per affrontare la sua depressione, visto che le Destiny's Child avevano vinto il loro ultimo Grammy Award e da allora aveva deciso di non lasciare che nessuno avesse un'immagine migliore di quella che aveva. In seguito, Beyoncé ha ricordato la sua compagna come una donna che ha fatto il salto di qualità. Franklin è entrato a far parte del gruppo e anche Beyoncé, Rowland e Williams ne sono usciti.

Le Destiny's Child hanno avuto successo dal 1997 al 2005. I suoi brani sono di genere r&b.

Pericolosamente innamorati

Nel 2003 Knowles ha pubblicato il suo primo album da solista, *Dangerously in Love*, che è stato venduto per più di mezzo milione di copie. Per questo album ha lavorato insieme a Missy Elliott, Sean Paul e Jay-Z. Il primo singolo, *Crazy in Love*, è stato un grande successo mondiale: è entrato al numero 1 negli Stati Uniti e nella top 10 in quasi tutti i paesi. I singoli successivi hanno avuto un successo ancora maggiore: *Baby Boy* e *Naughty Girl* sono entrati nella top ten, mentre *Me, Myself and I* si è piazzato al 14° posto. Negli Stati Uniti sono stati inseriti tutti e tre i singoli nella top vijf. Con quest'album ha vinto sette Grammy's per un anno.

B'Day

Il suo secondo album si chiama *B'Day* ed è stato pubblicato il 4 settembre 2006, il suo primo giorno di giugno. L'album è stato pubblicato nel giro di due settimane in occasione dell'uscita del film *Dreamgirls*. L'album è entrato nella Billboard 200 americana al numero 1 con più di 541.000 copie vendute nella prima settimana. Nell'aprile 2007 viene pubblicato *B'Day,* con il nome di *B'Day Deluxe Edition* - questa edizione ha una tracklist diversa da quella dell'ultima versione dell'album. L'edizione di lusso (*Deluxe Edition*) contiene, tra l'altro, brani di musica spagnola e un duetto con la cantante Shakira, *Beautiful Liar*.

Io sono... Sasha Feroce

Nel novembre 2008 Knowles ha pubblicato il suo primo album da solista *I Am... Sasha Fierce*. In un'intervista il produttore Rodney Jerkins ha dichiarato che l'album è stato ispirato dal film *Cadillac Records*, in cui Knowles è stata scritturata per interpretare il ruolo di Etta James. L'album è disponibile in due CD. L'ultimo capitolo dell'album, "I Am...", è caratterizzato da un numero molto elevato di brani in cui si notano le prestazioni vocali della Knowles. La seconda parte dell'album, "Sasha Fierce", è caratterizzata da numeri altissimi. Anche nella foto del CD è stata creata un'onderscheid tra Knowles e Sasha Fierce; per l'album "I Am..." le donne sono vestite con abiti sobri, mentre per "Sasha Fierce" sono vestite con una giacca a motore e truccate in modo diverso e si fanno notare dalla macchina fotografica. Nell'ottobre 2008 sono stati pubblicati gli ultimi due singoli dell'album: *If I Were a Boy* (dal titolo "I Am...") e *Single Ladies (Put a Ring on It)* (dal titolo "Sasha Fierce"). La Knowles è stata anche una delle ultime artiste a pubblicare due singoli. I singoli hanno avuto la loro videopremière su Internet. Sull'album c'è anche il numero *Videophone*, che è stato pubblicato insieme a Lady Gaga. Il videoclip è uscito nel novembre 2009.

91

4

L'ultimo singolo dell'album *4* è *Run the World (Girls)*, pubblicato il 21 aprile 2011. Un giorno, prima che venisse pubblicato il numero, *Run the World* ha debuttato al numero 60 della Top 100 dei singoli. La settimana successiva il brano è salito alla posizione numero 1, la più alta. L'album è stato pubblicato il 28 giugno negli Stati Uniti. Il secondo singolo è *Best Thing I Never Had*.

Beyoncé

Il 12 dicembre 2013, a metà serata, Knowles ha pubblicato in esclusiva su iTunes il suo primo album in studio *Beyoncé (album)*, che contiene 14 canzoni e 17 video musicali. Dal 20 dicembre l'album era disponibile nei negozi. L'ultimo singolo dell'album è *XO*. Il 24 novembre 2014 è uscita la Platinum Edition di *Beyoncé*. Si tratta di un cofanetto composto da due CD e due DVD, che contiene, tra l'altro, due nuovi singoli, tre remix, HBO X10 Live e l'ultimo album di *Beyoncé*.

Limonata

Il 6 aprile 2016 è uscito il singolo *Formation*, come brano di accompagnamento dell'album *Lemonade,* pubblicato il 23 aprile 2016, che contiene 12 tracce. *Lemonade* è l'album più apprezzato dagli artisti di tutto il mondo ed è stato selezionato per i Grammy Awards e ha vinto il premio per il miglior album urbano contemporaneo e il miglior video musicale.

Film

La Knowles è anche attrice. Ha recitato, tra l'altro, nell'ultimo episodio di *Austin Powers* e nel 2006 ne *La Pantera Rosa*. Nel 2006 ha partecipato al film *Dreamgirls*. In questo film la Knowles ha incontrato Eddie Murphy, Jamie Foxx e la *finalista di American Idol* Jennifer Hudson. Knowles compare anche nel film *Cadillac Records*, dove interpreta il ruolo della blueszangeres Etta James. Per questo ruolo è stata ingaggiata dalla stessa Etta James e ha dovuto pagare un chilo in più. Il film è uscito a dicembre 2008 in America. Nel 2009 è uscito il film *Obsessed*, un thriller in cui la Knowles ha assunto il ruolo di Sharon. Nel film d'animazione americano *Epic* la Knowles è entrata nel cast della Regina Tara. Nel 2019 ha interpretato Nala nel remake live-action de Il Re Leone.

Privéleven

Beyoncés vader è stato dall'inizio del suo ciclo di vita fino a marzo 2011 il suo manager ufficiale e il suo padre è stato il suo stilista. Knowles è una metodista e ha iniziato a lavorare il 4 aprile 2008 in coppia con Jay-Z. Il 7 gennaio 2012 è nata nel Lenox Hill Hospital di New York la sua figlia. Il 18 giugno 2017 è stato reso noto che Beyoncé ha avuto un figlio.

Musica e musica

La Knowles è apprezzata dalla musica di Anita Baker e Luther Vandross, con i quali ha poi duettato. Beyoncé ha anche utilizzato nella sua musica artisti americani come Prince, Aretha Franklin, Mariah Carey, Whitney Houston, Janet Jackson, Michael Jackson, Mary J. Blige, Diana Ross, Donna Summer e Tina Turner, che hanno partecipato alla cerimonia di consegna dei Grammy Awards nel 2008.

La musica di Beyoncé è considerata una forma moderna di r&b, ma è anche influenzata da generi musicali come dancepop, pop e soul. In seguito, la cantante ha pubblicato un paio di canzoni in Spagna per il suo secondo album da solista, *B'Day,* che è stato pubblicato di recente. Con le Destiny's Child ha ottenuto un altro numero in Spagna. Nella sua giovinezza Beyoncé è stata iscritta a una scuola spagnola, ma in realtà ha scritto solo un paio di parolacce spagnole. Per l'assegnazione del nome ai numeri spagnoli è stato contattato telefonicamente da Rudy Perez. In occasione dell'assegnazione degli Oscar, i due attori si recano per una settimana in Francia.

Nel 2010 ha presentato a Beyoncé il suo profumo personale, chiamato Beyoncé Heat. Inoltre, Beyoncé ha partecipato a un programma televisivo per i profumi di Tommy Hilfiger e Emporio Armani. Nel 2011 è uscito un libro su Beyoncé Heat: Heat Rush. L'ultimo nato della serie è Midnight Heat, pubblicato nel 2012. Al termine di questa serie di eventi si sono verificati altri cambiamenti.

Punti salienti

- Giorni dopo una trionfale esibizione da headliner al Glastonbury Festival in Inghilterra, Beyoncé ha pubblicato 4 (2011), un mix di ballate e brani dance che evocano influenze che vanno dalle torch song dell'era Motown ai collage audio della rapper M.I.A. All'inizio del 2013 le Destiny's Child si sono riunite per un'apparizione nell'intervallo del Super Bowl e hanno pubblicato una nuova canzone, "Nuclear".

- Poco dopo Beyoncé ha vinto un Grammy per il suo singolo "Love on Top".
- Il singolo "Drunk in Love", che vede la partecipazione di Jay-Z, è stato premiato con diversi Grammy, tra cui quello per la migliore canzone R&B.

2. Lady Gaga (nata nel 1986)

Cantante, cantautrice, attrice e undici volte vincitrice di un Grammy.

*"Combattete e spingete di più per ciò in cui credete, sarete
sorpresi, siete molto più forti di quanto pensiate".*

Stefani Joanne Angelina Germanotta (New York, 28 marzo 1986),
meglio conosciuta come **Lady Gaga**, è una cantautrice, attrice e pianista
americana. Nel 2009 ha esordito in tutto il mondo con i singoli *Just dance*
e *Poker face*, che in molti paesi hanno ottenuto il primo posto. Daarna
scoorde ze ook megahits metmers als *Paparazzi* (2009), *Bad Romance*
(2009), *Telephone* (2010), *Alejandro* (2010), *Born This Way* (2011),
Applause (2013) *Shallow* (2018) en *Rain on Me* (2020)

Gaga ha vinto diversi Grammy Awards, tra cui quello del 2010 per il suo
album di debutto *The Fame* (miglior album dance) e quello del 2011 per
l'album *The Fame Monster* (miglior album pop vocale). Il suo numero
Poker Face, che è stato il miglior singolo del 2009, è stato premiato con
un Grammy per il miglior brano dance. *Poker Face* (13 milioni di esemplari
venduti) e *Bad Romance* (12 milioni di esemplari venduti) sono tra i
migliori singoli venduti di tutti i tempi.

Lady Gaga ha fatto il suo nome sul numero di *Radio Ga Ga* della rockgroep britannica Queen.

Biografie

Lady Gaga è nata a New York il 28 marzo 1986. La sua madre è di origine franco-canadese. La famiglia del suo padre è originaria della Sicilia. È l'ultimo di due figli. È nata nel 1992 e ha vissuto nell'Upper West Side di Manhattan, in un quartiere benestante che, con il suo duro lavoro, si è distinto per la sua classe sociale. Lady Gaga è un'artista che ha scelto le stanze.

Stefani ha iniziato il suo primo anno di carriera con i brani al pianoforte. Alla sua terza età ha avuto la sua prima scelta.

Nel settembre 2006 Lady Gaga ha firmato un contratto con la casa discografica Def Jam Recordings per la realizzazione di un album in un periodo di tempo limitato. Echter, na drie maanden liet het label haar al vallen. Nadat Def Jam haar liet vallen, besloot Gaga de kerst van 2006 bij haar familie door te brengen. Da quel momento inizia a sperimentare l'alcol e le droghe. Si esibisce con la performer Lady Starlight nei locali notturni. Per colpa di Gaga, Starlight si è trovata in difficoltà per avere più spazio sul podio. I due artisti sono stati tutti invitati a partecipare al festival Lollapalooza nell'agosto 2007. Inoltre, Gaga è stata coinvolta nella creazione di numeri, insieme al produttore RedOne. RedOne ha fornito i numeri a Vincent Herbert, produttore dell'etichetta Streamline Records. Vlak daarna ha firmato un contratto con Streamline Records, ma l'etichetta si è fermata alla fine del 2007.

2008 - 2009: Portafoglio internazionale con The Fame

Nel 2008 Gaga e RedOne hanno iniziato a registrare alcuni numeri che in seguito si sono trasformati in grandi successi: *Just Dance*, *Poker Face* e *LoveGame*. *Just Dance* è stato pubblicato nell'aprile 2008. Il suo numero è stato raggiunto in 10 minuti. *Poker Face* e *LoveGame* sono stati raggiunti in una settimana. In seguito, gli viene stipulato un contratto con la casa discografica Interscope Records e iniziano a lavorare alla realizzazione del loro album di debutto. Nell'ottobre 2008 partecipa alla tournée dei New Kids On The Block. Ha anche ottenuto dei numeri per le Pussycat Dolls e Britney Spears.

Il 1° dicembre 2008 Lady Gaga ha partecipato all'Ellen DeGeneres Show.

Il suo album di debutto *The Fame* è stato realizzato da Lady Gaga nel 2008 insieme al produttore Nadir Khayat, tra cui RedOne. L'album è uscito il 12 agosto 2008. The Fame è un album synthpop e dance-pop che si rifà alla musica pop degli anni '80. In particolare, l'album visualizza la fede di Gaga per l'amore nell'ambiente, ma anche l'album viene visualizzato in modo diverso da altri temi come la fede, il denaro, le droghe e la propria identità.

L'ultimo singolo dell'album, *Just Dance*, è stato pubblicato nell'aprile 2008. Il suo numero si è aggiudicato la prima posizione in sette paesi. Il numero è stato realizzato in collaborazione con l'artista americano Colby O'Donis ed è stato premiato con un Grammy Award. Il video della musica è stato pubblicato il 31 marzo 2008. Il secondo singolo *Poker Face* dell'album è stato pubblicato nel settembre 2008. Il video musicale è stato girato il 3 ottobre 2008 al Bwin Pokerisland di Ibiza. Il suo numero ha raggiunto in 20 paesi il primo posto nelle classifiche di successo ed è stato premiato con un Grammy Award. Il singolo è stato per 83 settimane il brano più venduto nella US Digital Hot Songs. Il video musicale è stato pubblicato il 9 gennaio 2009. In altri paesi è stato registrato il numero *Eh, Eh (Nothing Else I Can Say)*. Il video musicale hiervan è stato pubblicato il 10 gennaio 2009, un giorno dopo l'uscita di "LoveGame". Dopo aver scoperto il tekst del numero *LoveGame* in alcuni paesi, il video è stato pubblicato in questi paesi da *Paparazzi*.

Il 6 gennaio 2009 è uscito l'ultimo ep di Lady Gaga, intitolato *The Cherrytree Sessions*. L'album è stato pubblicato nel novembre 2008.

Nel settembre 2009 Lady Gaga ha vinto gli MTV Video Music Awards con il suo ultimo album, che è stato realizzato in maniera eccellente. Ha vinto, tra gli altri, il premio per il miglior artista emergente e, con *Paparazzi,* quello per i migliori *effetti speciali* e per la migliore regia. In occasione dell'uscita del film, gli artisti hanno aperto il numero di *Paparazzi*.

2009 - 2010: Il mostro della fama

Il 5 settembre 2009 è stato realizzato un servizio fotografico per la copertina dell'album *The Fame Monster*, realizzato dalla stessa Gaga e da Haus of Gaga, il suo team di produzione.

Nel novembre 2009 Lady Gaga ha pubblicato con *The Fame Monster* il suo secondo album, un ep con otto numeri. L'album è incentrato sul tema della solidarietà, che Gaga ha saputo conservare nel suo loop musicale e che ha portato in giro per il mondo. L'album è, a detta di Gaga, "trasformato in un mostro di metafora". Come primo singolo dell'album è stato pubblicato *Bad Romance*. La canzone ha avuto un grande successo nelle hitlijsten e il suo videoclip è stato l'ultimo film girato per circa due milioni di volte.Come secondo singolo è stato pubblicato *Telephone*, un duetto con Beyoncé. *Telephone* è stato realizzato per Britney Spears. L'8 giugno 2010 è stato pubblicato l'ultimo singolo *Alejandro*. Il numero ha avuto un grande successo e si è aggiudicato il primo posto negli Stati Uniti. I videoclip di *Alejandro* furono molto apprezzati e la cantante Katy Perry ebbe molte critiche. In seguito è stato pubblicato anche *Dance in the Dark* come singolo promozionale.

In occasione dei Grammy Awards del 2010 Lady Gaga è stata molto apprezzata. Ha aperto lo show con *Poker Face* e ha realizzato insieme a Elton John un remix di *Speechless* e *Your Song*. Con *Poker Face ha* vinto il Grammy per la migliore canzone e con *The Fame quello* per il miglior album.

Nel febbraio del 2010 Lady Gaga ha dominato i Brit Awards vincendo due premi. Si esibisce con un'interpretazione di *Telephone* al pianoforte e realizza un remix di *Dance in the Dark* con Alexander McQueen, che una settimana prima era stato acquistato da zij.

L'album è stato pubblicato durante il tour mondiale The Monster Ball Tour. Il concerto del 21 e 22 febbraio 2011 al Madison Square Garden di New York ha vinto l'Emmy Award per l'*eccezionale montaggio delle immagini di uno speciale*. Il tour è durato un anno e mezzo e ha coinvolto per oltre 200 anni più di due milioni e mezzo di spettatori.

2010 - 2012: Born This Way

Durante la cerimonia di premiazione degli MTV Video Music Awards, nel settembre 2010, Lady Gaga ha scelto il titolo del suo ultimo album in studio, *Born this way*. Lady Gaga è stata la prima vincitrice della 27a edizione degli Awards. Gli artisti hanno avuto un record di nomination e hanno ricevuto numerosi premi nel teatro Nokiatheater di Los Angeles, tra cui il miglior video femminile, il miglior video pop e la migliore coreografia. Il primo singolo *Born this way,* che ha ottenuto un ottimo riscontro, è stato

commentato con *Express Yourself* di Madonna, mentre il secondo singolo
è stato *Judas*, il terzo *The Edge of Glory* e una settimana dopo *Hair*. *Yoü
and I* è stato il primo singolo dell'album ed è stato nominato per un
Grammy nel 2012. *Marry the Night* è stata la sua seconda hit numero 1
nella classifica *Billboard* Dance Club. Il Born This Way Ball Tour ha tenuto,
in due anni, altri due concerti, a partire dal febbraio 2012.

A partire dall'inizio del 2011 ha avuto una relazione con l'attore Taylor
Kinney, noto per il suo ruolo di Mason Lockwood nella serie "The Vampire
Diaries". Lady Gaga ha incontrato Taylor in occasione della pubblicazione
del suo videoclip per *Yoü and I*.

In occasione degli MTV Video Music Awards dell'agosto 2011, i ragazzi di
Born this way si sono aggiudicati i premi per il miglior videoclip di un
artista famoso e per il miglior video con un personaggio famoso. *Yoü and I*
ha aperto lo show con il suo alter ego *Jo Calderone*. In occasione degli
MTV Europe Music Awards del novembre 2011 ha vinto diversi premi: per
la migliore cantante, per il maggior numero di fan, per il miglior numero e
per il miglior videoclip, con *Born this way*.

Nel novembre 2011 è uscito il suo terzo EP, intitolato *A Very Gaga
Holiday*, in occasione dello speciale televisivo *A Very Gaga Thanksgiving*.
In un secondo momento Lady Gaga ha interrotto per tre anni la
collaborazione con la coreografa Laurieann Gibson e ha nominato Richard
Jackson per il suo spettacolo.

Lady Gaga è stata una delle artiste che nel 2011 ha partecipato al 65°
anniversario del presidente Bill Clinton. Alla fine del 2011 ha partecipato
anche al concerto New Year's Rockin' Eve a Times Square a New York.

Durante la 53esima edizione dei Grammy Awards *Born this way* è stato
premiato con 3 premi. Per il *Miglior album* e il *Miglior album vocale pop* e
per la *Miglior performance pop da solista*, ma i premi sono andati tutti e
due alla cantante britannica Adele. È stato anche nominato *Miglior Artista
Femminile Internazionale* ai Brit Awards, ma questo premio è andato a
Rihanna.

2013-2014: Artpop

Il 3 agosto 2012 Lady Gaga ha pubblicato il suo nuovo album. Ha lavorato
insieme al produttore Fernando Garibay. L'album è stato pubblicato nel
99

2013. Il primo singolo è stato *Applause*. Il numero è stato pubblicato in un primo momento il 19 agosto 2013, insieme al videoclip. Il secondo singolo è *Do what u want*, una collaborazione con R. Kelly. L'ultimo singolo è intitolato *G.U.Y.*. L'album in sé è intitolato *Artpop*. Per promuovere l'album, Gaga partecipa a una tournée mondiale, con l'"ArtRave: The Artpop Ball", che si svolge per 79 giorni in tutti i paesi. La tournée contiene anche gli spettacoli che gli artisti avevano annunciato durante la loro precedente tournée.

2016-2017: Joanne , Super Bowl en "FiveFootTwo"

Nel dicembre 2014 Gaga ha dichiarato di aver iniziato a lavorare al suo primo album in studio e di essere stata chiamata dal produttore RedOne. All'87° Oscar si esibisce come ospite di "Tutti insieme appassionatamente" con un medley di canzoni tratte dal film. In occasione della cerimonia di apertura degli Europe Spelen 2015 a Bakoe in Azerbaigian ha cantato il numero *Imagine* di John Lennon. Il 2 ottobre 2015 Gaga è stato l'ultimo artista a ottenere 7 milioni di download negli Stati Uniti con i numeri *Poker Face* e *Bad Romance*. Nel 2015 Gaga è stata nominata *vincitrice delle classifiche di vendita di* quest'anno. Per questo album, intitolato *Joanne*, ha collaborato con Mark Ronson, Kevin Parker, BloodPop, Florence Welch, Beck, Father John Misty e Hillary Lindsay. L'album è stato pubblicato il 21 ottobre 2016. Il primo singolo di *Joanne* è stato *Perfect Illusion*, pubblicato il 9 settembre 2016, mentre il secondo singolo promozionale *Million Reasons* è stato pubblicato il 6 ottobre 2016. L'album *Joanne* è un'eco per la sorella che si è ammalata di lupus. L'album è dedicato alla famiglia e alla vita. Gaga ha promosso l'album con un tour durato due anni: The Dive Bar Tour. Lady Gaga ha ottenuto per l'album due nomination ai Grammy Awards per *Million Reasons* e per l'album.

Dopo l'inaugurazione di *Perfect Illusion*, la NFL ha notato che Gaga avrebbe dovuto assistere a uno spettacolo di metà tempo durante il Super Bowl LI. Lo spettacolo è stato venduto negli Stati Uniti per circa 150 milioni di dollari, il che significa che è stato il migliore spettacolo di metà partita dopo quello di Katy Perry nel 2015. Direct na het optreden werd bekend dat Gaga weer op wereldtournee ging. L'8 settembre 2017 è stato pubblicato un documentario di Gaga: Five Foot Two. Questo documentario offre un approfondimento sulla realizzazione dell'album Joanne, sulla promozione dell'album, sul "dietro le quinte" della ripetizione dell'halftime show del Super Bowl e sul modo in cui Gaga ha affrontato i suoi problemi. Per questo documentario gli è stata assegnata una nomination agli NME Award per il miglior film musicale.

2018-heden: È nata una stella

Nel marzo 2018 Lady Gaga ha pubblicato una cover di Elton John, intitolata *Your song*. Nell'ottobre del 2018 i protagonisti si esibiscono come attori nel film *A Star Is Born*, insieme a Bradley Cooper, che è il suo interprete. Il film è stato un successo gigantesco. Lady Gaga ha ottenuto una nomination all'Oscar per il miglior numero originale e per la miglior canzone femminile. La musica ha ottenuto anche una nomination ai Grammy Award, per il "disco dell'anno" e la "canzone dell'anno". Inoltre, ha vinto un Critics' Choice Award per la migliore attrice e il miglior numero originale. Il singolo *Shallow* è stato il singolo più importante dell'album e ha conquistato in più di dieci paesi il primo posto in classifica. Nel 2019 *Shallow* è stato il numero uno con il maggior numero di riconoscimenti: ha vinto, tra gli altri, un Oscar, due Grammy, un Golden Globe e un BAFTA Award.

Nel gennaio del 2021, in occasione dell'insediamento di Joe Biden alla presidenza, viene eseguito il canto popolare americano, *la Star-Spangled Banner*.

Lavoro con altri artisti

Lady Gaga ha lavorato nel singolo *The Greatest Thing* di Cher e in *3-Way (The Golden Rule)* nell'album The Lonely Island di Justin Timberlake. Lady Gaga ha collaborato anche all'album *The Block* dei New Kids on the Block, dove ha partecipato a *Full Service* e *Big Girl Now*. Nel 2011 Lady Gaga ha cantato insieme al jazzista Tony Bennett il brano *The Lady is a Tramp* nell'album *Duets II*. Si tratta del secondo singolo dell'album. Con lui Lady Gaga realizza da allora l'album jazz *Cheek To Cheek*. Il 29 luglio 2014 viene pubblicato l'ultimo singolo dell'album *Anything goes*. Si aggiudica il primo posto nella classifica digitale Billboard Jazz.

Acteerwerk

Lady Gaga recita nel film *Machete Kills* di Robert Rodriguez, dove interpreta il ruolo di La Chameleón; il film viene proiettato il 13 settembre 2013 nel bioscoop. Nel 2014 viene proiettato il film *Sin City: A Dame to Kill*

For di Robert Rodriguez e Frank Miller. Lady Gaga interpreta il personaggio di Bertha. Nell'ottobre 2015, Gaga ha recitato nella prima puntata della serie horror American Horror Story della FOX, intitolata *Hotel*. Ha interpretato il ruolo di *The Countess*, l'attrice del titolo dell'hotel. Per questo ruolo ha vinto nel gennaio 2016 un Golden Globe. Nel 2018 ha recitato nel film A Star Is Born, insieme a Bradley Cooper. In occasione dell'assegnazione degli Academy Award del 2019, ze è stata nominata sia nella categoria miglior attrice in un film, sia in quella della miglior menzogna originale. Il primo ha vinto.

Stile e qualità

Lady Gaga si presenta come una grande opera d'arte. Il suo talento artistico è dovuto al fatto che ha un'esperienza con il famoso artista Andy Warhol. A causa della sua attività stravagante, ze si è fatto notare per gli spettacoli new wave del 1980. Nel febbraio 2010, in occasione degli Shockwaves NME Awards, è stato premiato sia come miglior artista che come miglior artista.

Tatoeages

Sulle spalle del suo braccio di collegamento ha tatuato un frammento di una canzone di Rainer Maria Rilke:

Se vuoi sapere se nella parte più alta della
sua vita ha distrutto le sue emozioni, devi sapere se vuoi che ti senta meglio, se vuoi che ti senta meglio, se vuoi che ti senta meglio, se vuoi che ti senta
meglio.

Sotto il frammento di Rilke si trova "Little Monsters", la canzone con cui Lady Gaga ha conquistato i suoi fan. Ha anche la possibilità di tatuare i colori sui suoi linkerpols. Sulle sue spalle ha anche un tatuaggio, che si trova su una sorta di tappeto musicale con le dita. Sulle sue spalle è stato tatuato il nome dell'album "Born this Way". Sullo schouderblad ha un'immagine di un fiore secco con il tema "Tokyo Love". Inoltre, ha un cuore con la parola "Dad" (papà).

Ze zet alleen tatoeages op de linkerhelft van haar lichaam omdat haar vader ook "de mooie kant" van zijn dochter wil zien.

Punti salienti

- Lady Gaga, pseudonimo di Stefani Joanne Angelina Germanotta, è nata a New York da una famiglia italoamericana.
- Il suo secondo album, The Fame Monster, è stato pubblicato nel novembre 2009 (inizialmente era stato concepito come disco bonus) e ha prodotto quasi immediatamente un'altra hit, "Bad Romance".
- Il terzo album di Lady Gaga, Born This Way (2011), ha visto l'artista ispirarsi a epoche musicali precedenti.
- Oltre a registrare musica, Lady Gaga ha fatto occasionali apparizioni cinematografiche, in particolare in Machete Kills (2013) e Sin City: A Dame to Kill For (2014). Per la sua interpretazione nella serie antologica, Lady Gaga ha ricevuto un Golden Globe Award.
- Lady Gaga ha ottenuto il plauso della critica e una nomination all'Oscar per il suo primo ruolo da protagonista, quello di un'incolpevole cantautrice emergente nel remake del film A Star Is Born del 2018.

3. Céline Dion (nata nel 1968)

Cantante canadese e uno degli artisti più venduti di tutti i tempi

"È nel momento in cui pensi di non poterlo fare, che puoi farlo".

Céline Marie Claudette Dion (Charlemagne (Québec), 30 marzo 1968) è una zanger canadese.

Dion è nato a Charlemagne, in Quebec (Canada), come figlio minore di una coppia di genitori. A 12 anni entra in contatto con il suo padre e il suo manager René Angélil, il quale gli comunica che, per finanziare la sua carriera, gli propone un'ipoteca nella sua casa. Nel 1981 esce l'ultimo album di Dion (*La Voix du bon Dieu*). In Québec si è tenuto un concerto. L'anno successivo vinse la medaglia d'oro al World Song Festival di Tokio. Nei giorni in cui l'artista volle portare a termine altri album con canzoni in francese, che si riflettevano in modo particolare sulle scelte di questo giovane musicista. Nel 1987 esce in Canada l'album *Incognito*, il più recente album pop della Dion.

Nel 1988, la cantante ha partecipato all'Eurovisiesongfestival con il nome di Zwitserland, che ha vinto con la canzone *Ne Partez Pas Sans Moi*. Grazie alla vittoria, Dion divenne famoso in Europa. A partire dal 1988 è stato realizzato l'ultimo album inglese di Dion, *Unison*, pubblicato nel

1990. La casa discografica Sony Music aveva l'obiettivo di far conoscere a Dion il repertorio inglese nel VS. Il risultato non è da sottovalutare. Il singolo *Where Does My Heart Beat Now* entra nella top 5 della Billboard Hot 100 americana e l'album raggiunge il livello di platino.

Nel 1991 Dion è stata chiamata dai Walt Disney Studios per poter partecipare alla colonna sonora del film *La bella e la bestia*. Insieme all'attore Peabo Bryson, Dion diede il titolo a questo film Disney e nel 1991 il numero divenne un grande successo. Il duetto ha fruttato a Dion e Bryson anche un Oscar. All'inizio del 1992 esce *Celine Dion*, il secondo album in lingua inglese dei giovani. Con i singoli *If You Asked Me To*, *Love Can Move Mountains* e *Nothing Broken But My Heart*, la cantante sale sul podio delle classifiche di vendita.

Una porta decisamente aperta

Nel 1993 esce *The Colour Of My Love*, il primo album di Dions con materiale inglese. In Nord-America il primo singolo *The Power of Love* (interpretato da Jennifer Rush) riscuote un notevole successo. Il singolo è rimasto per alcuni giorni al numero 1 della Billboard Hot 100 americana. In Europa il singolo *Think Twice* ha avuto un grande successo. L'album ha dato a Dion un'impronta definitiva in tutti i paesi del mondo. Oltre al successo del suo lavoro in Inghilterra, Dion ha deciso di fare un ulteriore passo avanti verso la base: è una canadese con radici francesi. Nel 1994 Jean-Jacques Goldman scrisse 12 canzoni in francese per gli zangeres, che si esibirono nell'album *D'Eux* terechtkwamen. All'inizio del '95 è stato pubblicato l'album *Pour que tu m'aimes encore*. L'album è diventato il più venduto in Francia di tutti i tempi, con oltre 9 milioni di copie vendute.

Per il suo terzo album in lingua inglese *Falling into You* del 1996 Dion ha realizzato diverse cover di artisti diversi. Nel marzo 1996 *Falling into You* è stato pubblicato ufficialmente e sono stati pubblicati milioni di esemplari. Dion ottiene un successo dopo l'altro con numeri come *Because You Loved Me* e *It's All Coming Back To Me Now*. L'album è stato venduto in 32 milioni di esemplari. È considerato uno dei migliori CD di una generazione di musicisti. Con questo album Dion ha partecipato a una tournée. Sebbene il tour precedente l'abbia portata in alcuni paesi europei, con il "Falling into You Tour" la cantante è tornata in tutto il mondo. Sono previsti più di 100 concerti, distribuiti in 17 paesi diversi. I nomi del tour sono disponibili nella cassetta VHS *Live In Memphis*. La popband iberica The Corrs è stata inserita nel programma della tournée europea. Con 100 spettacoli di successo e un milione di copie di CD, Dion si aggiudica lo status di "superstarrendom". *Falling into You* ha fruttato a Dion numerosi premi, tra cui due Grammy americani.

Successi

Il suo nome alla cerimonia di apertura delle Olimpiadi del 1996 ad Atlanta è stato trasmesso da 3,5 milioni di persone in televisione. Nel 1997 esce il primo album inglese *Let's Talk About Love*, che viene presentato a Londra, Los Angeles e New York. Artisti come Barbra Streisand, Luciano Pavarotti, Bee Gees, Carole King, George Martin e Diana King fanno leva su diverse canzoni. *Tell Him*, un duetto tra la Dion e la Streisand, è stato il primo successo della serata. *My Heart Will Go On*, un altro singolo e la canzone che dà il titolo al film Titanic, si è trasformata in un grande successo. Viene considerato il singolo più venduto di Dions. In tutto il mondo, il brano "Lied in no time" si è piazzato al primo posto, e questo numero ha permesso a Dion di ottenere numerosi riconoscimenti, tra cui un Academy Award e diversi Grammy. L'album è stato venduto in 31 milioni di esemplari ed è il secondo album più venduto di Celines nella sua carriera.

Nel settembre 1998 viene pubblicato *S'il Suffisait d'Aimer*, un album francese con due composizioni di Jean-Jacques Goldman. L'ultimo album inglese *These Are Special Times*, con la hit *I'm Your Angel* (duetto con R. Kelly), esce nel 1998 e raggiunge 15 milioni di copie. In seguito, i suoi ultimi album sono stati pubblicati in una tournée mondiale. Nel giugno 1999 Dion si esibisce all'Amsterdam ArenA. Il concerto è per lo stadio l'evento con il maggior numero di spettatori (68.083). L'album è il più grande successo di Dions in Inghilterra fino al 1999, con nuove canzoni dal titolo *All The Way... A Decade Of Song*. L'ultimo singolo pubblicato, *That's The Way It Is*, è stato un grande successo. Sono stati venduti 20 milioni di esemplari di questo album. All'inizio del 2000 Dion ha raggiunto un record di 140 milioni di dischi venduti. Il suo status di "superdiva" è stato ulteriormente rafforzato quando, nell'aprile 1998, la cantante si è esibita nel concerto di beneficenza "Divas Live" per l'emittente musicale VH1, in collaborazione con le colleghe Mariah Carey, Shania Twain, Gloria Estefan e Aretha Franklin.

Pausa e ritorno

In un giorno di festa Dion ha avuto un momento di grande difficoltà per far entrare un rustpauze. Gli zangeres volevano fare affidamento sulla famiglia e sugli amici, ma avevano anche un po' di tempo a disposizione per diventare più grandi. Con alcuni concerti, il suo successo è aumentato notevolmente. Nel 1999, il suo ex-genitore, René Kanker, è stato condannato a morte. Il paziente volle che il suo uomo si fermasse a causa delle chemioterapie. Lo stesso vale per René, che è stato ucciso da una ziekte. Il 25 gennaio 2001 Dion si reca in Florida per un incidente: René-Charles Dion-Angélil. Sebbene le donne avessero deciso di prendersi una pausa di due anni, Dion ha ottenuto in questo periodo un numero elevato di preferenze. In occasione di un concerto di beneficenza per dare un contributo alle vittime degli attentati dell'11 settembre 2001, Dion ha cantato *God Bless America*.

Nel marzo 2002 viene pubblicato - due anni dopo il suo primo album - un nuovo album inglese dal titolo *A New Day Has Come*. Singoli come *I'm Alive*, *A New Day Has Come* e *Goodbye's (The Saddest Word)* hanno avuto successo nelle hitlijsten. L'album ha fruttato 12 milioni di dollari sul mercato, a dimostrazione del fatto che Dion, a due anni di distanza, non era ancora "calda" e che il suo ritorno era stato un vero successo. Con la pubblicazione dell'album è stato reso noto che dal 2003 la cantante ha organizzato un proprio spettacolo a Las Vegas. Questo spettacolo, chiamato *A New Day... Live in Las Vegas*, è iniziato nel marzo 2003 presso il Caesars Palace. In particolare per questo spettacolo, e quindi anche per Dion, è stata creata una struttura di dimensioni ragguardevoli, "The Colosseum", una struttura che ricorda il Colosseo di Roma. In un primo momento Dion organizzò 600 spettacoli in due anni, ma a causa del successo ottenuto lo spettacolo fu realizzato quasi mezzo anno dopo. Alla fine del periodo, il 15 dicembre 2007, il cassiere ha partecipato a ben 750 spettacoli. Lo spettacolo - presentato da Franco Dragone - presenta i più grandi successi di Dions, arricchiti da decorazioni, scene ed effetti visivi.

All'inizio dello spettacolo, nel 2003, viene pubblicato *One Heart*, il decimo album inglese di Dions. Vengono pubblicati 8 milioni di esemplari e vengono pubblicati successi come *I Drove All Night*, *One Heart* e *Have You Ever Been In Love*. Nel 2003 Dion ha raggiunto il successo con un nuovo album in Francia: *1 Fille & 4 Types*, per il quale sono stati venduti 2,5 milioni di copie. Nel giugno 2004 viene pubblicato l'album dal vivo *A New Day... Live in Las Vegas*. Nel primo semestre del 2004 Dion lancia, in collaborazione con la fotografa Anne Geddes, il progetto *Miracle*; viene pubblicato un album di canzoni sul tema del matrimonio e, oltre a questo, un libro con diverse foto di Dion con diversi bambini. 3,5 milioni di esemplari sono stati distribuiti su questa banca dati. L'ultimo album francese di Dion, *On Ne Change Pas*, è uscito nel 2005.

Il 21 maggio 2007 è stato pubblicato l'album francese *D'elles*. Zeven van de dertien nummers werden in december 2006 opgenomen in Montreal. L'ultimo singolo dell'album, *S'il N'en Restait Qu'une (Je Serais Celle-Là)*, è stato trasmesso alla radio francese il 14 febbraio 2007. Il videoclip del numero è stato realizzato a New York tra gennaio e inizio febbraio 2007. In un'altra settimana Dion ha anche inserito la sua parte nel numero *Sing*. La canzone, che è stata realizzata da 23 cantanti, è stata un'iniziativa di Annie Lennox, che si è impegnata nella lotta contro l'AIDS e l'artrosi in Africa. Il numero è contenuto nell'album *Songs Of Mass Destruction* della Lennox.

Dion ha scoperto all'inizio dell'ottobre 2015 che stava lavorando a un album di Franstalig.

Tournees

Un nuovo album in lingua inglese, *Taking Chances*, è uscito il 12 novembre 2007 nei negozi. Una tournée promozionale per questo album e per l'album *D'elles*, pubblicato nel 2007, si è svolta nell'ottobre 2007. Lo spettacolo di Las Vegas, tenutosi il 15 dicembre 2007, è stato il primo ad essere organizzato, da due anni a questa parte. La registrazione di questo concerto, che si svolge nella settimana dal 15 al 21 gennaio 2007, viene pubblicata l'11 dicembre 2007 in un dvd.

Il 14 febbraio 2008 Dion ha iniziato una tournée in tutto il mondo, per la prima volta dal 1999, a Las Vegas. Il tour ha attraversato il Canada, il Giappone e il Sudafrica. Il nuovo singolo dell'album *Taking Chances*, che è stato pubblicato in America, è andato bene. Altri singoli promozionali pubblicati nel 2008 sono *Eyes On Me* e *Alone*. In totale sono stati venduti 6,5 milioni di esemplari dell'album.

Trasporto verso il Palazzo di Cesare

Nel 2011 Céline si è trasferita al Caesar's Palace e ha iniziato a pianificare 70 spettacoli al giorno. Nell'agosto del 2014 Dion ha annullato tutti i concerti in programma e ha deciso di fermarsi direttamente con le zingare. Questo per far sì che i suoi amici potessero essere ascoltati.

Nel secondo turno del 2015 Dion si è recato al Caesar's Palace.

Privéleven

Nel 1994 ha incontrato il suo manager René Angélil (1942-2016). Il 25 gennaio 2001 ha ucciso un cucciolo; il 23 ottobre 2010 ha portato Dion in un'altra famiglia, quella dei giovani. Il 14 gennaio 2016 ha lasciato Angélil a casa sua. Dion vive a Henderson (Nevada).

Punti salienti

- Céline Dion, al secolo Céline Marie Claudette Dion, è la più giovane di 14 figli, cresciuta in una piccola città vicino a Montreal, e ha iniziato a cantare con la sua famiglia appassionata di musica quando aveva cinque anni.
- Ha registrato numerosi album di successo sia in francese che in inglese e ha ricevuto diversi premi prestigiosi.
- All'inizio del XXI secolo, la Dion ha preso una pausa dalla sua carriera per concentrarsi sulla famiglia.
- È tornata con gli album A New Day Has Come (2002) e One Heart (2003), che hanno flirtato con il dance pop oltre che con il suo solito genere di musica contemporanea per adulti.
- Nonostante la Dion non fosse più la forza culturale dominante di un decennio prima, nel 2007 è stato riportato che le vendite mondiali dei suoi album avevano superato i 200 milioni.

4. Kate Bush (nata nel 1958)
Cantante, musicista, cantautore e produttore britannico

"Mozart non aveva Pro Tools, ma ha fatto un ottimo lavoro".

Catherine (Kate) Bush CBE (Bexleyheath (Londen), 30 luglio 1958) è una cantautrice e produttrice britannica. Il suo padre era inglese e la sua madre Ierse. Quando aveva 16 anni, David Gilmour dei Pink Floyd è entrato in scena con la EMI.

Il suo stile sperimentale e la sua tecnica a sé stante sono stati riconosciuti dai colleghi musicisti e dai fan più accaniti, ma anche da quelli più esigenti. Questo è dovuto al fatto che i suoi dischi si aprono sempre di più, mentre per la realizzazione di un album sono necessari diversi anni di lavoro; per *Aerial invece* sono necessari due anni e mezzo.

Biografie

Bush ha debuttato nel 1978 con il successo di *Cime tempestose*, ispirato al famoso libro di Emily Brontë. Il suo numero si trovava nel Verenigd Koninkrijk da ben dieci anni, all'ultimo posto nella classifica degli hitlijsten.

L'album di debutto *The Kick Inside* è stato realizzato sia a livello artistico che commerciale. Il disco, prodotto da David Gilmour, contiene successi come *Them heavy people* e *The man with the child in his eyes*. David Gilmour è stato il suo mentore e ontdekker, in quanto ha ricevuto un aiuto finanziario e non solo, quando ha pubblicato i suoi primi demo e ha fatto un'ulteriore promozione presso la EMI, la sua casa discografica. A causa della popcritica, i brani di Gilmour vengono utilizzati per ogni traccia e sono di facile reperibilità.

Nel 1978-1979 Bush intraprese una tournée, *The Tour Of Life*. Ze baarde veel opzien door haar mime-achtige manier van dansen. Dal 1979 in poi, 35 anni dopo, il tour non ha più avuto luogo.

Gli ultimi album, come *Lionheart* e *Never for Ever*, sono stati commercializzati con un successo minore rispetto al debutto, ma non sono mancati i successi di *Babooshka* e *Army dreamers*. Le ultime hit sono state, tra le altre, *Cloudbusting* e *Running up that hill*. Per il videoclip di *Cloudbusting*, Bush aveva i capelli corti e Donald Sutherland aveva parlato con il suo compagno. In un altro anno Bush ottiene un successo insieme a Peter Gabriel con il numero *Don't Give Up*. Nel 1986 ha anche realizzato un duetto con la band Big Country (*The Seer*) di Schotse.

Nel 1989 esce l'album *The sensual world*, il suo migliore album in America. Dopo l'album *The Red Shoes* (1993), la Bush si trasferisce in un'isola dei Theem, dove lavora all'album *Aerial* (2005), che ha ottenuto il successo del numero *King of the mountain*. Il 18 gennaio 2002 i Bush salgono per l'ultimo giorno sul podio come ospite speciale di David Gilmour durante un concerto alla Royal Festival Hall.

Nel 2007 è stato realizzato un documentario su Kate Bush dal titolo *Come Back Kate*, che ha permesso ai fan di conoscere la sua seconda band e le sue origini. Sebbene il suo stile bizzarro non sia affatto un gioiello, Kate Bush è molto rispettata dai colleghi musicisti. Tori Amos, Bjork e Sinéad O'Connor hanno dichiarato in alcune interviste di essere state ascoltate e ispirate da Kate Bush.

Il 16 maggio 2011 è stato pubblicato un album compilativo dal titolo *Director's Cut*. In questo disco la Bush ha pubblicato i suoi album precedenti, *The Sensual World* e *The Red Shoes, e si* è aggiudicata nuovi titoli e rimasterizzazioni. In questo periodo di crisi Kate Bush è ancora più popolare.

Il 21 novembre 2011 è uscito l'album *50 Words For Snow*, in cui sono presenti, oltre a Bush, Albert (Bertie), Elton John e Stephen Fry.

Nell'agosto del 2012 i gerarchi hanno scoperto che Bush ha scelto di partecipare alla cerimonia di premiazione delle Olimpiadi del 12 agosto. Si tratta di un evento speciale, in cui Bush ha scelto di partecipare. Il suo nome è ancora più importante per far sì che i suoi numeri vengano utilizzati per il pubblico. Durante la cerimonia è stato proiettato il recente remake di R.U.T.H.. Non c'era da preoccuparsi. Kate, l'organizzatore della slotvoorstelling, ha dichiarato che la vendita del suo remake è a prezzo fisso.

Nel gennaio 2013 Bush è stato nominato Commandeur in de Orde van het Britse Rijk, a causa dei suoi contributi alla musica.

Bush ha pubblicato nel marzo 2014 sul suo sito web, con il nome *Before the Dawn*, per la prima volta in 35 anni, una serie di concerti vijftien nel teatro Hammersmith Apollo di Londra. Enkele dagen later voegde ze daar nog zeven optredens aan toe. I 22 concerti si sono svolti in un'unica zona. Il 26 agosto 2014 Kate ha tenuto il suo ultimo concerto in 35 anni. I concerti sono stati un grande successo. Nella settimana successiva all'ultimo concerto sono stati inseriti otto album di Kate Bush nella Top 40 del Regno Unito. Non c'era un altro cantante che non avesse bevuto.

Punti salienti

- Kate Bush, pseudonimo di Catherine Bush, era la figlia minore di una famiglia di artisti.
- Dopo aver diretto e interpretato The Line, the Cross & the Curve (1993), un cortometraggio con canzoni tratte da Scarpette rosse, la Bush si è presa una pausa di 12 anni dalla musica.
- È riemersa con l'atmosferico Aerial (2005), un doppio disco intriso di temi di domesticità e mondo naturale che le è valso alcune delle recensioni più favorevoli della sua carriera.
- Nel 2014 Bush è tornato sul palco per la prima volta dopo 35 anni. I suoi 22 concerti sono stati degli spettacoli teatrali, con pupazzi, illusionisti e ballerini, e sono stati seguiti dalla registrazione live in tre dischi Before the Dawn (2016).

- Bush è stato nominato Comandante dell'Ordine dell'Impero Britannico (CBE) nel 2013.

5. Aretha Franklin (1942-2018)

Cantante americana e prima donna inserita nella Rock and Roll Hall of Fame

"A volte, quello che stai cercando è già lì".

Aretha Louise Franklin (Memphis (Tennessee), 25 marzo 1942 - Detroit (Michigan), 16 agosto 2018) è stata una cantante americana di gospel, soul e r&b. Nella classifica dei 100 migliori cantanti (m/v) di tutti i tempi della rivista musicale americana *Rolling Stone* figura all'ultimo posto.

Levensloop

Da giovane Aretha Franklin con le sue compagne, Carolyn ed Erma, nella cappella del battistero, dove il suo capo era un dominatore. Il suo primo applauso lo fece quando aveva 14 anni e suonava il flauto. Viene scritturata da John Hammond e ottiene un contratto con la Columbia Records. All'inizio della sua giovinezza, la cantante ha cantato un paio di canzoni che sono diventate popolari, tra cui *Rock-a-bye Your Baby with a*

Dixie Melody, pubblicata da Al Jolson nel 1918. Nel 1968 Aretha Franklin tenne un leggendario concerto nel Concertgebouw di Amsterdam. Si trattava della sua prima tournée nei Paesi Bassi. In quell'occasione, oltre a *Satisfaction*, *Dr. Feelgood* e *A Natural Woman*, si esibì in una serie di canzoni.

Dopo il suo passaggio alla Columbia Records, ottiene un contratto con l'Atlantic Records. Il suo produttore fu Jerry Wexler, con il quale realizzò un paio di canzoni r&b molto interessanti, come *I Never Loved a Man (The Way I Love You)*. Il testo di questa canzone aveva molto più "soul" del suo lavoro precedente. All'inizio degli anni '90 Aretha Franklin fu soprannominata "The Queen of Soul" (la regina del soul), perché era famosa come modello di riferimento per il mondo afro-americano.

Aretha Franklin ha avuto numerose top 10, tra cui cover di altri artisti, come i Beatles (*Eleanor Rigby*), The Band (*The Weight*), Simon & Garfunkel (*Bridge Over Troubled Water*), Sam Cooke e The Drifters. Altri successi importanti furono *Chain of Fools*, *A Natural Woman*, *Think*, *Baby I Love You*, *The House That Jack Built*, *I Say a Little Prayer* e *Respect*. *Spanish Harlem* rimase nel Daverende Dertig una settimana all'ultimo posto.

All'inizio dell'anno tachigrafico, la sua carriera è stata caratterizzata da una cover del brano *What a Fool Believes dei* Doobie Brothers. In seguito, si fa notare nel film musicale di John Belushi *The Blues Brothers*. Da allora, la sua carriera non durò più di undici anni, quando le sue canzoni di successo non furono più in vendita, ma il successo gigantesco di *I Knew You Were Waiting (for Me)*, un duetto con George Michael che per un paio di settimane fu al primo posto nella Top 40 e nella Nationale Hitparade, fu raggiunto. Il numero è stato ottenuto da Simon Climie di Climie/Fisher. Nel 1994 canta *A Deeper Love* per il film biografico *Sister Act*.

Il 3 gennaio 1987 è stato l'ultimo cantante a ottenere un posto nella Rock and Roll Hall of Fame. Nel 1999 gli è stato conferito il più importante riconoscimento americano, la National Medal of Arts. Il 20 gennaio 2009 Franklin ha cantato *My Country, 'Tis of Thee* in occasione dell'insediamento di Barack Obama come 44° presidente dei Paesi Bassi. Nel 2010 Franklin è stato nominato dalla rivista musicale americana *Rolling Stone* come miglior cantante di tutti i tempi. Nel 2012 è stata inserita nella Gospel Music Hall of Fame.

Il 17 ottobre 2014 è uscito il suo 38° album in studio *Aretha Franklin Sings the Great Diva Classics*. L'album contiene brani di altre grandi star.
L'ultimo singolo pubblicato dell'album è stato un brano di *Rolling in the Deep* di Adele. Nel febbraio 2017 Franklin ha comunicato a Franklin che le sue intenzioni erano quelle di pubblicare il suo primo album a settembre.

Privato

Franklin è stato inaugurato due anni fa. Dispone di tre zone, con due diversi tipi di persone.

Gezondheid

Nel dicembre 2010 si è saputo che lo zangeres era in pericolo. Ze leed aan alvleesklierkanker. In risposta alle speculazioni dei media, nell'agosto 2013 gli zangeres hanno dichiarato di aver superato i limiti di sicurezza e di volerli far rientrare nel loro circuito. Le ziekte sono state interrotte. Il 13 agosto 2018 è stato rilevato che ze thuis palliatieve zorg kreeg e dat ze stervende was. Il 16 agosto 2018 è morto Franklin. Ze werd 76 jaar.

Punti salienti

- Alla fine degli anni Settanta, la discoteca ha reso più difficile lo stile di Aretha Franklin e ha eroso la sua popolarità.
- Nel 1982, con l'aiuto del cantautore-produttore Luther Vandross, la Franklin torna in vetta con una nuova etichetta, Arista, e un nuovo successo dance, "Jump to It", seguito da "Freeway of Love" (1985).
- Nel 1987 Aretha Franklin è stata la prima donna a essere inserita nella Rock and Roll Hall of Fame. Inoltre, ha ricevuto il Kennedy Center Honor nel 1994, la National Medal of Arts nel 1999 e la Presidential Medal of Freedom nel 2005.
- Il documentario Amazing Grace, che racconta la registrazione dell'album del 1972, è stato presentato in anteprima nel 2018.

6. Margaret Bourke-White (1904-1971)

Fotografa americana e prima donna autorizzata a lavorare nelle zone di combattimento

Margaret Bourke-White (nata **Margaret White**) (New York, 14 giugno 1904 - Stamford, Connecticut, 27 agosto 1971) è stata una fotografa americana. È stato als luitenant-kolonel de eerste oorlogsverslaggever de Amerikaanse landmacht en tegen het einde van de Tweede Wereldoorlog fotografo de Amerikaanse luchtmacht. Una delle sue foto, *I morti viventi di Buchenwald*, è una delle più belle del ventesimo secolo.

Leven

Margaret Bourke-White era la figlia di Minnie Bourke, una donna che lavorava in una stanza, e di Joseph White, un uomo che non lavorava, e viveva nel Bronx, a New York. Bourke-White aveva una figlia piccola,

Ruth, e un fratello minore, Roger. Durante la sua infanzia non era necessario che i miei figli frequentassero una scuola privata.

Fotografia architettonica e industriale

Nel 1927, all'inizio degli studi, Bourke-White apre il suo primo studio fotografico a Cleveland, in Ohio, e inizia la sua carriera di architetto e fotografo industriale. Le sue immagini di installazioni industriali hanno dato vita a una nuova e preziosa fonte fotografica per il rapido sviluppo economico degli Stati Uniti.

Fotoreporter

La Bourke-White si occupa di immagini di riviste specializzate. Nel 1930, le sue fotografie di donne e di uomini di chiesa formano la copertina dell'ultima edizione del giornale *Fortune*, di cui Bourke-White è stata giornalista. Nel 1931 apre il suo studio fotografico nel Chrysler Building di New York.

Nel 1930, a dieci anni dall'inizio dell'industrializzazione, Bourke-White partì per la prima volta alla volta dell'Unione Sovietica. Questo fa leva su giganteschi progetti economici (fabbriche e centrali elettriche), ma anche su arboricoltori coraggiosi e benestanti. Negli ultimi anni Bourke-White ha realizzato, tra l'altro, dei reportage fotografici sulla IG Farben e sugli impianti di Amburgo, nonché sugli impianti dello stato industriale sovietico di Magnitogorsk, nella Siberia occidentale.

Nell'ultimo numero della rivista *Life-Magazine* del novembre 1936, dove Bourke-White è uno degli autori, le sue foto sono inserite nella copertina della diga del Fort Peck Lake nei Paesi Bassi. Dopo Walker Evans e W. Eugene Smith, Bourke-White è uno dei pionieri del foto-saggio.

Grazie al suo stile di vita stravagante e alle sue scelte energiche nei media, Bourke-White è stata un modello di riferimento per le donne moderne e femminili.

Nel 1937 Bourke-White pubblicò, insieme allo scrittore Erskine Caldwell, un libro sulle condizioni di vita dei lavoratori dei campi nella zona della VS (Dust Bowl), che in periodi di estrema siccità erano stati colpiti. La foto *You Have Seen Their Faces* è considerata una delle sue opere più significative. Nel 1939 si incontrarono con Caldwell, come zij nel 1942 aveva già fatto. Nel 1938 iniziò un viaggio in Europa e lavorò a un reportage fotografico sulla crisi dei Sudeti a Tsjecho-Slowakije.

Tweede Wereldoorlog

Nel 1941 è partito per *Life-Magazine alla* volta di Moskou. Durante l'invasione duecentesca dell'Unione Sovietica fu l'unico fotoreporter occidentale presente nella città e documentò le lotte duecentesche nella cittadella sovietica. È stato l'ultimo corrispondente giornalistico di una nazione americana, oltre che in Inghilterra, in Nord-Africa e in Italia. Come fotografo della guerra americana, Bourke-White ha incontrato il generale George S. Patton nel Duitsland e ha partecipato al bevrijding del campo di concentramento di Buchenwald e del campo di lavoro di Lipsia-Thekla. La sua foto *I morti viventi di Buchenwald* del 1945 è una delle più belle e indistruttibili foto del ventesimo secolo.

Bourke-White ha avuto molti amici come Franklin Roosevelt, Joseph Stalin, Winston Churchill e Marlon Brando.

I giorni di festa

Nella prima metà del 1945 Bourke-White si dedica alla guerra di corsa per documentare la vittoria degli Stati d'America con le foto di guerra. Nel 1946 fotografa per Life uno dei suoi più importanti risultati: Mahatma Gandhi aan het spinnewiel. Negli anni successivi, Margaret Bourke-White documentò il passaggio dall'Inghilterra all'India e successivamente l'Oorlog coreano. Si reca anche in Zuid-Afrika nel periodo dell'apartheid.

A metà del 1950 Bourke-White si occupa di Parkinson e non può fare a meno di ricordare il suo lavoro. La sua autobiografia, che viene pubblicata nel 1963, entra per un paio di giorni nella classifica dei bestseller del New York Times. Bourke-White muore nel 1971 a causa di una malattia di Parkinson.

Nel 1955 Edward Steichen selezionò una serie di foto di Bourke-White per il racconto della famiglia dell'*uomo.*

Punti salienti

- Margaret Bourke-White, nome originale Margaret White, inizia la sua carriera nel 1927 come fotografa industriale e di architettura, si fa presto una reputazione di originalità e nel 1929 l'editore Henry Luce la assume per la sua nuova rivista Fortune.
- Dopo la Seconda Guerra Mondiale Bourke-White si recò in India per fotografare Mohandas Gandhi e registrare la migrazione di massa causata dalla divisione del subcontinente indiano in India induista e Pakistan musulmano.
- Durante la guerra di Corea ha lavorato come corrispondente di guerra e ha viaggiato con le truppe sudcoreane.
- Colpita dal morbo di Parkinson nel 1952, Bourke-White ha continuato a fotografare e a scrivere, pubblicando diversi libri sul suo lavoro e la sua autobiografia, Portrait of Myself (1963).

7. Dorothea Lange (1895-1965)
Fotografo documentarista americano

"La macchina fotografica è uno strumento che insegna alle persone a vedere senza macchina fotografica".

Dorothea Lange (Hoboken (New Jersey), 26 mei 1895 - 11 oktober 1965) è stata una fotografa americana famosa per il suo lavoro documentario in collaborazione con la Farm Security Administration, che si è occupata dei problemi della depressione giovanile.

Biografie

Lange nasce come Dorothea Nutzhorn a Hoboken, nel New Jersey. A 7 anni si ammala di poliomielite, una malattia che in quel momento non viene curata. La donna si trova di fronte a un'anomalia del sistema nervoso. Il padre di Haar liet haar e haar moeder in de steek toen ze 12 was, reden voor haar om de achternaam van haar moeder aan te nemen. Dopo alcuni anni trascorsi come assistente di diversi fotografi, nel 1918 aprì a San Francisco uno studio di fotografia che ebbe un grande successo. Nel 1920 incontra lo scultore Maynard Dixon, con il quale realizza due foto. All'inizio del 1935, l'artista si impegna come fotografo per la Amerikaanse overheidsorgaan Resettlement Administration, in seguito denominata Farm Security Administration. Il suo obiettivo era quello di individuare le cause della depressione nella sterile campagna americana. Una forma di fotografia sociale. In questo periodo ha lavorato insieme all'economista Paul Schuster Taylor, come lui nel 1935, per uno schema di Dixon.

Le foto scattate da Door Lange e dai suoi colleghi per la FSA sono gratuite su richiesta dei giornali e delle riviste americane.

La foto più famosa è quella di *Migrant Mother* del 1936, in cui Florence Owens Thompson viene fotografata insieme ad altri suoi parenti. L'identità della signora Thompson è stata resa nota nel 1978.

Nel Tweede Wereldoorlog Lange si dedicò, in collaborazione con la War Relocation Authority, alla divulgazione delle omissioni di cui erano vittime gli americani giapponesi durante l'attacco a Pearl Harbor. Nel corso del Tweede Wereldoorlog ha realizzato delle fotografie presso il San Francisco Art Institute. Nel 1965, dopo un lungo periodo trascorso a lavorare in diversi settori, ha iniziato a lavorare come scultore.

Punti salienti

- Dorothea Lange studia fotografia alla Columbia University di New York sotto la guida di Clarence H. White, membro del gruppo Photo-Secession.
- Nel 1918, la Lange decise di viaggiare per il mondo, guadagnando denaro vendendo le sue fotografie. Quando arrivò a San Francisco, i soldi finirono, così si stabilì lì e ottenne un lavoro in uno studio fotografico.
- Durante la Grande Depressione, Lange iniziò a fotografare i disoccupati che vagavano per le strade di San Francisco.
- La prima mostra di Lange si tenne nel 1934 e da allora la sua reputazione di abile fotografa documentarista si consolidò.

8. Leni Riefenstahl (1902-2003)
Regista, attrice, produttrice e fotografa tedesca

Berta Helene Amalie (Leni) Riefenstahl (Berlijn, 22 agosto 1902 -
Pöcking, 8 settembre 2003) è stata una cineasta e fotografa del Regno
Unito. Ha iniziato la sua carriera come ballerina e attrice, ma si è fatta
notare anche come regista.

Leni Riefenstahl è nata a Wedding, una città di Berlijn descritta come
'misdadigers- en arbeiderskolonie' e nota come stadsdeel, come figlia di
un pescatore. Nella sua giovinezza è stato portato da lui per un breve
periodo. Ha avuto un'esperienza di lavoro con gli uomini. Le sue attività
manuali nel suo lavoro sono anche la *cultura artistica*, lo sport e il contatto
con la natura. La verifica del lichaam maschile si manifesta nei suoi film
Der heilige Berg e *Die weiße Hölle am Piz Palü*.

Filmregisseur

I film di Riefenstahls sono famosi per le sue innovazioni cinematografiche (cameratecniche), come quelle sui partiti di Norimberga (*Der Sieg des Glaubens* del 1933 e *Triumph des Willens* en *Tag der Freiheit - Unsere Wehrmacht* del 1935). Questi film sono stati realizzati in collaborazione con il ministro della propaganda Joseph Goebbels e portano avanti l'ideologia nazista.

Anche il filmato Olympische Spelen in Berlijn (*Olympia* uit 1936) presenta innovazioni tecniche, come l'uso della cinepresa in posizione fissa su una rotaia a fianco del capitano della nave. Questo film è stato realizzato in collaborazione con l'Internationaal Olympisch Comité.

Un'altra tecnica innovativa: i duecentisti olimpici vengono filmati con oggetti di grandi dimensioni (tra cui la tavola da duello) in campo. L'operatore, che in precedenza non era ancora in grado di gestire le riprese, offre un'immagine completamente diversa e più ampia del mondo. Olympia è inoltre caratterizzato dalla perfezione tecnica: una macchina da presa eccezionale, un montaggio verosimile e suggestivo, l'uso del rallentatore e una fotografia attiva in acqua. La bizzarra combinazione di film e musica è aperta e nella seconda parte viene messa in risalto l'estetica dello sport maschile, oltre che nelle sequenze della molla per gli uomini.

Trionfo delle volontà

Il film *Triumph des Willens* del 1935, su un giorno di festa della NSDAP nell'anno precedente, non è un puro documentario, in quanto il cineasta ha realizzato un'altra scena che si concentra su questi fatti di cronaca della festa, per rafforzare la gerarchia: il fatto che nel 1934 il Duitsland sia stato tradito da Hitler e che questi si sia rivolto a lui con le parole che gli sono state rivolte: "Hier stehen wir, wir sind bereit, wir tragen Deutschland in die neue Zeit. Deutschland!" E come un'altra cosa: "Ein Volk! "Ein Volk!, ein Reich!, ein Führer!", dove sono presenti un adelaar, l'hakenkruis e Hitler. Non si tratta di un'affermazione accademica, ma di un aspetto importante della questione, che ha un grande peso sui nuovi macellai. La popolarità dell'NSDAP e delle SA si è diffusa a partire dalla Notte delle Lange Messen del 1934 e si è trasformata in una diaspora (si veda Willem Melching e Marcel Stuivenga in *Ooggetuigen van het Derde Rijk*).

L'apertura, in cui viene visualizzato il messaggio del viaggio in cui Hitler si è trasferito per un minuto, è una scena da non perdere. Il "Redder des Vaderlands" è stato creato come opera d'arte in questo campo. Anche il decoupage di varie parti del campo, che si trova nello stadio di Speers, in cui la "Duitse Jeugd" è stata uccisa per la vittoria del Führer, è di grande effetto.

Questo film è stato proiettato in tutte le scuole del Regno Unito negli anni '50. Hitler e Goebbels erano, con altre parole, molto convinti della "Macht der Beelden".

Olympia

Il film *Olympia* del 1938, sui Giochi Olimpici di Berna del 1936, è composto da due parti:

1. Festa dei Völker
2. Festa della Schönheit

Le qualità artistiche di questi film non sono da sottovalutare; anzi, alcuni film sono stati giudicati negativamente perché sono stati utilizzati come propaganda nazista. Zo zijn daar het voortdurend terugkerende beeld van de wapperende vlaggen met hakenkruisen en de telkens terugkerende beelden van de Führer. Inoltre, ze steeds volgehouden de ware aard van het regime niet te hebben beseft toen ze de documentaires maakte en uitsluitend esthetische doeleinden te hebben nagestreefd. Ten aanzien van *Olympia* heeft ze opgemerkt dat ze zelfs enigszins in conflict met het regime raakte doordat ze nadrukkelijk beelden van de overwinning van zwarte sporters toonde.

Il mondo dello sport di Riefenstahl è un'immagine di grande trasparenza. In questo campo gli sportivi non provano emozioni, non provano gelosia, non provano emozioni. Si tratta di un'immagine che si riferisce al mondo del cinema. Le mani robuste di un cestista, le braccia robuste di un tiratore di poedelnaakte, le braccia robuste di un turnista che fa una spaghettata e che da allora ha anche un'altra palla da golf nella guerra. Questo è il punto di partenza del film.

Critica tardiva

I film di Riefenstahls hanno suscitato uno stigma nel Tweede Wereldoorlog: la controversia è nata dal fatto che i documentari in corso di realizzazione da parte dei nazisti e che i soggetti, tra cui l'architetto Albert Speer, hanno dimostrato il loro talento nei confronti di Hitler e del suo regime (1933-1945). Nel corso di un processo di una settimana, Zij fu condannato alla medeplichtigheide nei confronti del nazismo e si fece carico di una parte dell'etichetta di *Mitläuferin*. Ze bleef tot het einde van haar dagen alle verantwoordelijkheid afwijzen en toonde geen berouw. Non c'è dubbio che zij gedurende de oorlog zigeuners uit een concentratiekamp aveva opgevorderd om te figureren in haar film *Tiefland*. Era anche il modo in cui i personaggi personali potevano essere mostrati al pubblico. Anche quando in seguito si scoprì che il gruppo di questi "attori" era stato scoperto nel campo di concentramento di Dachau, non si poteva non tenerlo d'occhio.

Nel corso della sua carriera ha ottenuto un finanziamento per i progetti cinematografici e ha ottenuto un ottimo lavoro come fotografo.

In seguito ha realizzato, su richiesta del fotografo britannico George Rodger, il documentario Noeba's in Soedan, che ha pubblicato su una piazza diversa (con un'ultima pubblicazione nel 1974). Giornali come *Life* e *National Geographic* hanno suscitato interesse per il suo lavoro di ripresa. Nel suo saggio, Susan Sontag ha espresso una critica molto chiara sul *fascismo* del nuovo lavoro di Riefenstahls. Sontag si divide tra il legame tra la cultura afroamericana di Riefenstahl e l'enorme e crudele schoonheidsideaal dei nazisti; si sofferma anche sul confronto tra la cultura nubiana e quella *arcaica di* Hitler. Per Sontag, la visione di Riefenstahl non è stata in seguito modificata.

Un'offerta di qualità

Negli anni '70 della seconda metà dell'Ottocento, la Riefenstahl si è fatta apprezzare da popster e femministe americane. Anche Mick Jagger è stato preso di mira dalle sue fotografie.

Punti salienti

- Leni Riefenstahl studia pittura e danza classica a Berlino e dal 1923 al 1926 partecipa a programmi di danza in tutta Europa.

- La Riefenstahl iniziò la sua carriera cinematografica come attrice di "film di montagna" - un tipo di film tedesco in cui la natura, in particolare il paesaggio montano, gioca un ruolo importante - e divenne poi regista di questo genere.
- Nel 1931 forma una società, la Leni Riefenstahl-Produktion, e l'anno successivo scrive, dirige, produce e interpreta Das blaue Licht (1932; La luce blu).
- I film della Riefenstahl sono stati acclamati per le loro ricche partiture musicali, per la bellezza cinematografica delle scene dell'alba, delle montagne e della vita rurale tedesca e per il brillante montaggio.
- Gran parte della vita successiva della Riefenstahl è stata dedicata alla fotografia, e Korallengärten (1978; Giardini di corallo) e Wunder unter Wasser (1990; Meraviglie sott'acqua) sono raccolte di sue fotografie subacquee; un documentario sulla vita marina, Impressionen unter Wasser (Impressioni sott'acqua), è stato pubblicato nel 2002.

9. Käthe Kollwitz (1867-1945)
Artista tedesca nota per i suoi disegni e le sue stampe

*"Se ognuno riconosce e adempie al proprio ciclo di
obblighi, emerge la genuinità".*

Käthe Kollwitz (Koningsbergen, 8 luglio 1867 - Moritzburg, 22 aprile
1945), nata con il nome di Käthe Schmidt, è stata una pittrice duitse
kunstenares en beeldhouwster.

Levensloop

Käthe è stata autista e disegnatrice per il settimanale *Simplicissimus* e ha
conosciuto l'artista sociodemocratico Karl Kollwitz, che è morto il 19 luglio
1940. Era il padre di due figli, Hans Kollwitz e Peter Kollwitz.

Il primo a essere aperto è Käthes tekentalent e l'ultimo a essere stato
pubblicato in questo periodo è quello di un'opera di volontariato, nel suo
quartiere, di Rudolf Mauer.

Dopo l'assunzione presso Mauer, la giovane si reca per un anno a Berlijn (1884-1885) per frequentare la scuola di Karl Stauffer-Bern, mentre a Koningsbergen Käthe compie i suoi studi sotto la guida di Emil Neide.

Durante il suo periodo studentesco Kollwitz ha dato un forte impulso alla socialdemocrazia, al movimento dei giovani e al nuovo naturalismo nella letteratura. Questo punto di forza è un punto fermo della sua carriera, che inizia nel 1889 e che si concentra sulla creazione di oggetti.

Dopo il suo matrimonio, nel 1891, si trasferì con il suo uomo, il fondatore Karl Kollwitz, in una casa di riposo a Berlijn, dove Karl aveva una pratica medica da applicare alle armi. A causa dei nodi sociali e del legame tra il padre e la madre, i due vengono coinvolti in un'azione di prevenzione. I nostri clienti si orientano verso le tecnologie grafiche, che utilizzano al meglio per la realizzazione del loro lavoro.

Nel 1899 si reca alla Berliner Sezession, un movimento separatista in cui i kunstenaar si impegnano a far fronte alle esigenze di un gruppo di lavoro di alto livello e di nuovi ideali, o di un nuovo pubblico, da bere. Qualche anno più tardi si recò a Parijs dove volle fare un'esperienza nel campo dell'arte figurativa.

In un secondo momento si trova a Parijs, dove (nel 1904) ottiene il suo primo incarico nell'ambito dell'arte della bellezza.

Nel 1907 si è aggiudicato i diritti di Villa Romana, dove un anno prima si trovava una villa prestigiosa a Firenze.

Negli anni 1914-1918 iniziò la sua attività. Il 23 ottobre 1914 muore il suo amico diciassettenne Peter Kollwitz, che era moschettiere nella Duitse leger, durante un attacco a Diksmuide in Vlaanderen. Nell'aprile del 1915 Käthe iniziò a preparare gli ultimi progetti per un grafico del suo amico Peter e nel 1919 si dedicò alla vendita di libri, sia in riviste che nella rivista "Der Krieg". La sua opera, che si è trasformata in una vera e propria trasformazione della forma e in un'evoluzione verso una monumentalità astratta e di stile, si trasforma in un'opera di grande impatto.

Nel 1929 Käthe Kollwitz, in qualità di ultima donna, è stata nominata vincitrice del concorso "Pour le Mérite für Wissenschaften und Künste" e ha ricevuto l'incarico di partecipare al suo concorso esclusivo.

Il 23 luglio 1931 sono stati pubblicati i documenti di "Het treurende ouderpaar" su *Het Roggeveld* tussen Zarren en Esen, nabij Diksmuide.

Nel 1956 Peter, insieme a 1538 persone, fu trasferito al "Deutscher Soldatenfriedhof Vladslo", presso il Praetbos di Vladslo. Su questi campi militari ducali si sono radunati più di 25.000 soldati dell'Eerste Wereldoorlog che hanno vissuto la loro ultima battaglia. Kollwitz ha dato vita a un progetto di gestione che prevedeva l'apertura di una pagina di giornale. Si tratta di un'indagine su un uomo di successo. Il padre, Peters eigen vader, non vuole rinunciare a una serie di graffiti, ma anche a quelli della sua famiglia. La madre, Käthe Kollwitz in persona, è vittima di un'inversione di tendenza. In questo lavoro, i kunstenari non sono solo il marito di Peter, ma anche tutti coloro che con lui si trovano sul fronte dell'IJzer.

Le prime pagine sono state scritte da Willem Vermandere nel suo film "Vladslo".

Il 22 aprile 1945 Käthe Kollwitz si trasferisce a Moritzburg con un contratto di 77 anni.

Stijl

Kollwitz realizzò opere di talento, disegni, litografie e disegni su tela e, all'inizio del suo ciclo, anche alcuni lavori in olivastro. Pas omstreeks haar vijfenveertigste begon zij te beeldhouwen.

Sui vari aspetti familiari e personali che si trovano in un contesto realistico, gli autori hanno formulato le loro idee più recenti. Questi si fondano su argomenti dettagliati, in cicli storici (tra cui "De opstand der Wevers" e "De Boerenoorlog"). Nel corso dell'opera del famoso artista Edvard Munch, le sue opere si trasformano in figure stilizzate e complesse. In seguito, ha trasformato il realismo in un'espressione personale.

Werk

Nel 1933 il suo lavoro fu dichiarato "entartet" (ontaard) e fu riconosciuto dai nazional-socialisti all'Accademia di Berna, dove dal 1928 era il capo del settore grafico. Anche nel quadro dell'opera Pour le Mérite fu condannato. Nel 1936 crea un'esposizione e da quel momento in poi si ritrova a lavorare su tutto il resto del mondo. Nel suo ultimo lavoro ha dato un'importanza centrale alle questioni relative ai genitori e al genere.

Punti salienti

- Käthe Kollwitz, nome originale Käthe Schmidt, cresce in una famiglia borghese liberale e studia pittura a Berlino (1884-1885) e a Monaco (1888-1889).
- Impressionata dalle stampe del collega Max Klinger, dopo il 1890 Käthe si dedica principalmente all'arte grafica, producendo acqueforti, litografie, xilografie e disegni.
- La morte del figlio più giovane in battaglia nel 1914 la colpì profondamente ed espresse il suo dolore in un altro ciclo di stampe che trattano i temi della madre che protegge i figli e della madre con un figlio morto.
- Dal 1924 al 1932 Kollwitz lavorò anche a un monumento in granito per il figlio, che raffigurava il marito e lei stessa come genitori in lutto. Nel 1932 fu eretto come monumento commemorativo in un cimitero vicino a Ypres, in Belgio.
- L'ultima grande serie di litografie di Kollwitz, La morte (1934-1936), tratta questo tema tragico con forme spoglie e monumentali che trasmettono un senso di drammaticità.

10. Doris Lessing (1919 - 2013)
Scrittore britannico e premio Nobel

"Quello che avevo io, che gli altri non avevano, era la capacità di mantenere l'impegno".

Doris Lessing, meisjesnaam: **Doris May Tayler** (Kermanshah (Perzië), 22 ottobre 1919 - Londra, 17 novembre 2013), è stata una scrittrice britannica, premiata nel 2007 con il Nobel per la letteratura. Il suo lavoro si concentra su una profonda fiducia nei confronti di problemi politici e umani, ma è anche autobiografico e contiene anche racconti di infanzia afrikaansse.

Biografie

Doris Lessing è nata come figlia di un funzionario britannico e di un giornalista. Il suo genitore si trasferì nel 1924 in Rhodesië (oggi Zimbabwe), dove Doris Lessing è nata nel 1949. Volle frequentare una scuola e iniziò a vivere in un'altra città, dove si trovava da sei anni.

Nel 1937 Lessing si reca a Salisbury, dove lavora come operatore di
telefonia; da lì incontra il suo primo uomo, Frank Wisdom. Ze kreeg twee
kinderen met he voordat ze in 1943 van hem scheidde.

Nel "club del libro comunista", Gottfried Lessing, che ha il suo secondo
uomo, ha conosciuto il suo problema e la sua gentilezza. Nel 1949 si
scoprì anche questo fatto in uno schema.

Lessing si trasferì nel 1949 con il suo giovane figlio a Londra, dove fu
pubblicato il suo primo romanzo, *Het zingende gras*. Nel 1962 si fermò
con *Het Gouden Boek*.

La letteratura narrativa di Lessings si è sviluppata per lo più in due fasi. Il
tradimento comunista (1944-1956 e più tardi ne *Il buon terrorista*), in cui si
affrontano i problemi sociali in modo radicale, la tematica psicologica
(1956-1969) e da allora la tematica della salute (Canopusserie).

La giuria del Nobel per la Letteratura 2007 ha votato per Doris Lessing in
modo da farle riconoscere "i protagonisti di un'esperienza di vita, che con
la loro sensibilità, il loro coraggio e la loro lungimiranza hanno portato a
una svolta decisiva nel microscoop". Il 10 dicembre 2007 l'autore non è
riuscito ad aggiudicarsi il premio a Stoccolma. L'onderscheiding si è svolto
a Londra.

Femminismo

Doris Lessing è stata definita una femminista di spicco, anche grazie alla
pubblicazione del suo libro *Het gouden boek*. Il libro è un'opera di cui si
parla e che si può leggere in un'altra pagina:

Ciò che le femministe vogliono da me è un dato che non ha nulla a che
fare con la religione. Vogliono che ik getuigenis afleg. Quello che mij het
liefste zouden willen heggen è: "Ha, mijn zusters, ik sta zij aan zij met jullie
in je strijd richting de gouden dagenraad waar al die beestachtige kerels er
niet meer zullen zijn". È possibile che gli uomini facciano delle semplici
osservazioni su uomini e donne? Jazeker, che lo facciano. Io sono
convinto che la cosa più importante sia che io sia in questa posizione.

Punti salienti

- Nei primi anni della sua vita adulta, Doris Lessing è stata una comunista attiva.
- Nel 1994 Lessing ha pubblicato il primo volume di un'autobiografia, Under My Skin; un secondo volume, Walking in the Shade, è apparso nel 1997.
- Il suo primo libro pubblicato, The Grass Is Singing (1950), parla di un agricoltore bianco, di sua moglie e del loro servitore africano in Rhodesia.
- Tra le sue opere più consistenti c'è la serie Children of Violence (1952-1969), una sequenza di cinque romanzi incentrata su Martha Quest, che cresce nell'Africa meridionale e si stabilisce in Inghilterra.
- Doris Lessing ha ricevuto il Premio Nobel per la letteratura nel 2007.

11.   J. K. Rowling (nata nel 1965)
Autore britannico che ha creato la serie di Harry Potter

Joanne (Jo) Rowling (Yate bij Bristol, 31 luglio 1965) è una scrittrice britannica. È conosciuta come autrice della *saga di Harry Potter*. I *libri di Harry Potter* sono molto apprezzati e sono stati venduti a prezzi molto alti, con oltre 500 milioni di copie vendute. I libri costituiscono la base per i *film di Harry Potter*, di cui la Rowling è produttrice in due degli otto episodi. I figli della Rowling sono Peter Rowling e Anne Volant Rowling.

Rowling si chiama **J.K. Rowling**, mentre la "K" sta per il nome della sua mamma Kathleen. In ambito lavorativo la Rowling non ha un secondo nome. La "K" gli è stata attribuita quando l'autore dei *libri di Harry Potter* ha dichiarato che i ragazzi non possono più leggere libri che sono stati scritti da una ragazza. La prima volta che viene utilizzato il libro deve essere verbalizzato. Enkel de 'J' vond ze te weinig, dus werd er een initiaal bij bedacht.

135

Een deel van haar latere boeken bracht ze onder het pseudoniem **Robert Galbraith**.

Biografie

Nel 1986 studia alla Universiteit van Exeter in Frans en Klassieke Cultuur, dove si dedica a vari tipi di kantoorbanen. Nel 1991 si reca in Portogallo per scrivere un libro in inglese. Da qui ha incontrato il giornalista televisivo Jorge Arantes, che ha raccontato come ha lavorato. Nel 1993 è nata la sua ultima figlia Jessica. La ragazza è nata e la Rowling è andata a Edimburgo con la sua compagna. Da qui le due autrici scrivono due libri per i lettori, ma le due donne non sono affatto soddisfatte di essere state scritturate per diventare autrici di libri.

Nel 2003 la Rowling e il suo secondo uomo, Neil Murray, si uniscono in uno zoo. Due anni più tardi, nel 2005, la storia si trasforma in un'altra.

Nel 2003 la Rowling è diventata più famosa della scrittrice britannica, e un giorno è stata la regina del paese, con l'apertura di 500 milioni di esemplari di 69 libri di talento, che hanno fruttato fino a 8 milioni di dollari.

Nel 2010 la Rowling è stata nominata "Donna più influente della Gran Bretagna" dalle riviste di settore. È stata un'importante filantropa e ha partecipato, tra l'altro, alla creazione del Children's High Level Group. Anche in organizzazioni come Comic Relief, One Parent Families e la Multiple Sclerosis Society of Great Britain ha dato un grande contributo. Nel 2011 la Rowlings vermogen è stata venduta da *Forbes* a 1 milione di dollari; un anno dopo la tijdschrift ha scritto che la sua cifra è aumentata a 160 milioni di dollari, e la differenza è dovuta al fatto che è stato pagato un prezzo più alto in Groot-Brittannië e alle sue donazioni. Nel 2016 il suo fatturato ammontava a 584 milioni di dollari.

Nel 2011 è stato realizzato un film sulla vita della Rowling, intitolato *Magic Beyond Words: La storia di J.K. Rowling*.

Il 12 dicembre 2017 la Rowling è stata nominata "lid van de Orde van de eregezellen". Si tratta di una nuova versione di un libro di cui il principe William è l'autore.

Harry Potter

Nel 1990 la Rowling ha iniziato un viaggio di tre giorni da Manchester a
Londra per raccontare la storia di Harry Potter. Nei successivi sei mesi
lavorò alla realizzazione di una serie di film. L'ultimo numero è stato
pubblicato da due metà degli autori e nel 1997 è stato pubblicato dalla
casa editrice Bloomsbury Publishing. Il suo agente letterario, Christopher
Little, ha poi venduto il libro alla casa editrice americana Scholastic, dove
la Rowling ha ricevuto un'offerta di 105.000 dollari (circa 77.000 euro).

Nel 1999 i libri sono stati pubblicati, a partire dall'inizio, nelle ultime due
piazze dei negozi di libri, sia negli Stati Uniti che nel Regno Unito. Gli
ultimi dieci titoli del ciclo sono i più venduti in tutto il mondo. In tutto il
mondo sono stati pubblicati più di 500 milioni di esemplari.

Na het verschijnen van het zevende *Potter-boek, Harry Potter en de
Relieken van de Dood*, besloot Rowling dat het welletjes was geweest en
dat ze een lange rustpauze zou nemen. Nel 2008 è stato pubblicato il *libro
di Harry Potter De Vertels van Baker de Bard*. La Rowling ha offerto ai fan
anche un'*enciclopedia di Harry Potter*, ma non ha pubblicato altre
informazioni. Nel 2012 ha incontrato l'enciclopedia.

Nel 2010, in un incontro con Oprah Winfrey, gli è stato detto che aveva
ancora molte idee per un ultimo libro di Harry Potter. È stato inoltre
elaborato il progetto del libro *Harry Potter e del libro Vervloekte Kind*. Per
un altro progetto, chiamato Pottermore, è stato aperto un sito web.
Tramite questo sito web gli uomini sono stati indirizzati verso un canale
YouTube che è stato aperto fino al 23 giugno 2011 alle 13.00. In questo
periodo l'autore si rende conto del nuovo progetto. Il suo agente ha
sottolineato che non si tratta di un nuovo *libro di Harry Potter*, ma di un
gioco per computer online, che sarà disponibile per tutti nel 2012.

Il 12 settembre 2013 la Rowling ha annunciato la realizzazione di uno
spin-off cinematografico basato sul mondo di Harry Potter. Il protagonista
è Newt Scamander, autore di *Fabeldieren e Waar Ze Te Vinden*. Il film è
Fantastic Beasts and Where to Find Them. Er is ook al een tweede film In
april 2015 werd bekendgemaakt dat actur Eddie Redmayne de hoofdrol in
de film zou gaan spelen.

Il 30 luglio 2016 è andato in scena al Palace Theatre nel West End il film
Harry Potter en het Vervloekte Kind. La sceneggiatura del film si basa su
un *libro di Harry Potter di* J.K. Rowling e parla di un anno dopo il primo
libro.

Robert Galbraith

Nel 2012 la Rowling ha pubblicato il suo primo libro per i lettori, *The Casual Vacancy* (*Een goede raad*), e oltre al suo stesso nome, ha creato (insieme allo scrittore Robert Galbraith) un detective da inserire nella tradizione, che lui stesso conosce, di Agatha Christie, Ruth Rendell, Margery Allingham e P.D. James, con il personaggio di Cormoran Strike. Le storie si presentano anche come investigatori a enigma, in cui l'investigatore si trova a dover risolvere un problema e a dover capire come si trova il suo capo. Nel 2013 esce il poliziesco *Il richiamo del cuculo* (*Koekoeksjong*). Questo libro rappresenta l'inizio di una nuova serie. La Rowling ha scritto questa serie con uno pseudonimo per capire come fosse possibile lavorare con uno scrittore agli inizi. La Rowling, con il nome di Galbraith schuilging, ha fatto una verifica esplosiva. Lo schuilnaam è una combinazione tra lo schuilnaam di suo padre Robert F. Kennedy e lo schuilnaam di Ella Galbraith, che lui stesso aveva creato per se stesso come piccolo figlio.

Il protagonista di questa serie, Cormoran Strike, è un soldato che, con una donna morta, si reca in Afghanistan e inizia un'attività investigativa. Strike è il figlio di un beroemde popster, ma ha un padre di poco più di due anni più grande. La Rowling ritiene che questo fatto le dia la possibilità di scrivere su un piano oggettivo dell'omgaan met beroemdheid.

Il suo studio investigativo non ha molto successo, visto che in *Koekoeksjong* ha aperto una strada ingewikkelde, che si trova nell'alta borghesia di Londra. Lo fa in collaborazione con Robin Ellacott, che ha scelto come segretaria, ma che si è rivelata un'esperta di politica estera.

In *Zijderups* si verifica una situazione di conflitto e di malcontento che si verifica ogni giorno nel mondo degli affari. In questo contesto si sviluppa la relazione tra Strike e Robin, che si traduce in problemi tra Robin e la sua famiglia.

L'ultimo capitolo della serie, *Career of Evil*, viene pubblicato nel 2015. Robin Ellacott ha bisogno di una confezione di un koerier in vendita presso il suo laboratorio, Cormoran Strike. Se si considera che la confezione è stata acquistata da una ragazza, Strike può scegliere tra altre persone che possono essere coinvolte in un'azione di disturbo.

Punti salienti

- Dopo essersi laureata all'Università di Exeter nel 1986, la Rowling ha iniziato a lavorare per Amnesty International a Londra, dove ha iniziato a scrivere le avventure di Harry Potter.
- Il primo libro della serie di Harry Potter, Harry Potter e la Pietra Filosofale (1997; pubblicato anche come Harry Potter e la Pietra Stregata), è stato pubblicato con il nome di J.K. Rowling.
- Nel 2016 è stata pubblicata una versione in libro della sceneggiatura, pubblicizzata come l'ottava storia della serie di Harry Potter.
- Nel maggio 2020, durante la pandemia COVID-19, la Rowling ha iniziato a pubblicare gratuitamente online un nuovo libro per bambini, The Ickabog, che è stato poi pubblicato a novembre.

12.   Margaret Atwood (nata nel 1939)
Scrittore canadese

*"La voce è un dono umano; va custodita e usata, per
pronunciare un discorso il più possibile pienamente
umano. Impotenza e silenzio vanno di pari passo".*

Margaret Eleanor Atwood OC (Ottawa, 18 novembre 1939) è una delle
più importanti scrittrici canadesi. È una scrittrice, scrittrice di romanzi,
critica letteraria, femminista e attivista politica. Ha un'esperienza sia
nazionale che internazionale.

Leven

Margaret Atwood è nata a Ottawa, nell'Ontario, ed è la seconda delle due
figlie di Carl Atwood, un entomologo, e di Margaret Killiam, una dietista.
Dato che il suo padre ha fatto molti lavori in Canada, ha trascorso molti dei
suoi primi anni di vita in località del Noord-Ontario e ha trascorso la sua
infanzia tra Ottawa, Sault St. Marie e Toronto, e si è recata in diverse
scuole diverse. È stato un appassionato lettore e ha iniziato a scrivere a
16 anni.

Dal 1957 studia alla Victoria Universiteit di Toronto, dove consegue il Bachelor of Arts in Engels, con un titolo in Filosofia e Frans. Dal 1961 studia al Radcliffe College di Harvard, con un premio Woodrow Wilson e un premio E.J. Pratt per il suo libro di poesia intitolato *Double Persephone*. Ha conseguito il master nel 1962 e ha studiato ancora ad Harvard. Da allora ha studiato in diverse università.

Nel corso dell'incontro con il suo ultimo uomo, Jim Polk, ha incontrato Graeme Gibson, ha visto come lui è arrivato ad Alliston e come lui, nel 1976, ha avuto una figlia. Margaret Atwood ha vissuto a Toronto e a Pelee Island nell'Ontario.

Werk

Margaret Atwood ha pubblicato molti libri su diversi temi e in diversi generi e generi. È stata considerata come una scrittrice femminista, e nella sua opera sono presenti importanti elementi di contrasto. Il suo lavoro si concentra, tra l'altro, sull'identità canadese, sulle relazioni tra il Canada e i Verenigde Staten e l'Europa, sui rapporti tra uomini e donne, sulla valorizzazione del patrimonio culturale in campo artistico e sulle relazioni tra donne e uomini.

La sua opera critica più famosa è il libro *Survival: A Thematic Guide to Canadian Literature* (1972), in cui sono stati individuati gli autori con un interesse particolare per la letteratura canadese.

Atwood è stata vice-voorzitter della Writers' Union of Canada e dal 1984 al 1986 voorzitter di PEN International, un gruppo di pressione internazionale a cui appartengono gli scrittori che hanno scelto la politica per essere ascoltati. Nell'aprile 2006 ha partecipato al festival PEN World Voices di New York, organizzato da Salman Rushdie, che ha partecipato al PEN America. Tra i partecipanti ci sono stati anche David Grossman, Toni Morrison, Jeanette Winterson, Anne Provoost e Orhan Pamuk.

È stato nominato Senior Fellow del Massey College dell'Università di Toronto e ha conseguito diversi dottorati (tra cui quelli dell'Università di Oxford, dell'Università di Cambridge e della Sorbona). Nel 2001 è stato inserito nella Canada's Walk of Fame.

Nel 2017 sono stati inseriti i Vredesprijs van de Duitse Boekhandel e i Tsjechische Frans Kafkaprijs.

Politica

La Atwood è impegnata in diverse iniziative a favore del femminismo e della politica militare. Sebbene sia un sostenitore dei conservatori canadesi, si è distinta come *Red Tory*. Si occupa di boicottaggi culturali nei confronti di Israele.

Nel 2018 Atwood ha dichiarato che le verifiche per gli annunci dell'11 settembre 2001 sono state effettuate da Star Wars.

Punti salienti

- Nelle prime raccolte di poesie di Margaret Atwood, Double Persephone (1961), The Circle Game (1964, rivista nel 1966) e The Animals in That Country (1968), la Atwood riflette sul comportamento umano, celebra il mondo naturale e condanna il materialismo.
- Nel 2019 è stato pubblicato The Testaments, sequel di The Handmaid's Tale, acclamato dalla critica e vincitore (insieme a Girl, Woman, Other di Bernardine Evaristo) del Booker Prize.
- La sua saggistica comprende Negotiating with the Dead: A Writer on Writing (2002), nato da una serie di conferenze tenute all'Università di Cambridge; Payback (2008; film 2012), un saggio appassionato che tratta il debito - sia personale che governativo - come una questione culturale piuttosto che politica o economica; e In Other Worlds: SF and the Human Imagination (2011), in cui ha illuminato il suo rapporto con la fantascienza.
- Nel 2016 ha vinto il PEN Pinter Prize per lo spirito di attivismo politico che anima la sua vita e le sue opere.

13.   Agatha Christie (1890-1976)
Scrittore e drammaturgo inglese di romanzi polizieschi

*"L'impossibile non può essere accaduto, quindi
l'impossibile deve essere possibile nonostante le
apparenze".*

Dame Agatha Mary Clarissa Miller (Torquay, 15 settembre 1890 -
Wallingford, 12 gennaio 1976) è stata una scrittrice britannica che si è
affermata come una delle autrici di maggior successo di tutti i tempi. I suoi
lavori sono stati pubblicati in 108 racconti, per un valore complessivo di
circa 3 milioni di euro.

L'opera di Agatha Christies comprende 66 romanzi polizieschi, 20 romanzi
a tinte forti, 4 romanzi di fantasia, 6 romanzi con lo pseudonimo di Mary
Westmacott e più di 150 recensioni. Sono stati realizzati anche 200 filmati

sul lavoro di Christies e sulla vita dell'autore nel mondo della scrittura e del cinema.

È il padre di altri personaggi come Hercule Poirot, Miss Marple, Tommy e Tuppence e Mr. Harley Quin.

Levensloop

Agatha Mary Clarissa Miller è nata il 15 settembre 1890 a Torquay, una cittadina del Devon (Inghilterra sud-occidentale). È la seconda figlia e l'ultima figlia dell'americano Frederick Alvah Miller e della britannica Clarissa Boehmer. Dieci ed undici anni prima sono nati nella famiglia Margaret (Madge) e il fratello Louis (Monty). Il padre di Agatha ha avuto una fortuna con il suo padre (un impiegato nel settore dell'abbigliamento e del commercio). Si è trasferito negli Stati Uniti dove ha lavorato come assistente sociale. La famiglia Miller, di classe medio-alta, ha costruito nel 1881 una villa ad Ashfield, nei pressi di Torquay. C'è una grande casa in cui Agatha parla molto e ci sono dei temi di interesse. Agatha è nata da un bambino onesto. È una donna rustica e affascinante. La sua famiglia e i suoi fratelli sono molto più poveri e nel cortile ci sono molti bambini. Da qui parla molto e va d'accordo con la sua compagna, come se avesse una forte attrazione per lui.

Agatha non va a scuola. Il suo padre non lo vede di buon occhio. Zij e Madge danno ad Agatha dei libri e le insegnano a suonare il pianoforte e i mandolini. Lezen en schrijven zou Agatha pas vanaf haar achtste moeten leren vindt haar moeder, but ze leert zich uit nieuwsgierigheid naar boeken al zelf als ze vier en vijf jaar oud is. Nel 1896 si verifica il gezin vanwege de gezondheidsproblemen van vader Frederick naar Zuid-Frankrijk. Questa strada è famosa per il suo clima di guerra e per la sua forza d'urto. I Miller vivono in questi giorni. Agatha riceve qui una coppia di fidanzati francesi. Nel 1901 muore il suo padre a causa di una lunga malattia.

A causa dell'abbandono del padre Frederick, la famiglia è sempre più afflitta da problemi finanziari. La figlia Madge viene in parte colpita e uccisa, mentre il fratello Monty si occupa di legare il VS. In 12 mesi di vita Agatha scrive le sue ultime storie e le sue ultime storie. Alcuni di questi sono stati pubblicati in riviste regionali. Nell'inverno del 1905 il padre Ashfield si trasferisce con Agatha a Parijs per generare inchiostro. Agatha si rivolge in questo periodo a un'internazionale. Il suo padrone si trasferisce a Torquay per due mesi, mentre Agatha rimane a Parijs per due anni. In questo periodo Agatha si occupa di diventare pianista professionista e zangeres, ma non si sente a suo agio. La sua amica Madge, che pure scrive, ritiene che Agatha non possa fare a meno di scrivere un volgare romanzo di formazione. Agatha vincerà il suo matrimonio alcuni anni dopo.

Il padre di Agatha si scontra con problemi di gezondheid. All'inizio del 1907, la famiglia Ashfield si reca con Agatha nel periodo invernale a Caïro, un famoso e popolare ristorante di Britten. Il clima mite e zenitale fa bene alla madre di Agatha. Durante il suo soggiorno a Torquay, Agatha si dedica alla sua vita sociale: con le sue amiche si reca alle feste, si muove sul lungomare lungo la spiaggia, fa serate di rolschaatsen, si diverte al teatro, fa musica. In questi giorni, la donna ha scritto una serie di racconti. Le sue parole sono state pubblicate da tutti i lettori, ma non sono mai state ignorate.

Il più grande successo e il più grande debutto

Nel 1912 Agatha ha riportato le sue osservazioni sul suo viaggio a Caïro nel suo primo romanzo - La *neve sul deserto* - e lo ha affidato al famoso autore Eden Phillpotts, che lavora presso i Miller nel suo negozio. Phillpotts ritiene che Agatha abbia "talento per il dialogo", ma le consiglia di leggere il suo lavoro e di scrivere ancora di più. Nel 1914 incontra in una festa il legerofficier Archibald Christie ("Archie") e i due si scontrano in modo strano. Archie si fa un giro di due mesi per un viaggio di piacere, che ze accetta. L'Eerste Wereldoorlog si conclude da quel momento e Archie si reca in Frankrijk per lavorare nella RAF. Durante il periodo della guerra, Archie si reca in Inghilterra e la sua posizione viene sfruttata per trovare una soluzione a Kerstavond. A Kort na Kerst Archie si reca in Frankrijk. Agatha lavora prima come assistente e poi come farmacista in un ospedale militare a Torquay. Qui si occupa per l'ultima volta di gestire i rapporti con diversi tipi di persone.

Nel corso di un viaggio all'estero, Agatha e Archie si recano a Londra. Archie lavora nel settore finanziario. Nel 1919 nasce Rosalind, l'ultima figlia di Agatha. Le prime opere di Agatha, pubblicate a livello professionale, sono due: *World Hymn, Dark Sheila* e *A Passing*. Le opere sono state pubblicate su *The Poetry Review* e *Poetry of Today*.

Agatha ha imparato a conoscere i detective e il suo personaggio, Sherlock Holmes, di Sir Arthur Conan Doyle, che insieme all'amico Watson ha aperto un negozio. Da qui Agatha trae grande ispirazione. Nel 1916 ha realizzato il suo primo misdaadroman, con l'aiuto di suo padre: *Il misterioso affare di Styles*. La sua storia si è conclusa con un nuovo matrimonio. Il suo detective Hercule Poirot viene coinvolto in questo caso. I soldati belgi che lui ha combattuto e i numerosi villaggi belgi che sono stati aperti a Torquay sono stati fonte di ispirazione per far diventare il detective un belga. Per analogia con Watson nell'universo di Sherlock Holmes, nel suo romanzo compare la figura di Hastings. Il manoscritto è stato trattato in modo diverso e nel 1920 un editore (The Bodley Head) ha pubblicato l'opera. Il romanzo è ben scritto. Agatha ha stipulato un contratto per altri due libri.

Archie viene chiamato nel 1922 da un suo conoscente (Ernest Belcher) per organizzare una mostra in tutto il mondo e per far conoscere i coloni britannici. La mostra è rimasta per meno di un anno in esposizione ed è stata realizzata per promuovere la grande manifestazione che si è tenuta a Londra nel 1924 e nel 1925. Agatha si incontra con il suo uomo e con la sua famiglia. Na terugkomst wordt *The Road of Dreams* - een dichtbundel - uitgegeven door Geoffrey Bles. Si tratta dell'unica opera di mano di Christies che è stata realizzata da questa casa editrice londinese.

I Christies si spostano a Londra perché Archie da lì deve lavorare nel mondo della finanza. Si stabiliscono in diversi appartamenti e si trasferiscono a Sunningdale, dove si trova un grande campo da golf. I due si recano a *Styles*, presso il castello che si trova al centro del film di Christies. Il romanzo *L'assassinio di Roger Ackroyd* è del 1926. Christie ha trovato un interlocutore per il suo romanzo e la sua fama nel mondo degli scrittori si è accresciuta, tanto che l'autrice è stata scelta come presidente del prestigioso *Detection Club*, un gruppo di scrittori di fama mondiale.

Verdwijning

Nell'aprile del 1926 muore il padre di Agatha. Vier maanden later laat Archie weten dat hij wil scheiden omdat hij verliefd is op Nancy Neele - een vriendin van Major Belcher. La cattiveria di suo padre e il suo ultimo dispiacere per Archie portano a un conflitto mentale per Christie. L'8 dicembre 1926 si sparge il sangue su di lei. La sua auto (con tutti i suoi bagagli e un'auto a motore) è stata la prima ad arrivare a Guildford, dove si trova una stazione di servizio. Christie è stata trasferita sette giorni dopo in un hotel di Harrogate, dove è stata ingaggiata per un'ispezione di un minorenne. La politica e i duizenden vrijwilligers si sono rivolti all'autore nella sua terra. Christie si trova nella sua zona, dove non ha mai avuto contatti con il resto del mondo. Gli argomenti di questo verdetto sono sempre più frequenti e sono sempre più orientati verso le complicate teorie e le idee. Un'azione pubblicitaria e le geheugenverlies sono solo alcune delle verifiche che vengono effettuate. Christie stesso non si è mai pronunciato su questo verdetto. La sua famiglia è fortemente coinvolta nella teoria delle geotecnologie. L'autore Jared Cade ha scritto un libro documentato su questo periodo. Per la figlia di Agatha questo libro era un'occasione da non perdere. Anche lui voleva che il lavoro fosse fatto con i libri. Alcuni dei primi scrittori di Agatha Christie hanno anche loro una visione più chiara delle pagine del libro di Cades.

Due volte

Agatha e Archie nascono nel 1928. Agatha si presenta, in seguito a una visita del suo cliente, come autrice di un romanzo di Christie. *Alibi* è l'ultimo libro a tinte forti pubblicato sulle tavole. Agatha si rende conto di non avere bisogno di scrivere per avere un inchiostro - ma dopo la sua morte, la scrittrice si rende conto di avere bisogno di scrivere solo per avere un'immagine chiara. I suoi scritti valgono poco e Agatha si sente emotivamente a disagio per l'anno 1926. Vuole fare una gita e, dopo una cena con un amico, suggerisce di andare a Baghdad per cercare un'occasione e conoscere la cultura dell'Ostello di Mezzo. Lo fa e parte con l'Orient Express via Istanbul verso l'Iraq. Da qui si reca a Ur l'archeologo Leonard Woolley. Quest'ultimo lo invita a partire dall'inizio del 1930, quando si tratta di un'operazione di guerra. La donna vuole che questo annuncio avvenga e nel febbraio del 1930 incontra Max Mallowan, un archeologo da poco più di un anno che lavora come assistente di Woolley. Porta Agatha e altri ragazzi in giro per il paese. Ha creato un gruppo di amici. Più tardi, in Inghilterra, Max organizza un viaggio di piacere, che Agatha accetta. I due si incontrano l'11 settembre 1930.

Nel 1931 Agatha si trasferisce a Wallingford nella *Winterbrook House*. La casa si trova a pochi passi da Oxford, dove Max lavora, e non è lontana da Londra. Max si reca a Tell Arpachiyah, nel Mosoel, per lavorare in un'officina. Nel 1936 vengono pubblicati circa 10.000 esemplari di *Morte tra le nuvole*; Christie può quindi essere considerato l'autore del più grande bestseller. Il giorno dopo scrive il libro *Akhnaton*. Il testo non è stato ancora pubblicato. Nei giorni tra il 1930 e il 1945 Agatha ha avuto un'enorme produzione di libri e il suo più grande successo e successo di investigatori è stato scritto in questo periodo. Ha messo in atto molte delle sue investigazioni durante i suoi viaggi nel Midden-Oosten, anche a Moord op de Nijl.

La struttura di Torquay è un luogo di escursioni, ma il fatto che le persone abbiano un'esperienza di viaggio non è più così importante. Torquay si apre e l'aria è sempre più forte. Agatha ha acquistato la sua casa di campagna Ashfield. Nel 1938 ha inaugurato la Greenway House come casa e casa di riposo. La casa nel bosco, situata sopra il fiume Dart, aveva un tipo di abitazione che si affacciava sul mare. La figlia Rosalind si trova nel Tweede Wereldoorlog del 1941 con Hubert Pritchard. Max si reca a Caïro come esperto arabo del *Dipartimento della Guerra britannico*. Agatha, da sola, si reca all'ospedale per fare la vicesindaca.

In questo periodo Agatha ha pubblicato *Curtain: L'ultimo caso di Poirot* e *Delitto nel sonno* (il primo di Miss Marples). I due libri sono stati pubblicati in una collana e non sono mai stati pubblicati per volontà dell'autore. Nel 1943 nasce il suo figlio Mathew. Con lo pseudonimo di Mary Westmacott scrive Agatha *Absent in the Spring*; il libro è ambientato in un periodo di tempo inferiore a due anni e non ha più bisogno di ruggine. Lo schoonzoon di Agatha - e il suo compagno Mathew - si muove nell'oorlog. Nel mese di maggio Max parte per l'Inghilterra. L'uomo ha bisogno di una nuova sistemazione a *Greenway House*. Koningin Mary chiede ad Agatha Christie, in occasione del suo compleanno, di scrivere una storia per la *BBC Radio*. *La trappola per topi* è l'occasione giusta.

Agatha porta Max a Nimrud (Irak). Ha scelto di visitare il suo appartamento *Beit Agatha* (casa di Agatha). La figlia Rosalind vive con Anthony Hicks. Un editorialista del *Sunday Times di Londra* dà a questa donna lo pseudonimo di Mary Westmacott. Agatha si iscrive alla *Royal Society of Literature*. Nel 1950 sposa l'impresario teatrale Peter Saunders e gli legge i primi capitoli della sua autobiografia su carta. Nel 1952 *The Mousetrap* viene pubblicato per la prima volta a Londra.

Erkenning

Nel 1954 Agatha vince il *Grand Master Prize* della *Mystery Writers of America*. Nel 1956 riceve il riconoscimento di "Comandante dell'Impero Britannico" da parte della Agatha Christie Limited. L'autore è stato anche riconosciuto come voorzitter del *Detection Club* (l'organizzazione che lo ha visto nascere in occasione dell'omicidio *di Roger Ackroyd*). Max porta

148

avanti le operazioni a Nimrud. Anche Max wordt gedecoreerd en mag zich voortaan Max Mallowan CBE noemen.De universiteit van Exeter kent Agatha Christie een eredoctoraat in de letteren toe in 1961.

Nel 1962 l'ex-uomo Archibald Christie si trasferisce nel 1965 e Max pubblica il libro *Nimrud e i suoi resti*. Max è anche geridderd. Come nota di copertina c'è Agatha, "Lady Mallowan". Agatha è stata nominata "Dama Comandante dell'Impero Britannico". La donna può quindi essere chiamata Dame Agatha Mallowan, o Dame Agatha Christie, e le lettere "DBE" devono essere apposte sul suo nome.Madame Tussaud ha inaugurato nel 1972 un'immagine di Agatha Christie.

Nel 1974 si trasferisce all'aperto. Si trasferisce il 12 gennaio 1976 a Wallingford, nell'Oxfordshire.

Na haar dood

L'autobiografia di Agatha è disponibile in diverse edizioni. Anche le *Memorie di Mallowan* si trovano in altri libri. Max Mallowan è nato nel 1978. *Partners in Crime* (een tiendelige televisionieserie) si trova sul mercato. Nel 1989, David Suchet recita per la prima volta nel ruolo di Hercule Poirot nella serie televisiva Poirot. Il centesimo anniversario di Agatha *Christie*, l'*Agatha Christie Centennial*, è stato festeggiato con grande successo. La *Agatha Christie Society* è stata inaugurata. I postumi non sono *Black Coffee* (opera di Charles Osborne del 1997) e *Unexpected Guest* (Charles Osborne, 1999).

Tecnologia di stampa e di controllo

Tutti i romanzi di Agatha Christie sono whodunits, ambientati nella classe media e media britannica. Il detective si trova in un momento di stallo, oppure viene ostacolato da un genitore che è stato tradito. Geleidelijk ondervraagt de detective alle verdachten, enderzoekt de plaats delict waarbij de lezer op alle clous wordt, zodat de lezer de zaak kan analyseren en het mysterie zelf proberen op te lossen. La maggior parte delle volte si trova a metà strada o a cavallo dell'inizio del viaggio uno dei verdetti, ma è necessario che l'identità del protagonista sia alterata e che sia completamente cancellata. In alcuni romanzi, tra cui *En het einde is de dood* e *Tien kleine negertjes*, ci sono più offerte di slacktoff. Il detective ha organizzato un incontro con tutti i verdetti e il suo direttore è stato informato, in modo che tutti i segreti possano essere scoperti, anche se

149

per più di dieci pagine o più. I messaggi sono molto ingegnosi, e la maggior parte di essi è una forma di inganno. Le storie sono famose per la loro tensione e per la loro suspense psicologica. Due volte il protagonista si trova di fronte a un'unica persona che si occupa di questa storia.

In sette versioni Christie fa intervenire il protagonista sulla gerarchia (e nelle ultime due fa andare a segno il misfatto): *Testimone d'accusa*, *L'uomo dal vestito marrone*, *Assassinio sull'Orient Express*, *Il sipario* e *L'ospite inatteso*. In alcuni film, il protagonista non è più un uomo di legge, ma un uomo di campagna (che suscita una maggiore simpatia), come in *Death Comes as the End*, *And Then There Were None*, *Death on the Nile*, *Dumb Witness*, *The Murder of Roger Ackroyd*, *Crooked House*, *Appointment with Death*, *The Hollow*, *Nemesis*, en *The Secret Adversary*. In alcuni casi il detective ha un ruolo importante.

Punti salienti

- Agatha Christie, al secolo Dame Agatha Mary Clarissa Christie, nata Miller, fu educata a casa dalla madre.
- La Christie iniziò a scrivere romanzi polizieschi mentre lavorava come infermiera durante la Prima Guerra Mondiale. Il suo primo romanzo, Il misterioso affare di Styles (1920), introdusse Hercule Poirot, il suo eccentrico ed egoista investigatore belga; Poirot ricomparve in circa 25 romanzi e molti racconti prima di tornare a Styles, dove, in Sipario (1975), morì.
- Il primo riconoscimento importante della Christie arrivò con L'assassinio di Roger Ackroyd (1926), a cui seguirono circa 75 romanzi che di solito entravano nelle classifiche dei best-seller e venivano pubblicati a puntate su riviste popolari in Inghilterra e negli Stati Uniti.
- Altri adattamenti cinematografici degni di nota sono stati And Then There Were None (1939; film 1945), Assassinio sull'Orient Express (1933; film 1974 e 2017), Morte sul Nilo (1937; film 1978) e Lo specchio rotto da una parte all'altra (1952; film [The Mirror Crack'd] 1980).

14.   Alexandra Danilova (1903-1997)

Ballerina russa nota per la sua vivacità e il suo estro teatrale

Aleksandra Dionisievna Danilova (Russisch: Александра Дионисиевна Данилова) (Peterhof, 20 novembre 1903 - New York City, 13 luglio 1997) è stata una ballerina e danzatrice russa che si è affermata in America.

Leven

Danilova ha iniziato la sua carriera presso il Mariinskitheater di Sint-Petersburg. Nel 1921 si è iscritta al corpo di ballo del Mariinskiballet. Insieme al coreografo-danzatore George Balanchine (con il quale ebbe una relazione molto intensa), nel 1924 si trasferì in Russia e divenne solista nei Balletti Russi di Sergej Diaghilevs. Dopo la morte di Diaghilevs, Zia si trasferì per un lungo periodo nel Balletto Russo di Monte Carlo.

Nella sua carriera, la Danilova ha lavorato con grandi coreografi come Marius Petipa e Michel Fokine. È stata molto apprezzata per la sua interpretazione di *Swanhilda* in Coppélia e di *Odile* in Zwanenmeer. La sua ultima interpretazione risale al 1951.

Durante la sua carriera di ballerino emigrò nel Regno Unito e lavorò come coreografo presso il Metropolitan Opera e come ballerino presso la School of American Ballet. Ha anche recitato in musical e film, tra cui "The Turning Point" di Herbert Ross.

Danilova è morta nel 1997 a New York, a 93 anni.

Punti salienti

- Alexandra Danilova ha frequentato le scuole di balletto imperiali e sovietiche di Leningrado, dove ha studiato sotto la guida di Agrippina Vaganova ed è diventata solista al Teatro Mariinsky (ex Kirov).
- La Danilova è stata ospite di diverse compagnie di balletto, tra cui il Sadler's Wells Ballet, e con la propria compagnia (Great Moments of Ballet, 1954-56) ha effettuato tournée in Giappone, Filippine e Sudafrica.
- Alexandra Danilova si è fatta notare sia per il suo vasto repertorio, che spazia dai ruoli romantici a quelli astratti di Balanchine, sia per l'individualità delle sue caratterizzazioni, in particolare la ballerina di strada in Le Beau Danube, la venditrice di guanti in Gaîté Parisienne, Odette in Swan Lake e Swanilda in Coppélia.
- È apparsa anche in commedie musicali (Oh Captain!, 1958), ha insegnato e ha tenuto conferenze in tournée.
- Alexandra Danilova ha avuto un piccolo ma significativo ruolo nel film La svolta (1977).

15.   Josephine Baker (1906 - 1975)

Ballerina francese di origine americana famosa per le sue performance teatrali

"Devi ricevere un'istruzione. Devi andare a scuola e devi imparare a proteggerti. E devi imparare a proteggerti con la penna, non con la pistola".

Josephine Baker of **Joséphine Baker**, artiestennaam van *Freda Josephine McDonald* (Saint Louis (Missouri), 3 giugno 1906 - Parijs, 12 aprile 1975) was een Amerikaans-Franse danseres, zangeres en actrice.

Leven

Josephine Baker si è sposata con un'armatura. Come gentile è stata dienstmeid da diverse famiglie per far sì che da quando ha compiuto il suo secondo anno di vita si sia trasferita in un'altra famiglia. Ze bedelde door op straat voor voorbijgangers te dansen. Al suo primo compleanno lavora nel Vaudeville di Saint Louis. Poi si trasferì a New York e debuttò a Broadway per due anni. La cantante gira in Europa e in America meridionale, a Parijs per la prima volta nel 1925, oltre che alle Folies Bergère. In questo periodo, le donne si esibirono anche sul podio e vennero derubate per il loro bananenrokje e per le loro danze erotiche. Le donne hanno avuto un'esperienza di svago e di divertimento.

Nel 1937 gli fu affidata la nazionalità francese con l'incontro con il francofortese Jean Lion e si stabilì definitivamente in Frankrijk. In occasione del Tweede Wereldoorlog, ze verzetswerk voor de Résistance door haar positie te gebruiken om inlichtingen te verkrijgen. In seguito, inoltre, ha partecipato a un incontro con l'Oorlogskruis, con l'Herinneringsmedaille voor de Vrijwilligers van het Vrije Frankrijk e con il Verzetsmedaille. Nel dicembre del 1957 è stato anche nominato il cruscotto della Legioen van Eer.

Baker si è messo in contatto con le autorità afro-americane. In questo periodo si è dedicato a un'attività di ricerca e sviluppo. Nel 1951 ha iniziato a frequentare un club a New York. Grace Kelly, che era ben protetta, si trasferì nel frattempo in un locale con tutti i suoi amici e non ebbe più nulla da temere. Qui Baker e Kelly sono diventati buoni amici. Nel 1963 si uniscono a Martin Luther King in occasione della Marcia su Washington, dove lui è l'unico scrittore coraggioso. In occasione della marcia contro Martin Luther King, ha ricevuto una condanna per aver ricevuto una piazza. Ze bedankte voor de eer, omdat ze haar kinderen te jong vond om hun moeder te verliezen.

Il 12 aprile 1975, a tre anni dall'apertura di una première di successo di una nuova rivista, Baker si mise a letto. Aveva un'emorragia di sangue. L'opera è nata nel Cimetière de Monaco a Monte Carlo. Nello Château des Milandes è esposta una mostra di informazioni, pensieri e opinioni sul suo passato.

Privéleven

Nel 1941 ze ha avuto un'infrazione, per cui haarmoeder verwijderd moest worden. In seguito adottò due mezzi parenti in tutte le regioni del mondo; i suoi parenti furono generati in questo periodo, come i regenboogkinderen (la tribù arc-en-ciel). Un anno fa, gli uomini si incontrarono con i loro parenti nel Kasteel des Milandes a Castelnaud-la-Chapelle, in Dordogna.

Joséphine Baker è stata una donna felice. Incontrandosi con altri uomini, ha avuto anche rapporti con i genitori. Inoltre, non c'è nessuna richiesta

154

pubblica che riguardi questo aspetto della sua persoonlijkheid. I suoi amici
più cari sono stati, tra gli altri, la scrittrice francese Colette e Frida Kahlo.
Uno dei suoi parenti, Jean-Claude Baker, descrive nella biografia di suo
padre altri cinque dei suoi amici: Clara Smith, Evelyn Sheppard, Bessie
Allison e Mildred Smallwood, che le donne hanno sempre tenuto nel
circuito durante il loro primo anno di vita sul podio dei Verenigde Staten.

Oltre alla sua propria biseksualiteit e al suo impegno contro il razzismo
(con il nome di "deelname aan bepaalde acties van Afro-Amerikaanse
beweging van Amerikaanse burgerrechten"), ze bleek zelf homofobische
trekjes te hebben; ze stuurde bijvoorbeeld een van haar zoons, Jarry
Bouillon Baker, naar zijn vader, omdat hij homoseksueel was. A causa di
questo fatto, ze si rese conto che i suoi fratelli avrebbero potuto "essere
trattati male".

Punti salienti

- Tra gli 8 e i 10 anni Josephine Baker lasciò la scuola per aiutare a
  mantenere la famiglia. Da bambina la Baker sviluppò un gusto per
  l'ostentazione che l'avrebbe resa famosa in seguito.
- Nel 1923 la Baker si unì al coro di una compagnia di strada che
  rappresentava la commedia musicale Shuffle Along e poi si trasferì a
  New York City, dove avanzò costantemente attraverso lo spettacolo
  Chocolate Dandies a Broadway e il floor show del Plantation Club.
- Nel 1925 la Baker si recò a Parigi per ballare al Théâtre des Champs-
  Élysées con La Revue Nègre e fece conoscere la sua danse sauvage in
  Francia.
- Josephine Baker cantò professionalmente per la prima volta nel
  1930, debuttò sul grande schermo come cantante quattro anni dopo
  in Zouzou e girò altri film prima che la Seconda Guerra Mondiale ne
  limitasse la carriera.
- La sua vita è stata raccontata nel film televisivo The Josephine Baker
  Story (1991) ed è stata presentata nel documentario Joséphine
  Baker.

18 Combattenti per la libertà

1. Malala Yousafzai (nata nel 1997)
Sostenitore dell'istruzione pakistana

"Un bambino, un insegnante, un libro, una penna possono cambiare il mondo".

Malala Yousafzai (Mingora, 12 luglio 1997) è un'attivista pakistana che si occupa di diritti umani. Nel 2014 è stata insignita del premio Nobel per il mondo, insieme a Kailash Satyarthi.

Levensloop

Malala Yousafzai, figlia di un uomo, è famosa per la sua lotta contro i miei figli per andare a scuola. Nel 2009 ha ottenuto la notorietà di un'altra persona che, con lo pseudonimo di *Gul Makai* (in coreano), ha aperto un blog sul sito web della BBC. Nella forma di un dagboek, ze parla delle gewelddadigheden dei Talebani nello Swatvallei, dove a partire dalla machtsovername dei Talebani nel 2007 meisjes worden uitgesloten van school en ook veel and other mensenrechten worden geschonden.

Il 9 ottobre 2012, mentre si recava a scuola in un autobus, un talebano si è rivolto a lui con un'azione di disturbo, che lo ha colpito con un kogel nel suo zoccolo e nelle sue gambe. In una ziekenhuis di Rawalpindi, gli artisti

hanno visto il kogel sullo zoccolo. I Talebani vogliono che questo posto
non venga distrutto.

Il 15 ottobre è stato trasferito in Inghilterra, dove è stato sottoposto a una
vera e propria visita specialistica presso il Queen Elizabeth Hospital di
Birmingham. Anche in questo caso, ze era più vulnerabile di fronte agli
attacchi dei Talebani. Il suo padre ha deciso di partire da lì e di andare a
vedere il suo medico nel Regno Unito.

Nel gennaio del 2013 le donne sono uscite dalla ziekenhuis, ma all'inizio
di febbraio si sono trasferite a Birmingham. Una parte del suo programma
è stata preparata con una protesi in titanio che, grazie a una tecnologia
3D, è stata verificata nella forma del suo zoccolo. Il paziente è dotato di
una coclea impiantata sul suo braccio. L'8 febbraio si terrà la ziekenhuis.

Malala ha studiato all'Università di Oxford.

Formazione internazionale

Nel 2011 Malala è stata nominata vincitrice dell'*Internationale
Kindervredesprijs*. Un altro anno dopo è stata premiata dal governo
pakistano con il *Nationale Jeugdvredesprijs* (*Premio nazionale per la pace
dei giovani*). Questo premio è stato poi trasformato in Premio *Nazionale
Malala-Vredesprijs* (*Premio Nazionale Malala per la Pace*).

Il 10 novembre 2012 la Verenigde Naties ha dato il via al *Giorno di Malala*,
in cui la VN si impegna a sostenere i 32 milioni di bambini e 29 milioni di
ragazzi del mondo che non hanno diritto a un reddito di base. Una
petizione su Internet, che dall'ottobre 2012 è stata aperta per far sì che nel
2013 venissero assegnati i premi Nobel alla Repubblica, è stata
sottoscritta da oltre 250.000 persone.

Nel numero di *Time* del 29 aprile 2013, Malala è stata nominata come una
delle 100 persone più invocate del mondo. La sua foto si trova
sull'etichetta del giornale. Il 12 luglio 2013, in occasione del suo ultimo
compleanno, Malala ha portato 500 giovani in VN. Per questo motivo il
giorno è stato trasformato in "Malala-dag". Il 6 settembre 2013 è stato
inaugurato nella Ridderzaal di Den Haag l'Internationale Kindervredesprijs
2013 di Malala. Grazie alla collaborazione con l'organizzazione olandese
KidsRights, l'evento è partito per i Paesi Bassi. Il vincitore del Nobel per la
Pace 2011, Tawakkul Karman, ha assegnato il premio a KidsRights. Il 20

novembre 2013 Malala ha vinto a Straatsburg, presso il Parlamento europeo, il *Sacharovprijs voor de Vrijheid van Meningsuiting*. Si tratta dell'ultimo vincitore di questo premio.

Il 24 maggio 2014 ha ricevuto a Middelburg il Four Freedom Award voor Vrijwaring van vrees, conferito da Blof in collaborazione con la famiglia Roosevelt e la sua casa. Il 10 ottobre 2014 è stato annunciato il conferimento del premio Nobel per la pace 2014. Con 17 anni è stata la prima vincitrice di un Nobel. Nel mese di luglio 2014 è partita per la Nigeria, dove è stata arrestata da 200 scolari che in aprile erano stati attaccati da Boko Haram.

Nell'aprile del 2015 l'organizzazione umanitaria NASA ha individuato un planetoide tra Marte e Giove, diretto a Malala, con il nome ufficiale di "316201 Malala". L'emiciclo ha un'apertura di dieci chilometri e per un periodo di sei mesi e mezzo è un punto di partenza per la zona.

Punti salienti

- Malala Yousafzai si è imposta all'attenzione mondiale quando è sopravvissuta a un attentato all'età di 15 anni.
- Nell'ottobre 2011 è stata nominata dall'attivista per i diritti umani Desmond Tutu per il Premio internazionale per la pace dei bambini.
- Nel 2014 Yousafzai e Kailash Satyarthi sono stati insigniti congiuntamente del Premio Nobel per la pace in riconoscimento del loro impegno a favore dei diritti dei bambini.
- Nel luglio 2015, con il sostegno del Malala Fund, ha aperto una scuola femminile in Libano per i rifugiati della guerra civile siriana.
- Ha discusso del suo lavoro con i rifugiati e del suo stesso sfollamento in We Are Displaced (2019).

2. Angela Davis (nata nel 1944)
Attivista politico e autore afroamericano

*"In una società razzista non basta essere non razzisti,
bisogna essere antirazzisti".*

Angela Yvonne Davis (Birmingham (Alabama), 26 gennaio 1944) è una
filosofa femminista americana, scrittrice, attivista e docente. Ha insegnato
per diversi decenni nelle università degli Stati Uniti, dell'Europa, dell'Africa,
dei Caraibi e dell'ex Unione Sovietica. Ha inoltre pubblicato un gran
numero di articoli, saggi e libri.

Personale

Angela Davis è nata il 26 gennaio 1944 a Birmingham, in Alabama. La sua
madre, Sallye Bell Davis, ricoprì un ruolo importante nel Southern Negro
Youth Congress, che si riuniva con il partito comunista degli Stati Uniti.
Durante il periodo in cui la madre di Davis e la sua bambina si unirono ai
gruppi comunisti, i suoi amici erano molto amici dei leader nani del Partito
Comunista. L'omgeving di Haar ha lasciato Davis a bocca asciutta: da
solo può capire che non ha mai avuto una relazione con il partito.

Davis ha iniziato a frequentare una scuola elementare in neretto e ha iniziato a frequentare una "scuola media" a Birmingham. Successivamente si reca a New York presso la progressista Elisabeth Irwin High School, dove Davis inizia a interessarsi al marxismo.

L'apertura in uno stato zuidelijke ha fatto sì che Davis si scontrasse con la segregazione e il razzismo. Birmingham era da un anno a questa parte una delle città più importanti d'America. Davis visse con i suoi genitori e i suoi fratelli in un'abitazione della classe media, che venne chiamata anche "Dynamite Hill". I ragazzi delle minoranze afro-amerikaane vennero colpiti dal Ku Klux Klan con il loro dinamismo e i loro attacchi, così frequentemente da far diventare il territorio un luogo di culto, e Birmingham un luogo di culto come "Bombingham". Davis ha subito anche lui la discriminazione, e ricorda i suoi figli che sono stati vittime di un bombardamento a Birmingham nel 1963 da parte del Ku Klux Klan.

Angela Davis è stata dal 1980 al 1983 accompagnata da Hilton Braithwaite. Nel 1997 ha scritto sul giornale *Out* uit de kast come lesbica.

Loopbaan

Davis ha lavorato nel 1969 e nel 1970 come docente di filosofia presso l'Università della California - Los Angeles, ma è stato condannato a causa della sua associazione con il Communistische Partij van de Verenigde Staten e del suo "opruiende taal".

Attraverso la sua band con i Soledad Brothers, Davis è stato condannato a subire una malattia a causa dell'arrivo e della morte del chitarrista Harold Haley nel 1970. Davis si è messo a lavorare per gli eventi che hanno visto protagonisti alcuni afro-americani (George Jackson, Fleeta Drumgo e John Clutchette) che hanno bevuto a loro volta. Durante il suo viaggio, Haley si è trasformato in un uomo d'affari. Davis ha da allora un'altra situazione, ma è sempre più difficile da gestire. La motivazione principale della malattia di Davis sono i suoi legami con uno dei due gevangenen, George Jackson. Era l'animatore del Black Panther Party, di cui Davis è stato per un certo periodo il sostenitore.

All'inizio dell'80 ha insegnato a Davis presso la San Francisco State University. Dal 1991 al 2008 è stata professoressa all'Università della California - Santa Cruz e alla Rutgers University. A Santa Cruz ha svolto un periodo come direttrice del dipartimento di *Studi femministi*. Una delle

161

sue specializzazioni è l'assistenza penitenziaria. Nel 2016 ha ottenuto
l'incarico di eredoctoraat presso il California Institute of Integral Studies.

Nel 1980 e nel 1984 è stato candidato alla vicepresidenza del Verenigde
Staten con il nome di Communistische Partij van de Verenigde Staten,
come *compagno di corsa* di Gus Hall. Il duo ha ottenuto lo 0,05% (1980) e
lo 0,04% (1984) dei voti. Dietro al partito comunista, Davis è stato
coinvolto nelle lotte per gli hamburger di gomma per i bambini, nel Black
Panther Party e nelle proteste contro i vietnamiti. Davis è uno dei
partecipanti all'Internationale Lenin-Vredesprijs del 1979, organizzato
dall'Unione Sovietica. Nel 1991 si unisce al Partito Comunista e fonda il
Comitato di Corrispondenza per la Democrazia e il Socialismo. Davis è
ancora attiva nell'attivismo comunista e femminista.

Nel settembre 2018 ha ricevuto dal Birmingham Civil Rights Institute il
Fred L. Shuttlesworth Human Rights Award. Nel gennaio 2019 è stata
resa nota la notizia che il premio non può essere conferito al pari del gala-
avond, in quanto Davis non ha tenuto conto di tutti i criteri. Il borgomastro
Randall Woodfin di Birmingham (Alabama) si è occupato di questo
problema. Per lui si trattava di un'oorzaak di uno e più gelegen in "de
proteststemmen die uit de joodse gemeenschap en haar bondgenoten"
hadden geklonken. Angela Davis si schiera da tempo a favore delle
posizioni dei palestinesi e del movimento BDS. L'Istituto è stato
condannato. Ancora a novembre la presidente del BCRI, Andrea Taylor,
aveva dichiarato: "È importante capire se è possibile aumentare i diritti di
un campo di lavoro maschile in tutto il mondo".

Attivismo femminile

Angela Davis ha una grossa fetta del suo lavoro da dedicare alle ricerche
e agli scritti sulle donne e sul femminismo, e in particolare
sull'onderdrukking delle donne nane. Si tratta di una questione che
riguarda il fatto che il movimento dei bevitori nani non è in grado di agire
per i diritti delle donne nane, ma anche che il movimento femminista non è
in grado di agire per le donne nane. Per questo motivo, gli uomini sono
stati allontanati dal Communistische Partij. In un'intervista daarover zei het
volgende:*er waren ook zeer sterke seksistische neigingen in de zwarte
beweging. Nella sede dello Student Non-Violent Coordinating Committee
(SNCC), ci siamo riuniti in un gruppo di persone, ma quando è arrivato il
momento di rendere pubblica l'organizzazione con le conferenze e i*

convegni, gli uomini si sono messi a lavorare e hanno iniziato a lavorare. Abbiamo visto che qui c'è stato un errore di valutazione.

Insieme a Kimberly Crenshaw, che ha usato il termine "intersectionaliteit" nel 1989, Davis è stata una delle promotrici del femminismo moderno.

Davis ha scritto nel 1981 *Women, Race and Class*, in cui ha analizzato l'intersezione tra il movimento delle donne, il movimento delle donne nane e il movimento delle classi. Il libro è un'analisi di alcuni saggi che mettono in luce l'evoluzione e il progresso del movimento amerikano per la schiavitù dei bambini. Anche la schiavitù in America viene trattata. Questo è il primo libro della Davis e contiene un'analisi intersecante del femminismo marxista sul genere, il ras e la classe. Binnen het Marxistisch feminisme wordt intersectionaliteit doorgaans toegepast om de interactie tussen verschillende aspecten van identiteit als resultaat van een gestructureerde, systematische onderdrukking te bestuderen, in het geval van Davis hoe de aspecten gender, ras en klasse interacteren als resultaat van systematische onderdrukking.

L'unione dei fattori di genere, razza e classe nelle vite delle donne di colore è, nel lavoro di Davis, un punto di riferimento importante. Davis può essere considerata come una delle promotrici del femminismo nero. Il femminismo puro, secondo Davis, deve essere considerato come un approccio teorico e pratico per far sì che ras, geslacht e klasse siano onafscheidelijk nel mondo sociale in cui viviamo. Ten tijde van de beginjaren van het zwarte feminisme werd aan zwarte vrouwen nog vaak gevraagd te kiezen tussen de zwarte beweging en de vrouwenbeweging en dit was volgens Davis verkeerd.

Angela Davis ha molte critiche sul femminismo. Si dice che quando si parla di femminismo nei Verenigde Staten, l'uomo si preoccupa di sapere che si tratta di cose che vengono fatte da donne bionde. "Voci come Ida B. Wells, come Mary Church Terrell, come Anna Julia Cooper, sono fondamentali per l'approccio femminista che noi, in modo trasversale, adottiamo". Tijdens een lezing in de Copley Library in 2019 stelde Davis al dat de de witte suffragettes, ondanks dat ze inspiratie haalden uit het activisme van de anti-slavernij beweging, het niet toestonden dat zwarte suffragettes naast hen protesteerden, en toen witte vrouwen stemrecht kregen, stemden ze niet anders dan witte mannen.

Davis voorzag dat de problemen van racisme, seksisme en klassisme zouden blijven, als deze factoren niet allemaal samengevoegd worden in het bestrijden ervan: zwarte vrouwen vielen buiten beschouwing in de zwarte bevrijdingsbeweging en de feministische bewegingen, en binnen de beweging voor zwarte vrouwen werd er gediscrimineerd op basis van economische klasse.

"Elk feminisme dat ons zal helpen om de wereld van vandaag te transformeren, moet in staat zijn om perspectieven op te nemen die de witte suprematie uitdagen" (Davis, 2019).

Punti salienti

- Angela Davis, per esteso Angela Yvonne Davis, (nata il 26 gennaio 1944 a Birmingham, Ala, Stati Uniti), attivista nera militante americana che si è guadagnata una fama internazionale durante la sua incarcerazione e il suo processo con l'accusa di cospirazione nel 1970-1972.
- A causa delle sue opinioni politiche e nonostante gli ottimi risultati ottenuti come docente presso il campus di Los Angeles dell'università, nel 1970 il California Board of Regents rifiutò di rinnovarle l'incarico di docente di filosofia.
- Nel 1991, tuttavia, Davis è diventato professore di storia della coscienza presso l'Università della California, Santa Cruz.
- Nel 1974 ha pubblicato Angela Davis: An Autobiography (ristampata nel 1988).

3. Mae Jemison (nata nel 1956)

Medico americano e astronauta della NASA

"Non limitatevi mai a causa della limitata immaginazione degli altri; non limitate mai gli altri a causa della vostra limitata immaginazione".

Mae Carol Jemison (Decatur, 17 ottobre 1956) è un'esploratrice americana di fama mondiale. È stata la prima donna afro-americana ad aver partecipato a un concorso. Nel 1993 è entrato a far parte della NASA ed è diventato astronauta.

Jemison fa parte del *Gruppo Astronauti 12 della NASA*. Questo gruppo di 15 astronauti ha iniziato il suo addestramento nel giugno 1987 ed è diventato astronauta nell'agosto 1988. L'ultimo viaggio di Jemisons è stato l'STS-47 con lo spaceshuttle Endeavour e si è svolto il 12 settembre 1992. Durante la missione sono stati effettuati diversi esperimenti nel modulo Spacelab.

Dopo il suo incarico alla NASA, Jemison è stata professore di studi militari al Dartmouth College, dove ha svolto un'attività di ricerca sui meccanismi e i vantaggi della tecnologia interstellare e ha fondato l'*Istituto Jemison per l'avanzamento della tecnologia nei Paesi in via di sviluppo*. Da allora è nato *il Jemison Group*, che si occupa di tecnologia per migliorare il benessere nei Paesi in via di sviluppo. Jemison è sempre attiva per la tutela dei diritti delle donne e delle famiglie. Nel 1994 Mae Jemison ha lanciato il *programma Earth We Share per i* giovani, che prevedeva un'attività socio-educativa da parte di Mae Jemison in relazione alle sue missioni di educazione ambientale.

Informazioni personali

Mae è nata il 17 ottobre a Decatur, in Alabama, ma la sua città natale è Chicago, Illinois. I suoi hobby sono il divertimento, la grafica, le fotografie, la nautica, lo sci, la ricerca di arte afrikaansse e un'ampia attività sportiva. Charlie e Dorothy Jemison sono nati a Chicago.

Opleiding

Ha studiato nel 1973 presso la *Morgan Park High School di* Chicago. Nel 1977 ha studiato all'Università di Stanford con un *bachelor* in scienze umane e come ingegnere chimico e nel 1981 ha conseguito un dottorato in medicina alla Cornell University.

Punti salienti

- Mae Jemison, per esteso Mae Carol Jemison, (nata il 17 ottobre 1956 a Decatur, Alabama, Stati Uniti), medico americano e prima donna afroamericana a diventare astronauta.
- Nel 1977 Jemison si è iscritta alla facoltà di medicina della Cornell University di Ithaca, New York, dove si è interessata alla medicina internazionale.
- Si è laureata in medicina nel 1981 e, dopo un breve periodo come medico generico presso un gruppo medico di Los Angeles, è diventata ufficiale medico presso i Corpi di Pace in Africa occidentale.
- Nel 1992 ha trascorso più di una settimana in orbita intorno alla Terra con lo Space Shuttle Endeavour. All'epoca era l'unica donna astronauta afroamericana.

4. Rosa L. Parks (1913-2005)

Attivista afroamericano per i diritti civili

"Non bisogna mai avere paura di ciò che si fa quando è
giusto".

Rosa Louise Parks-McCauley (Tuskegee (Alabama), 4 febbraio 1913 -
Detroit (Michigan), 24 ottobre 2005) è stata un'attivista burgerista
americana. È noto per la sua morte nel 1955, quando ha lasciato il suo
campo di battaglia nel settore delle riserve, per poi passare a un gruppo di
passanti neri. Questo avvenne quando la parte superiore dell'autobus fu
danneggiata.

Biografie

Parks è nato a Tuskegee, in Alabama. Ha lavorato per la maggior parte
del suo periodo di vita come nazionalista. All'inizio degli anni '50 è stato
attivo nel movimento degli hamburger afroamericani. Lavorò anche come
segretaria per la NAACP di Montgomery. Il 1° dicembre 1955 ha deciso di
stare in un autobus con i passanti neri, quando la "gedeelta nera" ha
iniziato a razzolare, come se la situazione in Alabama fosse peggiorata.
La politica è stata cancellata e Parks ha chiesto una busta di 10 dollari
(più 4 dollari di spese). Quando gli uomini vollero scommettere, vennero

ingranati e nel febbraio del 1956 vennero arrestati per il trasporto di un'orda aperta.

Martin Luther King si ribella allo zaak e dà inizio al famoso "Montgomery-busboycot", in cui il busbedrijf fallisce e si chiede di evitare il blocco delle donne e dei bambini negli autobus. Questo ha portato a un aumento delle proteste contro la rassicurazione. In particolare, è stato preso in considerazione l'intervento di Rosa Parks presso l'Amerikaanse Hooggerechtshof, che ha portato la sua voce nel cortile e ha messo in discussione lo schema di separazione tra i bambini e le donne.

Con la sua recitazione, ze è stato ontslagen e anche con il suo sangue, per cui ze begin jaren 60 verhuisde naar Detroit, dove ze tot haar dood woonde. Tra il 1965 e il 1968 ha lavorato come collaboratore di John Conyers, direttore dell'Huis van Afgevaardigden. Nel 2004 è emerso da un rapporto medico che Parks è affetto da demenza. Si è spento un anno dopo, a 92 anni di età, nel suo letto di morte.

Punti salienti

- All'età di due anni, poco dopo la nascita del fratello minore Sylvester, i suoi genitori decidono di separarsi. Allontanati dal padre da quel momento, i bambini si trasferirono con la madre nella fattoria dei nonni materni a Pine Level, in Alabama, fuori Montgomery.
- Nel 1932, all'età di 19 anni, Rosa sposò Raymond Parks, un barbiere e attivista per i diritti civili, che la incoraggiò a tornare alle scuole superiori e a conseguire un diploma.
- Nel 1987 ha co-fondato il Rosa and Raymond Parks Institute for Self-Development per fornire formazione professionale ai giovani e offrire loro l'opportunità di conoscere la storia del movimento per i diritti civili.

5. Nellie Bly (1867-1922)

Giornalista americano, industriale, inventore e operatore di beneficenza

*"L'energia applicata e diretta in modo corretto permette
di ottenere qualsiasi cosa".*

Nellie Bly (Cochran's Mills, Pennsylvania, 5 mei 1864 - New York, 27
gennaio 1922) era lo pseudonimo della giornalista americana **Elizabeth
Jane Cochrane**. È stato un giornalista di fama mondiale che si è fatto
notare per il suo viaggio nel mondo in 72 anni (più veloce del viaggio nel
mondo in 30 anni dell'autore di fumetti Phileas Fogg di Jules Verne) e per
il suo viaggio che ha portato alla scoperta della malattia di cui soffriva il
protagonista, per cui è stato chiamato a visitare uno ziekenhuis
psichiatrico di Binnen. Ze era un pioniere sul suo terreno e si mise al
lavoro su un nuovo tipo di giornalismo onderzoeks. Oltre al suo lavoro di
scrittore, Ze era anche un industriale e ha lavorato come funzionario.

Vroege jaren

È nata con il nome di **Elizabeth Jane Cochran** a Cochran's Mills, un quartiere di Pittsburgh, Burrell Township, nella Contea di Armstrong, Pennsylvania. Il suo padre, Michael Cochran, era un commerciante e molinaro di alto livello, che con Mary Jane ha lavorato. Cochran ha lasciato che i suoi figli minori subissero un duro lavoro e una sofferenza a causa dell'aankoop delle muffe e dei merende della terra che ha fatto slittare la loro famiglia. Als jong meisje werd ze vaak 'Pinky' genoemd, omdat ze meestal roze kleding droeg. Nel suo periodo di riposo, ze si fece un'idea di cosa fosse il mondo, fece volare la sua famiglia e la portò a **Cochrane**. Ze ging naar een kostschool, butar al na één periode moest ze stoppen wegens geldgebrek.

Nel 1880 Elizabeth con la sua famiglia si reca a Pittsburgh. Una rubrica di misoginia, intitolata *What Girls Are Good For* (*Waar meisjes goed voor zijn*) nel *Pittsburgh Dispatch*, mette in guardia la sua famiglia affinché l'editore scriva un articolo di successo con lo pseudonimo "Lonely Orphan Girl" ("Eenzaam weesmeisje"). Il redattore George Madden era indeciso tra il suo interesse e il suo entusiasmo e pubblicò un annuncio in cui si dava la possibilità all'autore di farsi conoscere. Quando Elizabeth si rivolse all'autore, diede il via a una rivista per la scrittura, in particolare con lo pseudonimo di "Lonely Orphan Girl". Nel suo primo articolo per il *Dispatch*, intitolato "Il puzzle della ragazza" ("De meisjespuzzel"), Madden ha iniziato a scrivere una lettera di ringraziamento. Si tratta di uno pseudonimo, "Nellie Bly", ispirato al titolo della famosa canzone "Nelly Bly" di Stephen Foster. Oorspronkelijk wilde ze dat haar pseudoniem ook als 'Nelly Bly' geschreven zou worden, maar haar hoofdredacteur spelde het per ongeluk als 'Nellie' en dat foutje is blijven steken.

Come scrittore, Bly ha scritto il suo primo lavoro presso il *Dispatch* sul lotto degli arboricoltori e ha scritto una serie di articoli giornalistici sui fabbricanti di vrouwelijke, ma attraverso una rielaborazione si è arrivati alle pagine dei giornali tradizionali per far sì che si parli di mode, samenleving e tuinieren, le tipiche cose che i giornalisti di vrouwelijke desiderano far passare. Se ze ontevreden era con queste caratteristiche, ze heft in eigen hand en reisde naar Mexico om als buitenlandse correspondent te werken. Se ze pas 21 was, heeft ze bijna een half jaar lang verslag uitgebracht over het dagelijks leven en de gebruiken van de Mexicanen. I suoi reportage sono stati pubblicati nel 1888 in una rivista dal titolo *Six Months in Mexico*. In un reportage protestava contro il comportamento di un giornalista locale che aveva criticato il governo messicano, in occasione della dittatura di Porfirio Díaz. Quando le autorità messicane si accorsero del reportage di Bly, gli diedero la possibilità di visitare la terra. In un modo ancora più velato, Díaz si presentò come un vero e proprio ufficiale di stato maggiore, che il popolo messicano aveva conquistato e che le persone avevano sostenuto.

Verslag over een krankzinnigengesticht

Dopo aver ricevuto un'offerta di teatro e di arte, nel 1887 Bly si trasferisce a New York, dove si trova il *Pittsburgh Dispatch.* Quando il suo guadagno per sei mesi è stato aperto, Bly ha deciso di lavorare per il giornale di Joseph Pulitzers, il *New York World.* Ze nam er een undercoveropdracht aan waarbij ze krankzinnigheid zou veinzen om zo de geruchten te onderzoeken over wreedheden en verwaarlozing bij het *Women's Lunatic Asylum* (Krankzinnigengesticht voor Vrouwen) op Blackwell's Island.

Bly si dedica a un anno di tempo per lo spettacolo nel centro di visite mediche di pazienti psichiatrici. Il giorno successivo le donne si recano in una pensione per arboristi. Le donne si misero a letto e dissero ai gestori della pensione che la loro famiglia aveva deciso di non farsi trovare impreparata. Questi aspetti hanno portato alla nascita di una nuova politica. Ze werd meegenomen en voorgeleid bij de rechtbank. Daar deed ze alsof ze aan geheugenverlies leed. L'avvocato ha dichiarato che le persone devono essere riconosciute.

Ze werd onderzocht door verschillende dokters, die allemaal verklaarden dat ze psychisch gestoord was. "Beslist dement", dice uno di loro, "lo considero un problema di speranza. Zij moet ergens worden ondergebracht waar iemand voor haar zorgt". L'ospedale psichiatrico Bellevue Hospital ha definito il suo caso come "ongetwijfeld gestoord". Lo zaak della "knappe gekke meisje" ha fatto cadere l'attenzione di una persona: "Wie is dat gestoorde meisje?", scrive *The Sun. Il New York Times* parla di un "geheimzinnige zwerfster" con un "wilde, gejaagde blik in haar ogen" e di una sua richiesta di aiuto: "Ik weet het niet meer, ik weet het niet meer".

Con il suo nome di paziente, Bly ha fatto una serie di controlli sulle malattie che si verificano in questo periodo. I malati si nutrono di acqua, si nutrono di fanghi, si nutrono di una quantità minore di acqua rispetto a quella che si trova in un letto e bevono acqua. I pazienti che devono essere in grado di creare un ambiente, sono legati a dei tocchi. Le zieken sono state create per far sì che una parte consistente del giorno su banchi

171

duri possa essere gettata in un terreno tiepido e caldo. I pannelli di vetro sono stati spogliati e nella casa sono stati appesantiti. Un problema è stato risolto con l'aggiunta di acqua al paziente. Gli operatori sono stati onesti e attenti, e hanno fatto in modo che i pazienti si sentissero a proprio agio e si sentissero a proprio agio quando non si potevano dedurre i dati. Bly si è messo in contatto con altri pazienti e ha scoperto che alcuni di loro erano in perfetta sintonia con loro. Sui suoi commenti nella gestualità si sofferma:

C'è un comportamento che può dare più forza di questo comportamento? Qui c'è un gruppo di persone che si sono organizzate per essere generate. Voglio che gli artigiani che mi hanno aiutato a far crescere i miei padri, a far crescere i loro amici, a far nascere una famiglia volatile e dinamica sotto la sua testa, a farli crescere, a farli crescere e a farli passare da un'ora all'altra in una banca con un'ampia gamma di servizi, che si muova o si muova in direzione di queste ore, che non abbia nulla da lasciare in libertà e che non abbia nulla da lasciare in mano al mondo o a ciò che gli è capitato, che si muova in direzione di un'altra cosa, che si muova in direzione di un'altra cosa, che si muova in direzione di un'altra cosa, che si muova in direzione di un'altra cosa, che si muova in direzione di un'altra cosa, che si muova in direzione di un'altra cosa, e che si muova in direzione di un'altra cosa, che si muova in direzione di un'altra cosa, che si muova in direzione di un'altra cosa, che si muova in direzione di un'altra cosa. Due mesi dopo, i suoi occhi si trasformano in un involucro mentale e psichico.

...Mijn tanden klapperden en mijn ledematen waren ... verdoofd door de kou. Le trame mi hanno portato a due anni di acqua... e a un'altra in mezzo ai miei occhi, ai miei occhi e al mio cuore.

In dieci anni Bly è stato condannato alla pubblicazione del libro *"Il mondo"*. Il suo racconto, pubblicato in forma di boekvorm con il titolo *Ten Days in a Mad-House (Tien dagen in een gekkenhuis)*, ha suscitato una grande sensibilità e ha fatto il giro del mondo. In un'occasione, gli artisti e gli altri gestori hanno indagato per capire come sia possibile che siano stati generati alcuni tipi di scrivanie nel maling. Il gran giurì ha condotto un'indagine sulle omissioni nel gesto, in cui Bly è stato condannato a fornire assistenza. Nella relazione della giuria sono state descritte le dichiarazioni che il giornalista ha espresso. Il Dipartimento per l'assistenza ai detenuti e l'assistenza penitenziaria ha aumentato il suo budget per la cura dei malati di cancro di 850.000 dollari. Ha verificato anche che le ispezioni di prestigio sono più frequenti e che tutti gli uomini che si trovano nei luoghi di detenzione possono essere considerati come persone che si comportano in modo diverso.

Wereldreis

Nel 1888 Bly haar hoofdredacteur bij de *New York World* voor dat ze een reis rond de wereld zou maken om te proberen de fictieve *Reis om de wereld in tachtig dagen* voor het eerst tot een feit te maken. Un anno dopo, il 14 novembre 1889, alle 9:40 di mattina, la nave si mise a bordo dell'*Augusta Victoria*, una nave della Hamburg-America Line, e iniziò il suo viaggio di 40.071 chilometri.

Aveva con sé un bagaglio di giunchi, un'uniforme borsa da viaggio, una graffa da viaggio e una piccola borsa da viaggio con i suoi articoli da toeletta. La donna deposita la maggior parte del suo denaro (in totale 200 sterline in banconote e banconote inglesi, daarnaast nog wat Amerikaanse valuta) in una busta che la donna aveva acquistato per il suo letto.

Il giornale newyorkese *Cosmopolitan* sponsorizza la sua autrice Elizabeth Bisland, per far conoscere sia il periodo di Phileas Fogg che quello di Bly. Bisland deve cercare di far conoscere il mondo. Affinché l'interesse per la realtà sia vasto, *The World* organizzò un "Nellie Bly-Gokwedstrijd", in cui i lettori vennero invitati a ridurre il peso dell'aankomsttijd di Bly sulla seconda guerra mondiale. Il premio era un viaggio gratuito in Europa, ma questo fu trasformato in denaro per far partire il viaggio.

Durante la sua carriera Bly si recò in Inghilterra, in Frankrijk (dove Jules Verne si recò ad Amiens), a Brindisi, nel Suezkanaal, a Colombo (Ceylon), negli insediamenti dello Stretto di Penang e Singapore, a Hongkong e in Giappone. L'installazione di efficienti reti cablate onderzeese e la telegrafia elettrica hanno messo Bly in condizione di ricevere i propri resoconti, in modo da evitare che le lunghe spedizioni con la posta ordinaria possano essere verificate e da allora non più di due settimane.

Bly si è recato in un'area con stoomschepen e con il miglior percorso di trasporto, che si è trasformato in una vera e propria via di fuga, soprattutto nel settore asiatico del suo reis. In occasione di queste operazioni, il suo nome è stato portato in Cina e il suo nome è stato portato a Singapore.

Il 21 gennaio, a San Francisco, sul veliero *Oceanic* della White Star Line, due anni dopo il suo arrivo in America, Pulitzer ha noleggiato un treno privato, che è stato sostituito dalla Miss Nellie Bly Special. Ma *The World-eigenaar* Pulitzer noleggiò un treno privato, omgedoopt tot de *Miss Nellie Bly Special*, per far nascere il suo viaggio e ze fu portato in New Jersey il 25 gennaio 1890 alle 15:51.

"Tweeënzeventig dagen, zes uur, elf minuten en veertien seconden na haar vertrek uit Hoboken" (Due giorni di eventi, sei ore, cinque minuti e sei secondi nel suo viaggio verso Hoboken), Bly si trovava a New York. Aveva un'aarda da rondare. Bisland si trovava in un'oasi di mare Atlantico e si recò un giorno dopo a New York. Al pari di Bly, Bly aveva una gemma per l'aansluiting e si trovava a bordo di una nave lunga e povera (la *Botnia*) al posto di una nave piccola (l'*Etruria*). Il viaggio di Bly è stato un record mondiale, anche se in seguito è stato verbalizzato da George Francis Train, che lo ha realizzato in 67 anni. Fino al 1913 Andre Jaeger-Schmidt, Henry Frederick e John Henry Mears superarono il record, mentre l'ultimo raggiunse i 36 anni.

Latere jaren

Nel 1895 Nellie Bly trovò il costruttore milionario Robert Seaman, che aveva 40 anni in più. Si dedicò al giornalismo e divenne direttrice della *Iron Clad Manufacturing Co. che produceva* contenitori, tra cui fusoliere e teche. Nel 1904 ha lasciato il suo uomo. In questo stesso anno *Iron Clad* iniziò a produrre il tino per stalini, il cui modello era destinato alla produzione di contenitori da 55 galloni, che non sono mai stati utilizzati in tutti gli Stati Uniti. Se si considera che Nellie Bly ha utilizzato il tino, si deve tener conto del fatto che il suo utilizzatore originale, Henry Wehrhahn, è stato riconosciuto, e che in passato ha potuto utilizzare il tino per la sua produzione (brevetti USA 808.327 e 808.413). Nellie Bly fu anche un'altra persona a cui si deve il brevetto US 697.553 per un nuovo melkbus e il brevetto US 703.711 per un afvalopslagbus, insieme alla sua compagna Elizabeth Cochrane Seaman. Un anno fa era uno dei più importanti produttori di macchine da cucire nel Regno Unito, ma il fatto che i suoi operai gli avessero fatto perdere il controllo dei prodotti è stato causa di una crisi.

Ha iniziato a lavorare come pubblicista e ha scritto un articolo sull'Europa's Oostfront tijdens de Eerste Wereldoorlog, che riportava la Vrouwenkiesrechtparade del 1913. Il suo slogan per la parata era

"Suffragists Are Men's Superiors" ("Le Suffragette sono superiori agli uomini") ma ze voorspelde in haar verhaal ook "met een griezelige voorkennis" dat het nog tot 1920 zou duren eer vrouwen stemrecht zouden krijgen.

Nel 1916 Nelly trovò un padre che aveva un bambino da adottare e lo portò a casa di qualcuno. Il suo tipo era onesto e difficile da gestire, dato che era per metà giapponese. Gli ultimi sei anni li ha trascorsi in una casa di accoglienza gestita dalla *Chiesa per tutte le nazioni* di Manhattan.

Quando Bly si trasferì all'inizio della sua vita, si rivolse a Beatrice Brown, la sua nonnina, affinché si occupasse del bambino e di tutti gli altri bambini di cui aveva bisogno. Il suo interesse per i diritti umani può essere rafforzato dalle sue ispirazioni per le organizzazioni sociali del suo periodo.

Bly si è spento nel 1922 a 57 anni da un lungo periodo di lavoro presso il St. Mark's Hospital di New York. Ha una tomba di bronzo nel cimitero di Woodlawn, nel Bronx.

Punti salienti

- Nellie Bly, pseudonimo di Elizabeth Cochrane, iniziò la sua carriera nel 1885 nella nativa Pennsylvania come reporter del Pittsburgh Dispatch, al quale aveva inviato una lettera arrabbiata al direttore in risposta a un articolo che il giornale aveva stampato intitolato "A cosa servono le ragazze" (non molto, secondo l'articolo).
- I suoi primi articoli, sulle condizioni delle ragazze lavoratrici a Pittsburgh, sulla vita nei bassifondi e su altri argomenti simili, la segnalarono come una reporter di ingegno e preoccupazione.
- Il libro di Nellie Bly: Around the World in Seventy-two Days (1890) fu un grande successo popolare e il nome Nellie Bly divenne sinonimo di reporter donna di grido.

6. Marie Curie (1867-1934)

Prima donna a vincere un premio Nobel

"Nella vita non c'è nulla da temere, c'è solo da capire. È il momento di capire di più, per poter temere di meno".

Maria Salomea (Marie) Skłodowska-Curie (Warschau, 7 novembre 1867 - Passy, 4 luglio 1934) è stata una scienziata e naturopata di Pools-Frans. Fu un pioniere della radioattività, ricevette due premi Nobel e sviluppò gli elementi polonio e radio. Nella sua seconda patria, il Frankrijk, è conosciuta come Marie Curie e la sua fama è stata confermata con il nome di Madame Curie, che è anche il titolo della sua biografia scritta dalla sua compagna Ève.

Levensloop

Maria Skłodowska è nata il 7 novembre 1867 in Polonia. Era la più giovane dei cinque figli di Władysław Skłodowski (1832-1902) e Bronisława Boguska (1836-1878). I due padri appartenevano a famiglie disarmate che si erano trasferite in una terra lontana. La sua famiglia fu colpita dal decesso nel 1876 di sua figlia Zofia a causa di una malattia venerea e, due anni dopo, da quello di suo padre a causa della tubercolosi.

All'età di 15 anni, ze cum laude, si sottopose all'esame della scuola media, ma poco tempo dopo, a causa della depressione, fu costretto dal suo padre a trasferirsi in famiglia in un campo di campagna, dove ze een jaar met plezier verbleef. A causa delle lezioni russe nel 1863, l'ingresso in Polonia fu "gerussificato". Nelle università la lingua era russa, le piscine erano verbalizzate e i giovani erano in viaggio. Nel 1883, Maria Skłodowska non fu trasferita alla (non più Koninklijke) Universiteit van Warschau. Per sostenere i costi di mantenimento del bambino (che il suo padre aveva abbandonato) lavorò come assistente. Nel corso della sua carriera, Ze volle frequentare i college della clandestina Vliegende Universiteit van Warschau, una prestigiosa università "mobile" che ospitava i giovani di Poolse in Polonia, paese della Rus'.

Parijs

Con il suo vecchio amico Bronisława (Bronia), Maria si è fatta un'idea: Bronia va a Parijs per studiare medicina, mentre Maria lavora come operatrice. Con i suoi verdiensten, la ragazza si reca in Francia per un'ispezione della sua casa. Se Bronia è un'artista, Maria la porta a Parijs e la aiuta a sostenere i suoi studi. Tra il 1886 e il 1889 Maria lavorò come governante presso la famiglia Żorawski, dove era stata trasferita da Kazimierz Żorawski, il suo ultimo figlio. La famiglia ha bisogno di un aiuto per la sua famiglia con un figlio e un figlio che non ha bisogno di soldi. Ze verloor haar baan als gouvernante totdat ze een other betrekking vond bij de familie Fuchs in Sopot, aan de Oostzeekust.

Nel 1891 si trasferisce a Parijs per studiare scheikunde, natuurkunde e wiskunde alla Sorbona presso Gabriel Lippmann e Paul Appell. Nel 1893 Maria Skłodowska fu promossa alla licenza di natuurkunde come migliore del suo anno e nel 1893 ottenne la licenza in wiskunde. Op voorspraak van natuurkundedocent Lippmann mocht ze begin 1894 voor de *Société d'encouragement pour l'industrie nationale* (Genootschap ter bevordering van de nationale industrie) onderzoek doen naar de magnetische eigenschappen van gehard staal. Per questo lavoro gli fu assegnata una buona strumentazione e, tramite il professor Józef Kowalski, entrò in contatto con l'esperto di scienze naturali Pierre Curie, che all'École de

Physique et Chimie si occupò di magnetismo. Il 26 luglio 1895 si incontrarono con lui (su invito di Pierre Curie).

Radioattività

Nel 1897 Marie Curie iniziò il suo lavoro sul magnetismo delle pietre dure. Per la sua promozione iniziò a svolgere un'attività di ricerca sul versante dell'uraniostrale, come indicato da Becquerel. Marie scoprì in seguito che questi filamenti avevano un'unica caratteristica rispetto agli atoomkern e diede vita al nome di radioattività.

Il 25 giugno 1903 ha pubblicato alla Sorbona la sua tesi di laurea *Recherches sur les Substances Radioactives*, la prima tesi di laurea in scienze naturali scritta da una donna. Ha ottenuto il titolo di dottore con una valutazione *molto onorevole*. In quell'anno Marie e Pierre Curie ricevettero un premio Nobel per la natura "per il suo lavoro sui fenomeni stratosferici scoperti da Henri Becquerel". Becquerel ha vinto l'altra parte del premio. In occasione del conferimento del premio Nobel, Pierre Curie fu promosso a capo del laboratorio di scienze naturali della Sorbona.

Se Marie Curie è stata promossa e premiata come scienziata di fama mondiale, non è mai stata troppo convinta dell'importanza delle sue scoperte. Anche l'eminente fisico Lord Kelvin, da sempre amico di Pierre Curie, rese pubblica la sua teoria sulla radioattività. In una lettera aperta del 9 agosto 1906 al *London Times* scriveva, in un secondo momento, che il radio non era un elemento, ma piuttosto un legame tra sangue ed elio. A causa di questa critica, Curie, con l'aiuto del suo collega André-Louis Debierne, nel 1910, si mise a studiare il radio come elemento (a parte) nella tabella di Mendelejev.

L'11 maggio 1906, dopo la morte di Pierre Curie, la Facoltà della Sorbona ha dato il via a una nuova attività di insegnamento a Marie Curie. In quell'occasione fu nominato lettore. Fu l'ultima donna a frequentare la Sorbona. Nel 1910 Curie scrisse il *trattato di radioattività* (Verhandeling over radioactiviteit), in cui si presentò a tutti i suoi colleghi che avevano lavorato sulla radioattività. In datzelfde jaar slaagde ze erin radium te isoleren. Daarnaast heeft ze ook de eenheid voor radioactiviteit gedefinieerd, de curie; deze werd naar haar en haar man Pierre genoemd.

Langevin-affaire

Nel 1911, nel corso delle verifiche presso la Franse Académie des sciences, non è stato ancora riconosciuto come un nuovo coperchio. In una campagna di sensibilizzazione, i conservatori e i cattolici avevano riconosciuto alla vrijzinnige Curie il ruolo di ateo perdigiorno che, grazie al suo attacco alla piscina, non poteva essere considerato un francese. Si ipotizzò anche che Curie fosse un ebreo. In questo luogo fu ricoverato Édouard Branly, studioso di scienze naturali e pioniere della telegrafia digitale. 50 anni più tardi, una studentessa di Curie, Marguerite Perey, fu uccisa come l'ultima donna dell'Accademia.

Nel 1911, anno del suo secondo premio Nobel, Curie si recò al laboratorio di ricerca di Heike Kamerlingh Onnes. L'obiettivo di questo lavoro era l'effetto della temperatura elevata sulla radioattività. La radiomacchina che ze hierbij meenam si trova ancora nella zona del Rijksmuseum Boerhaave. In questi ultimi anni ha partecipato insieme al naturopata francese Paul Langevin alla Eerste Solvay Conferentie di Bruxelles. La sua relazione con l'esperto, ma sempre più inquietante, Langevin ha dato vita a una grande scissione nell'opinione pubblica di questa persona. Durante il suo viaggio a Parijs, un uomo importante si è messo a discutere. Per far fronte a un'agitazione verbale e fisiologica, Ze è costretto, insieme agli altri, a fare una battuta di fronte all'amica scrittrice Camille Marbo e all'amico di sempre, Émile Borel, che gli ha dato il benservito. La donna è sempre più depressa e si sente obbligata a lasciare il posto a Skłodowska. In hetzelfde jaar schreef Albert Einstein haar een brief waarin hij zijn verontwaardiging uitte over de manier waarop zij in Frankrijk behandeld werd na het verliezen van de verkiezingen voor de Académie en haar relatie met Paul Langevin.

Oorlogsjaren

Durante l'inaugurazione dell'Eerste Wereldoorlog, Curie si reca nella prima metà del 1914 in visita al battilista vlaamense Frans Daels e al suo avvocato d'eccezione, il ministro francese dell'Orologio Alexandre Miller, sul fronte dell'oorlogio a Westhoek. Con il supporto delle "ambulanze radiologiche" (autobus dotati di una dinamo e di una apparecchiatura a raggi infrarossi, in seguito denominate "le petites Curie"), Curie, insieme alla sua compagna Irène, e con l'aiuto della guida del cavallo francese Kruis, si reca in un ospedale del sud lungo il fronte.

Dopo il 1930, quando il Radiuminstituut fu sovrinteso dalla sua compagna Irène, Curie divenne il suo direttore. Nel 1934 morì nel sanatorio francese

Sancellemoz a 66 anni di età a causa di una leucemia, che fu ulteriormente aggravata dal fatto di essere stata colpita da un'enorme stralingodosi. Il paziente fu costretto a lasciare il suo uomo a Sceaux. Nel 1995 sono state sovrascritte al Panthéon le cappelle di Pierre e Marie Curie.

Werk

Maria Skłodowska ha lavorato per un metaalbedrijf, il suo primo lavoro in cui la radioattività ha un ruolo fondamentale. Nel dicembre del 1895 ha chiesto a Wilhelm Röntgen di effettuare uno studio sulla radioattività. Poco dopo, il francofortese Henri Becquerel ha scoperto che i minerali, come l'uranio, sono anche un'altra fonte di energia. Per verificare se altri materiali abbiano un'unica caratteristica, Marie testò tutte le altre materie prime che potevano essere utilizzate. Si scoprì che il torio, l'elemento più povero dell'uranio, era ancora più forte.

I migliori materiali radioattivi, denominati uranio, sono anche l'uraninio o il pekblende. Il pekblende è più radioattivo dell'uranio e del torio, ma non sono noti altri elementi radioattivi. La logica è che le bottiglie di pekblende sporen van een andere, onbekende, radioactie stof moest bevatten, die veel meer straling produceerde dan uranium. Inoltre, la sostanza stralingiforme contenuta nella pechina era un dato molto significativo, che veniva analizzato chimicamente da chiunque, e che era sempre più lontano grazie all'elettrocardiogramma di Pierre Curie.

Dopo la scuola elementare, Marie si reca a scuola in un luogo caldo e aperto, dove viene allestito un laboratorio di prim'ordine. Pierre e Marie Curie passarono diverse tecniche chimiche di schemi sul pekblende e si avvicinarono sempre di più al residuo che rappresentava la massima attività di filtraggio. In alcuni anni di lavoro onofoudelijk sono stati introdotti due nuovi elementi di scheggiatura.

L'ultimo elemento fu il polonio, che fu venduto nel paese di Marie, e il secondo il radio, a causa dell'intensa radioattività dell'elemento. Marie ha scommesso sul fatto che il polonio fosse molto più resistente del radio. Nel 1903 ricevette la medaglia Davy e nel 1904 la medaglia Matteucci. Nel 1914 fu fondato l'Istituto del Radium di Parijs.

Nobelprijzen

Nel 1903, insieme a Becquerel, l'ex marito Curie ottenne il Premio Nobel per la Natura. Grazie alla sua posizione di leader di Marie, Marie e Pierre Curie ricevettero un premio che non era personale.

Un anno più tardi Marie Curie ottenne il Nobel per la Scheikunde, che fu assegnato "come riconoscimento per le sue attività nel campo della scheikunde, per l'individuazione degli elementi radio e polonio, per l'isolamento del radio e per lo studio dell'aard e del samenstelling di questo elemento opmerkelijke".

Marie Curie è stata l'ultima donna a cui è stato assegnato un Nobel per la salute e uno dei dieci uomini che hanno ottenuto due Nobel (gli altri sono Linus Pauling, John Bardeen e Frederick Sanger) e uno dei due uomini che hanno ottenuto un Nobel per due discipline (Linus Pauling era l'altro).

Postume erkenning

Nel 1995 Curie è stata l'ultima donna che, a causa dei suoi propri verdi, è stata trasferita nel Panthéon di Parijs. Durante un periodo di iperinflazione, il suo reddito era pari a 20.000 złoty. Samen met haar man stond ze afgebeeld op het 500 Franse frankbiljet; ook werd er in 1997 een gouden munt geslagen van 500 frank met daarop op de voorzijde een afbeelding van het echtpaar Curie en op de keerzijde een vijzel met stamper en de tekst *Ra 226,0*, een verwijzing naar de isotoop $^{226}_{88}Ra$. Su questo isotopo è basato un indicatore di radioattività, il curie. Il valore del *curie* non è ancora stato calcolato in termini di fisiologia, ma è stato calcolato in termini di becquerel. Anche l'elemento curium (Cm) viene utilizzato per la produzione di energia.

A partire dal 1995 l'archivio è stato ricostruito con tutte le note e i documenti di Marie e Pierre Curie, portati dai suoi nazisti alla *Bibliothèque nationale di* Parijs. Poiché questi documenti erano sempre in contatto con i materiali radioattivi del laboratorio di Curie, sono diventati un'ottima fonte di informazioni. Questo non significa che la radioattività non rappresenti un problema; i pazienti che lo desiderano possono scrivere su un foglio di carta che attesti la presenza di rischi per la loro salute.

Punti salienti

- Marie Curie è stata una fisica francese di origine polacca, famosa per il suo lavoro sulla radioattività e due volte vincitrice del Premio Nobel.
- Con Henri Becquerel e suo marito, Pierre Curie, ricevette il Premio Nobel per la Fisica nel 1903.
- È stata l'unica vincitrice del Premio Nobel per la Chimica del 1911.
- Marie Curie è stata la prima donna a vincere un premio Nobel ed è l'unica donna ad averlo vinto in due campi diversi.

7. Sacagawea (1788?-1812?)

Interprete e guida dei nativi americani

---

*"Sono incredibili le cose che si trovano quando ci si prende
la briga di cercarle".*

Sacagawea (Contea di Lemhi, 1788 circa - Fort Lisa (Nebraska),
dicembre 1812), ook *Sacajawea* en *Sakakawea* genoemd, was een
indiaanse vrouw uit de Shoshone-stam. Il suo uomo e i suoi zii si recarono
a Fort Mandan per partecipare alla spedizione di Lewis e Clark. I due si
occuparono di questa spedizione come pedinamenti e aiuti durante la
conquista del territorio occidentale dei Verenigde Staten. Nel Verenigde
Staten è stato un simbolo della simpatia dei vescovi e dal 2000 ha iniziato
a lavorare su una delle munizioni effettive di un dollaro americano.

Biografie

Sacagawea nacque come Shoshone. Quando la donna era in età di circa
due anni e mezzo, fu contattata dai capi del nabucco Hidatsa-stam. Un
anno dopo incontrò l'ontdekkingsreizer francese Toussaint Charbonneau.
Nel 1804, il suo uomo fu chiamato da Meriwether Lewis e William Clark
per la sua spedizione, in cui Sacagawea era anche presente. Alla fine del

1805 gli fu affidato il Grote Oceaan. Nel settembre 1806 la spedizione giunse a Saint Louis.

A seguito di una spedizione, Sacagawea e il suo uomo trascorsero due anni presso gli Hidatsa. In seguito, gli uomini si trasferiscono presso i colonizzatori. Nel 1812, a Fort Lisa (Nebraska), presso il Missouri, viene gestita una difteria, in quanto la ragazza aveva 25 anni. Inoltre, sono presenti anche dati che indicano che ze è stato portato via dagli Shoshone nella riserva di Wind River, dove ze nel 1884 è stato catturato.

Punti salienti

- Sacagawea, scritto anche Sacajawea, si traduce in "donna uccello".
- Ridotta in schiavitù e portata nei loro villaggi Knife River vicino all'attuale Bismarck, nel Dakota del Nord, fu acquistata dal commerciante di pellicce franco-canadese Toussaint Charbonneau e divenne una delle sue mogli plurali intorno al 1804.
- Sacagawea non fu la guida della spedizione, come alcuni l'hanno erroneamente dipinta; tuttavia, riconobbe i punti di riferimento nel Montana sudoccidentale e informò Clark che il Bozeman Pass era la strada migliore tra i fiumi Missouri e Yellowstone per il viaggio di ritorno.

8. Ruby Bridges (nata nel 1954)

Attivista americano per i diritti civili

"Il razzismo è una malattia degli adulti e dovremmo smettere di usare i nostri figli per diffonderla".

Ruby Nell Bridges (8 settembre 1954) è stata iscritta alla William Frantz Public School di New Orleans, una scuola di base con studenti di colore chiaro.

Biografie

Ruby Nell Bridges è nata a Tylertown, nel Mississippi, come figlia di Aborn e Lucille Bridges. Quando Ruby aveva tre anni, si trasferì a New Orleans, in Louisiana. Il suo padre andò a lavorare in una discarica come operaio in una fabbrica di benzina, mentre la sua madre lavorò per aiutare la famiglia nel suo lavoro.

L'inizio della segregazione negli Stati Uniti

Nel 1960, le scuole di New Orleans sono state dotate di un'apertura per i bambini di colore nero. È possibile che l'integrazione di bambini di colore nero in scuole di colore nero sia possibile. Un test che dimostra che i bambini di colore nero non sono mai stati toccati. Ruby si sottopone a questo test, insieme a un'altra coppia di bambini. Tra i bambini ce ne sono due che frequentano la loro scuola, due vanno alla Mc Donaugh e Ruby alla William Frantz Public School. Il padre di Ruby ha deciso di far studiare la figlia a scuola, ma il padre la considera un'ottima soluzione per tutti i bambini di razza nana e può far lavorare l'uomo.

Il primo giorno di scuola

È stato esaminato l'aspetto gerechtelijk di tutti i modi di affrontare la situazione. Qui Ruby iniziò il suo periodo scolastico in una nuova scuola. Il 14 novembre 1960 Ruby si trasferisce alla William Frantz Public School insieme al padre, sotto la scorta degli sceriffi americani, per la prima volta alla William Frantz. Aan de schoolpoort werden ze opgewacht door een woedende menigte, mens schreeuwden racistische slogans. Ruby si accorge in seguito che i volkstoeloop e i pettegolezzi che hanno in mano sono stati denunciati al Martedì Grasso. Insieme a sua madre trascorre l'ultimo giorno nell'ufficio del direttore della scuola.

A partire dal momento in cui Ruby è entrata a far parte della scuola elementare William Frantz, i bambini biondi sono diventati la massa della scuola. Tutti gli studenti si rivolgono a una ragazza nuda, come Barbara Henry (originaria di Boston, Massachusetts). A partire dal secondo giorno, i ragazzi si rivolgono a Ruby, che, dopo un anno, diventa il suo unico compagno di scuola.

La protesta e le sue conseguenze

L'immensa protesta non può essere interrotta dal passaggio a scuola. Una ragazza ha dimenticato Ruby da vergognare, ma non si è avvicinata alla scuola e non ha potuto fare a meno di vedere le foto che le erano state consegnate. Il caso è sotto la scorta dei marescialli statunitensi.

I problemi della famiglia non tardano ad arrivare. Il padre di Ruby è stato licenziato. L'agricoltore presso il quale la famiglia ha aperto i battenti non ha perso tempo e ha dato a Ruby la possibilità di ricevere i suoi aiuti. I suoi genitori, che da 25 anni sono stati uccisi in una fattoria del Mississippi, si sono sentiti in colpa.

Alcuni uomini di colore si mettono in lista per partecipare alla protesta e portano i loro figli in una scuola di base, mentre altri uomini di tutta la regione offrono alla famiglia regali e regali. Un giorno il padre di Ruby riceve un sussidio come figlio. Altri passano ai parenti della famiglia o portano i tagliatori di bestiame nella loro fattoria. L'educatore Robert Coles fa conoscere Ruby durante il suo ultimo anno di vita a William Frantz. Una settimana dopo, Ruby si fa dare una lezione e le spiega come è andata a scuola. Scrive un libro per far conoscere ai bambini la storia di Ruby: "Bij het einde van het schooljaar was het protest grotendeels uitgedoofd en in september van het nieuwe schooljaar was het helemaal verdwenen. Ruby si è unita ad altri parenti in casa, oltre a lei anche altri parenti nani. Il problema è che il periodo migliore per l'integrazione scolastica dei bambini nani era il tappeto.

Gezin

Nel 1984 Ruby si è unita a Malcolm Hall e le due donne hanno dato vita a tre figli. Ruby ha lavorato per alcuni anni come agente di commercio, ma nel periodo in cui i suoi parenti sono arrivati a lavorare a tempo pieno in una casa di riposo. Nel 2005 Ruby Bridges ha costruito la sua casa a causa della distruzione dell'orca Katrina.

William Frantz

Quando Ruby, nel 1993, si rivolge ai genitori del fratello che ha perso la testa e lo porta a scuola, le donne si sentono in colpa. Non è necessario che la scuola sia un vero e proprio giudice. Tramite l'edizione del libro dell'autore Coles, Barbara Henry Ruby si mise in contatto con gli studenti e la scuola. In diversi giorni le donne vengono contattate in modo diverso. La scuola pubblica William Frantz è stata gravemente danneggiata dall'attacco dell'orso Katrina nel 2005. La Ruby Bridges School of Community Services & Social Justice si colloca nel cuore della scuola e si concentra sui problemi di salute e di sicurezza in cui si manifestano le differenze culturali e di dialogo.

La Fondazione Ruby Bridges

Questa associazione è stata fondata nel 1999 da Ruby. La missione della fondazione è quella di promuovere la tolleranza e il rispetto per tutti coloro che sono diversi. Zelf zegt ze het volgende: "racisme is een ziekte van volwassenen en we moeten ermee ophouden onze kinderen te gebruiken om ze te verspreiden".

Punti salienti

- Ruby Bridges, al secolo Ruby Nell Bridges, era la maggiore di otto figli, nata in povertà nello stato del Mississippi.
- Dei sei studenti afroamericani designati per integrare la scuola, Bridges fu l'unico a iscriversi.
- Il 14 novembre 1960, il suo primo giorno, fu scortata a scuola da quattro sceriffi federali.
- Bridges ha trascorso l'intera giornata nell'ufficio del preside, mentre i genitori irati entravano a scuola per prelevare i loro figli.

9. Greta Thunberg (nata nel 2003)
Attivista svedese per il clima

"Ho imparato che non si è mai troppo piccoli per fare la differenza".

Greta Thunberg (Stoccolma, 3 gennaio 2003) è una climatista zweedese.

Ze raakte bekend toen ze besloot om na de zomervakantie tot de Zweedse parlementsverkiezingen op 9 september 2018 elke schooldag te staken en met een protestbord buiten het Zweeds parlement post te vatten om aandacht te vragen voor de dreigende klimaatverandering. Na de verkiezingen staakte ze iedere vrijdag. Nel novembre 2018 ze verklaarde in een opiniestuk in *The Guardian* dit te zullen blijven doen totdat de politici het akkoord van Parijs zouden naleven.

Ispirazione

In een interview met Amy Goodman van *Democracy Now!* en later op haar Facebookpagina zei Thunberg dat het idee van een schooltaking voor het eerst bij haar opkwam na de Schietpartij op Stoneman Douglas High School op 14 februari 2018, toen een aantal jongeren weigerde nog naar school te gaan. Poco prima che le ze nel mese di maggio 2018 avessero ricevuto uno schrijfwedstrijd da *Svenska Dagbladet*, Bo Thorén del gruppo

Fossil Free Dalsland si è opposto alla necessità di un'iniziativa scolastica come azione. Greta ritiene che si tratti di un'idea eccellente, ma si chiede se non sia il caso di dare una mano agli altri leader della comunità e ai suoi amici. Per questo motivo, Greta vuole che il suo giardino sia aperto.

Greta Thunberg è stata licenziata il 20 agosto 2018, l'ultimo giorno della sua protesta, da *We Don't Have Time*, una start-up tecnologica di Zweedse con la guida dell'amministratore delegato Ingmar Rentzhog e con il sostegno della sua compagna Malena Ernman. L'associazione ha lo scopo di promuovere, attraverso i social media, l'investimento in investimenti climatici (Green New Deal). Greta Thunberg è da un paio di anni consulente speciale per il miglioramento della fondazione. Nel febbraio 2019 l'organizzazione *We Don't Have Time* ha dato il via libera all'iniziativa di Greta Thunberg e della sua famiglia.

Attivismo

Greta Thunberg è stata condannata per i suoi interventi scherzosi sui cambiamenti climatici. In occasione di un'azione di ongehoorzaamheid borghese per il parlamento britannico del 31 ottobre 2018, organizzata da *Extinction Rebellion*, Thunberg ha parlato di "una crisi grave e drammatica che non si è ancora manifestata, e che i nostri interlocutori gestiscono solo come piccoli parenti". Alla TED-conferentie del 24 novembre 2018 a Stoccolma Thunberg ha dichiarato: "Abbiamo fatto un discorso d'incoraggiamento e pratiche positive per un anno. E mi dispiace, ma è un po' troppo tardi. Had het geholpen, dan waren de emissies nu al gezakt - en dat is niet het geval".

Alla Klimaatconferentie di Katowice 2018, Thunberg ha fatto un'analisi approfondita dell'argomento e ha comunicato agli abitanti del sud "la necessità di sapere dove si trovano gli uomini" e "le ragazze non sono volgari e non sono in grado di capire la loro vita". Gli ultimi che si sono presentati sono stati portati da noi, i nostri parenti, oltre".

Il 23 dicembre 2018 zij è stato intervistato da Fareed Zakaria nel programma *GPS* della CNN, dove sono intervenuti politici, autorità di governo e diplomatici. Il 23 gennaio 2019 è arrivato a Davos, dove è stato invitato a partecipare al Forum economico mondiale. Dopo che Thunberg si è recato a Davos per una tregua di 32 ore, si sono presentati 1500 rappresentanti del settore privato.

Greta Thunberg funge anche da modella per le attività climatiche degli studenti (Spijbelen voor het klimaat) in Belgio, Duitsland e Zwitserland, nel gennaio 2019.

Il 21 febbraio 2019 Greta Thunberg si è recata a Bruxelles per partecipare insieme ad Anuna De Wever, Kyra Gantois e Adélaïde Charlier, i membri belgi di *Youth for Climate,* all'apertura dello zevende klimaatmars di oggi. La politica deve impegnarsi per far sì che i giovani siano coinvolti in un'azione di persuasione di massa. Nel pomeriggio Thunberg si reca a Bruxelles presso la Commissione europea con il presidente Jean-Claude Juncker. Venerdì 22 febbraio 2019 Thunberg, insieme alle altre Anuna De Wever, Kyra Gantois e Adélaïde Charlier, ha partecipato alla klimaatmars di Parijs e ha ricevuto la visita del presidente francese Emmanuel Macron insieme alle delegazioni belga e danese. Thunberg ha partecipato a una settimana di scuola in Svezia per recarsi alle klimaatmarsen di Anversa il 28 febbraio 2019 e di Amburgo il 1° marzo 2019. Se Thunberg si è recato a Berlijn per la *Goldene Kamera-gala,* il 29 marzo ha partecipato anche alla *manifestazione Fridays for Future*, dove si è recato a Brandenburger Tor con circa 20.000 persone.

Il 16 aprile 2019 Thunberg si reca al Parlamento europeo di Straatsburg per una riunione di gruppo. A Vlierwijk, nel centro di Bruxelles, è stato organizzato un incontro con Thunberg, con la partecipazione di Encq, anche se con Henk De Ruddere. Il 17 aprile 2019 Thunberg ha tenuto un incontro con il Paus Franciscus, che ha portato a Roma, in Sint-Pietersplein. Il giorno dopo Thunberg è stato invitato insieme ad altri organizzatori di iniziative per il clima (tra cui Anuna De Wever) a partecipare al Parlamento italiano e il venerdì si è recato a Roma per un incontro con le scuole per il clima, dove ha incontrato 25.000 studenti in Piazza del Popolo. In seguito Thunberg si è recato a Londra, dove il 21 aprile ha incontrato gli attivisti dell'Extinction Rebellion-beweging che hanno partecipato a un'azione di otto giorni a Londra. Il 23 aprile 2019 Thunberg ha tenuto un discorso nel Parlamento britannico.

Nel primo semestre del 2019 Thunberg ha chiesto che gli venisse concesso un anno di scuola (in Svezia il periodo di scuola è di un anno) e nell'agosto del 2019 Thunberg ha sorvolato l'Atlantische Oceaan per andare dalla città inglese di Plymouth a New York con la Malizia II, uno zeiljacht di circa 30 metri di lunghezza, tipo IMOCA 60-enkelrompsschip, equipaggiato con pannelli di zonazione e turbine d'acqua. Il reis è stato trasformato in un'operazione trans-atlantica neutrale di CO_2 e in una dimostrazione dell'importanza di Thunberg per il controllo delle emissioni. Si trattava di un'altra critica, visto che il progetto di legge prevedeva una buona quantità di CO_2 -uitstoot vero e proprio: per far sì che il bagagliaio si fermi, si dovevano sostituire le bemanningsleden in Europa; le bemanningsleden dovevano essere ricompensate con una buona quantità di CO_2 . L'evento durerà 15 giorni, dal 14 al 28 agosto 2019. Il 23 settembre 2019 Thunberg parteciperà al VN-klimaattop di New York e sarà presente anche alla COP 25-klimaatconferentie di Santiago (Cile) (2-13 dicembre 2019). Durante l'evento di New York, le donne saranno accompagnate da numerosi fan e attivisti per il clima, tra cui Alexandria Villaseñor (medeoprichter dell'*US Youth Climate Strike* e organizzatrice dell'*Earth Uprising*) e Xiye Bastida (una delle organizzatrici dei *Fridays for Future* di *New York*). Per cinque settimane la riunione e la discussione sono state pubblicate sul giornale. Il 30 agosto e il 6 settembre si è svolto un incontro con le scuole di New York sul clima. Il 13 settembre Thunberg, insieme ad altri attivisti, ha partecipato a un'iniziativa scolastica per il clima a Washington presso il Witte Huis e il 14 settembre è stato intervistato da Trevor Noah al Daily Show.

Il 23 settembre 2019, Thunberg ha presentato al Segretario generale António Guterres l'Algemene Vergadering van de Verenigde Naties de wereldwijd heersende bestuurders en volksvertegenwoordigers op scherpe toon ter verantwoording voor hun nalatigheid inzake daadkrachtig handelen tegen de klimaatcrisis. Inoltre, sono stati pesantemente danneggiati da una serie di gruppi di lavoro e di politici che si oppongono a un clima di crisi.

In een open brief, samen met Adélaïde Charlier en Anuna De Wever op 1 december 2019, kondigen ze aan dat verdere acties ondernomen zullen worden om de politici te overtuigen om in te gaan op de duidelijke vragen vanuit de wetenschappelijke wereld.

Nel periodo estivo Thunberg ha in programma di andare a scuola nel 2020-2021.

Informazioni e prezzi

Thunberg è stata condannata all'inizio di marzo 2019 in Svezia a essere considerata una "vittima di guerra", in seguito a un'inchiesta, secondo quanto riportato da *Aftonbladet*, un giornale della Zweedse. *Expressen*, un altro giornale di Zweedse, ha riportato Thunberg eerder ook al tot vrouw van het jaar uit. Il 13 marzo 2019 Greta Thunberg è stata nominata Nobelprijs voor de Vrede da Drie Noorse parlementsleden, Freddy André Øvstegård en twee andere leden van de Socialistische Linkse Partij, mentre all'inizio di febbraio è stata nominata anche dalla politica danese Lisa Badum. Il 30 marzo 2019 Thunberg ha ricevuto a Berlijn, in occasione del *Goldene Kamera-gala*, il *Sonderpreis Klimaschutz* e un altro giorno è stata nominata dalla *Swedish Women's Educational Association* (ofwel SWEA International, Inc.) come la donna svedese del giorno.

Il 2 aprile 2019 è stato reso noto che Thunberg ha vinto il *Prix Liberté* della regione francese della Normandia, un premio assegnato a giovani che si impegnano per la libertà e la giustizia. Il 12 aprile Thunberg ha vinto, insieme al Noorse milieuvereniging *Natur og Ungdom*, il Noorse Fritt Ords Pris.

Il 17 aprile 2019 si è riunito il gruppo Franciscus a Sint-Pietersplein. Gli ha fatto cenno di "unirsi allo Sciopero per il Clima", organizzato sulla base della Laudato Si'. Hij moedigde haar aan te gaan met haar actie. Anche lui si è presentato al Senato di Roma e ha partecipato a uno sciopero del clima.

Nell'agosto 2019 Thunberg ha vinto il *premio Game Changer Of The Year* della rivista britannica GQ. Il 16 settembre ha consegnato a Thunberg (insieme a *Fridays for Future*) a Washington il premio "Ambasciatori della coscienza" (*Ambassadeurs* van het Geweten) di Amnesty International, consegnato da Kumi Naidoo, segretaria generale dell'organizzazione per la tutela dei diritti umani.

Nel 2019 è stata individuata una specie di *Nelloptodes gretae*. Nel 2020 è prevista anche un'altra verifica nel paese di Thunberg: *Craspedotropis gretathunbergae*.

Nel 2019 si aggiungono anche i premi di bilancio del Consiglio Nordico, il cui partenariato tra i parlamenti del Regno Unito, della Finlandia e della Svezia è stato promosso. Ha aumentato il premio di 350.000 corone deensi (circa 46.800 euro) e ha aggiunto che la regione nordica, grazie alle buone ispirazioni per il clima e l'ambiente, è energeticamente indipendente.

Il 20 novembre 2019 Thunberg, insieme a Divina Maloum, si aggiudica l'Internationale Kindervredesprijs. Ze kon zelf de prijs niet in ontvangst nemen omdat ze bezig was aan een overtocht van de Verenigde Staten naar Europa per zeilboot op weg naar de Klimaatconferentie van Madrid 2019.

L'11 dicembre 2019 Thunberg è stato inserito nella rivista Time come *persona di riferimento per l'anno 2019*.

Nel 2020 Thunberg ha ottenuto un premio di un milione di euro dalla Calouste Gulbenkian Stichting di Lissabon e ha deciso di destinarlo a un'opera di bene, iniziando con 100.000 euro al *Stop Ecocide-beweging* e alla SOS Amazonia-campagne dell'associazione brasiliana *Fridays for Future*.

Nel 2021 la Zweedse post ha aperto un postzegel con Thunberg, con una serie di osservazioni sull'ambiente.

Film

Nel 2020 è uscito *I am Greta* in de bioscopen, un film-documentario. Il film è stato girato a partire dal suo primo giorno di scuola fino al momento in cui, in qualità di attivista di guerra con il suo leader per la guerra razziale dell'Atlantische Oceaan, ha superato il momento. A New York City si svolge l'assemblea delle nazioni unite. Il film si è aggiudicato il premio per il cinema di Zurigo 2020.

Famiglia e privato

La madre di Thunberg è Malena Ernman, un'attrice zweedse che ha partecipato all'Eurovisiesongfestival 2009. Il suo padre è Svante Thunberg, un attore, nato da Svante Arrhenius, un suo predecessore. Arrhenius vinse nel 1903 il Nobel per la scienza per le sue teorie sulla dissociazione elettrolitica.

Greta Thunberg era da sempre molto impegnata nell'ambiente e nella vita sociale. Per eliminare la dipendenza dal koolstofvoeta, ha deciso di adottare misure vegane, di consumare e di non avere più a che fare con il cibo.

In occasione della TEDx Conferentie di Stoccolma del novembre 2018 è stata presentata la sua diagnosi di stoornismo ossessivo-compulsivo, mutismo selettivo e sindrome di Asperger. Zij verklaart de verbetenheid van haar engagement ten dele van het haar autisme.

Punti salienti

- A Greta Thunberg, al secolo Greta Tintin Eleonora Ernman Thunberg, è stata diagnosticata la sindrome di Asperger, oggi considerata un disturbo dello spettro autistico (ASD).
- Oltre al suo lavoro a favore dell'ambiente, Thunberg ha avuto il merito di sensibilizzare l'opinione pubblica sull'Asperger e di ispirare coloro che soffrono di questo disturbo.
- Pur riconoscendo che l'Asperger l'ha ostacolata in alcuni modi, ne ha anche sottolineato i vantaggi, twittando a un certo punto: "Ho l'Asperger e questo significa che a volte sono un po' diversa dalla norma. E, nelle giuste circostanze, essere diversi è un superpotere".
- No One Is Too Small to Make a Difference (2019) è una raccolta dei suoi discorsi.
- Il documentario I Am Greta è apparso nel 2020.

10. Jane Goodall (nata nel 1934)
Primatologo, etologo e antropologo britannico

---

*"Il minimo che possa fare è parlare per coloro che non
possono parlare per se stessi".*

Valerie Jane Morris-Goodall (Londra, 3 aprile 1934) è un'antropologa e
biologa inglese, specializzata in etologia e primatologia. È noto per i suoi
studi approfonditi sulla vita sociale e familiare degli scimpanzé, che ha
studiato nel Parco nazionale del torrente Gombe in Tanzania. È direttore
del Jane Goodall Institute e del programma giovanile Roots & Shoots.

Levensloop

Goodall era la prima figlia di Mortimer Herbert Morris-Goodall e Margaret
Myfanwe "Vanne" Joseph. La sua bambina, Judy, è nata nel 1938. Nel
periodo in cui i suoi genitori sono nati, i due si sono trasferiti da suo padre
a Bournemouth, in Inghilterra.

Goodall è stato fin da quando era bambino geïnteresseerd in dieren. Nel
1957 e nel 1958 lavorò come segretaria per l'antropologo Louis Leakey in
Kenya. Grazie al suo impegno a favore delle persone, Leakey ha iniziato a
lavorare per l'evoluzione dell'uomo. Questo ha reso noto che Goodall ha
studiato gli scimpanzé del Gombe Stream National Park a partire da luglio
1960. Questo studio è stato avviato da circa un anno ed è tra i più
importanti studi sugli scimpanzé selvatici del mondo.

Leakey ha deciso di partire anche per il fatto che Goodall si è trasferito nel
Regno Unito, dove nel 1965 ha conseguito il dottorato in etologia presso il
Newnham College dell'Università di Cambridge. Ha voluto che questo
aspetto fosse ancora più importante.

Goodall ha fatto due viaggi: il primo nel 1964 con il fotografo naturalista
Hugo van Lawick. Si è spento nel 1974. Il suo figlio Grub è nato nel 1967.
Da allora Goodall incontrò Derek Bryceson, un funzionario del parlamento
della Tanzania. Bryceson è stato dalla metà degli anni '70 fino alla sua
morte, avvenuta nel 1980, direttore dei parchi nazionali della Tanzania.

Bijdrage di tipo tecnico

Una delle più importanti scoperte di Goodall è stata quella di aver scoperto
che gli scimpanzé fanno e costruiscono prodotti. Alcuni scimpanzé si
costruiscono i legami e si scambiano i legami per farli funzionare. I gemelli
si trovano in gaten gestoken, dove si trovano i termieten. Il gemello viene
alimentato con i terminali e viene trasportato e messo a disposizione degli
scimpanzé. A questo punto è stato deciso di utilizzare solo uomini che
lavorano in questo modo.

Inoltre, gli scimpanzé hanno deciso di fare un giro di campo e di incontrare
altri scimpanzé e gruppi di scimpanzé.

In relazione alla pratica sempre più diffusa dell'apprendimento dei numeri,
Goodall ha dato un nome ai suoi amici. Questa affermazione è una rottura
con la tradizione umoristica tradizionale, che è stata molto discussa per
quanto riguarda le descrizioni del dramma degli scimpanzé in termini di
emozioni e di movimenti umani. Il suo benessere è sempre più crudele e
viene giudicato dagli etologi come un'attività di alto livello.

Jane Goodall è a favore dell'uomo e del suo benessere (il Progetto Grandi
Scimmie). Dal 2002 è ambasciatrice del Verenigde Naties. È stata
nominata dama comandante dell'Ordine del Regno Unito (DBE) in
occasione di una cerimonia a Buckingham Palace nel 2004. Nel gennaio
2006 Goodall ha ricevuto per le sue ispirazioni lo zestigste
verjaardagsmedaille dell'UNESCO.

Su di lui e sul suo lavoro sono stati realizzati film e numerosi documentari.
C'è anche un'orchidea in casa sua: *Dendrobium goodallianum.*

197

Istituto Jane Goodall

Nel 1977 Goodall ha aperto il Jane Goodall Instituut. Il Jane Goodall Instituut è presente in più di 30 paesi e si adopera per la tutela degli scimpanzé e dei loro allevamenti. Il Jane Goodall Instituut opera insieme ad altre associazioni locali in Africa.

Pubblicazione di optreden

Jane Goodall ha presentato al TED-bijeenkomst del marzo 2007 una relazione sulle grandi differenze tra uomini e uomini. TED è uno degli eventi in cui Goodall ha avuto molto da fare. Le sue lezioni pubbliche si tengono anche in altre piazze e luoghi, come il Commonwealth Club, diverse università internazionali, riserve naturali e il suo stesso Jane Goodall Institute.

Goodall si sofferma anche sull'impatto negativo dell'uomo sulla natura e sul clima. Il suo istituto di appartenenza si impegna a favorire una collaborazione duratura tra l'uomo e la natura.

Punti salienti

- Jane Goodall, al secolo Jane Goodall, si è interessata al comportamento degli animali fin dalla più tenera età, lasciando la scuola all'età di 18 anni.
- Lavora come segretaria e come assistente alla produzione cinematografica fino a quando non ottiene il passaggio per l'Africa. Una volta lì, Goodall iniziò ad assistere il paleontologo e antropologo Louis Leakey.
- Nel 1965 l'Università di Cambridge ha conferito a Goodall un dottorato di ricerca in etologia; è stata una delle pochissime candidate a ricevere un dottorato senza aver prima conseguito una laurea.
- Goodall ha scritto una serie di libri e articoli su vari aspetti del suo lavoro, in particolare In the Shadow of Man (1971).
- Goodall ha continuato a scrivere e a tenere conferenze su questioni ambientali e di conservazione fino all'inizio del XXI secolo.

11. Mary Seacole (1805-1881)

Infermiera ed eroina della guerra di Crimea

---

*"Se non mi è permesso di raccontare la storia della mia
vita a modo mio, non posso raccontarla affatto".*

Mary Jane Seacole (Kingston, 1805 - Londen, 14 mei 1881) è stata una
scrittrice e ricercatrice giamaicana del periodo del Krimoorlog.

Viaggio nel Caraibi

Mary Jane Seacole nacque a Kingston come figlia del soldato scozzese
James Grant e di una giovane donna giamaicana. La sua madre era un
genetista famoso per i suoi metodi genetici caraibici e afrikaanesi. Da sua
madre ha imparato a conoscere anche la borsa di controllo. Nel 1821 ze
ha ottenuto il suo primo viaggio a Londra per andare in Giamaica, dove ha
iniziato a lavorare per la prima volta. Nel 1836 conobbe Edwin Horatio
Hamilton Seacole; secondo la biografia di Mary Seacole, Jane Robinson,
era un tipo onesto del britannico Horatio Nelson.

Nel 1851 Mary Seacole si reca a Panama, a due passi da Nieuw-Granada, dove vive il suo fratellastro. A breve distanza dal suo abbandono, il fratello fu colpito da un'epidemia di colera. Da allora, con grande successo, ha cercato di controllare le zieken e ha iniziato a lavorare in Giamaica per poi tornare a Panama dopo due anni, per far conoscere le sue zieken aldaar af. Per il suo viaggio ha pubblicato le notizie sul Krimoorlog e ha chiesto a lui di essere ascoltato come vicesceriffo per poter lavorare come giornalista.

Krimoorlog

Con l'aiuto dei suoi fondi personali, la donna si trasferisce a Krim. A Londra crea una partnership con Thomas Day, prende in consegna i beni aldaari e li fa partire per Constantinopel. Durante una sosta nell'isola di Malta, Seacole si rivolge a un ufficiale che si trovava al fronte e che le ha inviato un rapporto su Florence Nightingale. Si spostò quindi verso il campo di concentramento britannico di Balaklava.

Con l'ausilio di un impianto di scarico e di piastre di scarico, la struttura ha aperto a Kadikoi, a un chilometro di distanza da Sebastopoli, il British Hotel. In questo luogo la Seacole si occupò dei suoi pazienti. Anche lui si dirigeva verso il fronte, come venditore, per far bere ai soldati un po' di vino. Anche nella valle di Sebastopoli si è dato da fare con le sue officine. Quando nel 1856 venne istituita la Vrede van Parijs e le truppe si liberarono del paese, Mary Seacole fu l'ultima ad essere liberata dalla regione. Durante il suo periodo di permanenza a Krim, Mary Seacole aveva contribuito a creare una grande quantità di risorse finanziarie.

Latere leven

Na de oorlog keerde ze terug naar Londen waar ze in augustus 1856 failliet werd verklaard. Fu istituito un fondo per la sua attività e fu organizzato un grande festival nei Royal Surrey Gardens per ottenere un compenso. Nel 1860 Mary Seacole si convertì al cattolicesimo e partì per la Giamaica. Quando, dieci anni più tardi, le donne si trasferirono nella cittadina britannica di Rijk, vennero avvertite che la loro salute medica poteva essere conservata al fronte dell'Oorlog franco-duese. Nel 1872 Seacole fu la massaggiatrice personale del principe del Galles, Alexandra van Denemarken, che aveva già lavorato in passato. Nel 1881 Seacole morì di apoplessia nella sua casa vinta e venne uccisa nel cimitero cattolico di St Mary a Kensal Green.

200

Punti salienti

- Nel 1836 Mary Grant sposò Edwin Horatio Seacole e durante i loro viaggi alle Bahamas, ad Haiti e a Cuba aumentò la sua conoscenza delle medicine e dei trattamenti locali.
- Dopo la morte del marito, nel 1844, fece ulteriore esperienza infermieristica durante un'epidemia di colera a Panama e, tornata in Giamaica, si occupò delle vittime della febbre gialla, molte delle quali erano soldati britannici.
- Nonostante la sua esperienza, le offerte di servire come infermiera dell'esercito furono rifiutate e lei attribuì il rifiuto al pregiudizio razziale.
- Nel 1855, con l'aiuto di un parente del marito, si recò in Crimea come vivandiera, allestendo il British Hotel per vendere cibo, provviste e medicinali alle truppe.

12.   Jane Austen (1775-1817)

Romanziere inglese

"Devo imparare ad accontentarmi di essere più felice di quanto meriti".

Jane Austen (Steventon, 16 dicembre 1775 - Winchester, 18 luglio 1817) è stata una scrittrice inglese di romanzi di spicco, il cui lavoro è entrato a far parte del canone letterario occidentale. La forma e l'aspetto drammatico dei suoi romanzi creano un forte contrasto con la sua vita da mercante, che ha portato alla realizzazione di un lavoro.

Il suo realismo, i suoi commenti sociali e l'uso di un metodo indiretto di redistribuzione, un metodo che non è stato sfruttato a sufficienza, hanno fatto sì che fosse riconosciuto come uno degli scrittori più conosciuti e più interessanti della letteratura inglese.

Levensloop

Austen è cresciuta in una zona di confine nelle regioni dell'Engelse Adel. È stata accolta dal suo padre e dai suoi fratelli. Ook leerde ze veel door veel te lezen. L'onnipresenza della sua famiglia fu di fondamentale importanza per la formazione di Austen come scrittrice professionista. La Austen si è trovata a lavorare come scrittrice di opere d'arte e ha iniziato a lavorare per più di cinque anni. In questo periodo sperimentò diverse forme letterarie, tra cui anche il romanzo breve, che però non fu mai preso in considerazione. L'unico romanzo breve di cui parlava era *Lady Susan*. Ha scritto (e ha scritto) due romanzi più recenti e ha iniziato a scriverne uno più recente. Dal 1811 al 1816 ebbe successo come scrittore con i romanzi *Ragione e sentimento* (1811), *Orgoglio e pregiudizio* (1813), *Mansfield Park* (1814) ed *Emma* (1816). Ha scritto altri due romanzi, L'*Abbazia di Northanger* e *Persuasione*; questi sono stati pubblicati nel 1818. Un romanzo è stato pubblicato perché le donne si sentissero in colpa per il fatto di averli affrontati; l'ultimo si intitola *Sanditon*.

Le opere della Austens costituiscono una reazione critica ai *romanzi sentimentali*, un genere letterario che nel secondo dopoguerra era molto popolare. I suoi libri rappresentano un punto di partenza per un approccio alla realtà negativa. Le trame di Austens (essenzialmente domestiche) si basano su un periodo sterile in cui le donne, per garantire il loro status sociale e la loro sicurezza economica, si sono sentite in colpa. I suoi libri sono stati pubblicati su altri testi attuali, come quelli di Samuel Johnson, uno dei più importanti lavori di questo autore.

Se Austen ha voluto pubblicare un anonimo, il suo lavoro ha avuto un successo durante la sua vita e ha ricevuto solo poche critiche positive. Nel 1869 James Edward Austen-Leighs pubblicò il suo libro *Memoir of Jane Austen*. Il libro era noto da tempo, ma a metà della seconda metà dell'Ottocento Austen era sempre considerata nel mondo accademico come una "grande scrittrice engelsiana". Nel secondo semestre della seconda metà dell'Ottocento si sviluppò il dibattito sull'esistenza della Austens e nacque una schiera di fan che si definirono "Janeites". La sua vita è stata raccontata e filmata, tra l'altro nel film *Becoming Jane* con Anne Hathaway nel ruolo di protagonista. Nel film *Miss Austen regrets*, con Olivia Williams nel ruolo di protagonista, è stato messo al centro del film il suo proprio destino (di cui si è parlato in precedenza). I suoi libri sono stati pubblicati con molti talenti, ma gli spettacoli televisivi e i film sono stati il punto di forza della sua popolarità. Nel 2015, in *Love Finds You in Charm (Ohio)*, la moglie amish di Emma Miller ha pubblicato una serie di libri di Austen.

Brieven

Sono disponibili poche informazioni sulla vita di Jane Austen. Sono stati pubblicati circa 160 dei 3000 libri della sua famiglia. La sua famiglia, Cassandra, a cui si deve il riconoscimento dei più grandi raccolti, ha controllato la maggior parte dei raccolti di Janes e ha censurato l'esiguo numero di quelli che sono stati raccolti. La parte più importante del materiale biografico, che nella prima decade della sua vita è stato raccolto, riguarda la sua famiglia e fornisce il punto di vista soggettivo della famiglia, che si basa su "de aardige en rustige tante Jane". I lettori hanno a disposizione altre poche informazioni.

Famiglia

I padri di Jane Austen, William George Austen (1731-1805) e la moglie Cassandra (1739-1827), appartengono a famiglie diverse. George faceva parte di una famiglia di fabbricanti di lupi che, grazie al suo padrone, era riuscita a raggiungere i ranghi più alti del paese. Cassandra era una donna della famiglia Leigh, un baronetto di Stoneleigh. Si è sposata il 26 aprile 1764 a Bath. Tra il 1765 e il 1801, quindi dopo una parte consistente della vita di Janes, il padre George divenne prete nella parrocchia anglicana di Steventon, nell'Hampshire, e in un'altra contea. Tra il 1773 e il 1796, il padre di Janes volle che i suoi figli fossero accolti in un'area di proprietà e che i suoi figli fossero a loro volta accolti in un'area di costo.

La famiglia di origine della Austens era molto numerosa: due fratelli (James (1765-1819), George (1766-1838), Edward (1767-1852), Henry Thomas (1771-1850), Francis William (Frank) (1774-1865), Charles John (1779-1852)) e un'altra, Cassandra Elizabeth (1773-1845), che si è sposata con Jane. Cassandra era la migliore amica di Jane e la sua famiglia. Tra i suoi fratelli Jane aveva un ottimo rapporto con Henry, che in seguito fu banchiere e, dopo il fallimento della banca, predikant anglicano. Henry era anche l'agente letterario di suo padre. Nel quadro di una cerchia di amici e parenti a Londra, si formarono banchieri, impiegati, disegnatori e attori, e lui diede a Jane una mano a inserirsi in un'organizzazione sociale che, normalmente, si sarebbe potuta creare nel territorio dell'Hampshire. Janes broer George ging al op jonge leeftijd het huis uit en woonde bij een plaatselijke familie, omdat, zoals biograaf Le Faye beschrijft, George "geestelijk abnormaal" was en "onderhevig aan aanvallen". Era anche un po' scemo. Charles e Frank si trasferiscono nella marina e si aggiudicano il grado di ammiraglio. Edward è stato trasferito da Thomas Knight, un suo nipote; nel 1812 ha cambiato il suo nome in un altro paese.

Punti salienti

- Il primo dei suoi romanzi pubblicati durante la sua vita, Ragione e sentimento, fu iniziato intorno al 1795 come romanzo-lettera intitolato "Elinor e Marianne", dal nome delle sue eroine. Nel frattempo, nel 1811 Austen aveva iniziato Mansfield Park, che fu terminato nel 1813 e pubblicato nel 1814.
- Di tutti i romanzi della Austen, Emma è quello dal tono più costantemente comico.
- La perdurante popolarità dei libri della Austen è testimoniata dai numerosi adattamenti cinematografici e televisivi delle sue opere.
- Orgoglio e pregiudizio è stato adattato in un film del 1940 con Greer Garson e Laurence Olivier, in una miniserie (1995) con Jennifer Ehle e Colin Firth e in un film (2005) con Keira Knightley e Matthew Macfadyen.

13.   Coco Chanel (1883-1971)
Stilista francese

"L'atto più coraggioso è ancora quello di pensare con la propria testa. Ad alta voce".

Coco Chanel (werkelijk naam **Gabrielle Chasnel**) (Saumur, 19 agosto 1883 - Parijs, 10 gennaio 1971) è stata un'attrice francese di moda femminile e un'imprenditrice del marchio Chanel. Nell'Eerste Wereldoorlog Chanel si unì ad alcuni stilisti, tra cui Paul Poiret, per far sì che il personaggio più famoso della moda maschile venisse trasformato in un personaggio più casual e sportivo. Chanel è considerata la più importante azienda di moda del mondo. Il marchio non si limita a produrre prodotti di moda, ma offre anche articoli di abbigliamento, passamanerie e profumi. Il suo profumo di successo, Chanel N°5, è stato un prodotto iconico. Chanel si è guadagnata il titolo di primo produttore di moda nella lista dei personaggi più famosi degli anni '20, pubblicata da *Time*.

Levenstijd

Negli ultimi due anni Chanel era conosciuta come la "regina della moda". "L'eleganza non è una caratteristica di un nuovo marchio. Sono elegante, se sono elegante". Nel 1918 apre una casa al *31 di rue Cambon* a Parijs.

Nel 1921 apre la sua prima "modeboetiek" e vi vende articoli di abbigliamento, accessori e vestiti. Tra il 1921 e il 1926 Chanel ebbe una relazione con il disegnatore Pierre Reverdy. Nel 1927 gli vengono costruiti altri due appartamenti in Rue Cambon, dal numero 23 al numero 31. Si trattava di una donna che aveva un carattere *garibaldino*: indossava abiti da donna in tessuto e plooirokken con una linea vertiginosa, e indossava abiti con gancetti e fasce per capelli.

Paul Poiret, che per il suo furore ha creato delle creazioni di lusso, ha definito lo stile di Chanel "*misérable de luxe*". Ha messo in mostra le sue collezioni esotiche con un'avondjurkje minimalista e semplice, uno dei prodotti più famosi di Chanel.

Nel maggio 1921 Chanel lancia il profumo Chanel N°5, uno dei profumi più famosi e, in particolare, l'ultimo profumo artistico che le donne non hanno mai provato. Chanel ha detto che: "Een vrouw moet ruiken als een vrouw en niet als een roos".

Negli anni '50 fu introdotto il modello deux-pièce, noto anche come chanelpakje, e il modello handtas con schouderriem 2.55 (naar de introductie in februari 1955). Il tutto si è svolto nel corso degli ultimi anni.

Il suo stile era in linea con gli altri nomi più importanti del mondo della moda, come il suo nome di battesimo Elsa Schiaparelli, che si trovava nella clinica.

Chanel ha aperto i battenti a 87 anni in una suite dell'Hôtel Ritz di Parijs. La moda di Chanels si è sviluppata anche nei suoi anni successivi, in mezzo all'impero della moda Chanel, grazie al couturier Karl Lagerfeld (1933-2019).

Collaborazione

Chanel ha avuto una relazione con Walter Schellenberg, generale del Reichssicherheitshauptamt, durante il periodo della Duitse bezetting in Frankrijk. Hal Vaughan scrive nella sua biografia *Sleeping with the Enemy: Coco Chanel's Secret War* (2011) che Chanel collaborò con il Duitse bezetter e che ze een verhouding had met baron Hans Günther von Dincklage, een Duits officier die "in groot aanzien stond bij Adolf Hitler en Joseph Goebbels". Volgens de schrijver Franck Ferrand, die meewerkte aan de Franse documentairereeks *L'ombre d'un doute*, zou een document van het Franse Ministerie van Defensie bewijzen dat Chanel, onder codenaam *Westminster*, spioneerde voor de Abwehr, de Duitse Militaire Inlichtingendienst. Chanel, secondo Vaughan, ha fatto un'offerta per far nascere il proprio figlio André Palasse nel campo della giustizia. In seguito, si è dovuto ricorrere alle relazioni con il nazismo per far sì che il profumo Chanel n°5, che ze nel 1924 aveva acquistato, venisse venduto alla famiglia Joodse Wertheimer.

Nel settembre del 1944 Chanel è stata arrestata, ma è stata anche venduta a un altro gruppo di persone. In questo caso, la porta è stata aperta da "Winston Churchill, il suo amico". Ze vluchtte met von Dincklage naar Zwitserland, vanwaar ze pas in 1953 of 1954terugkeerde naar Parijs.

In film

Il film *Coco avant Chanel* (2009) illustra la vita di Chanel, che si è affermata come imprenditrice di moda. Il film è interpretato da Audrey Tautou. In questo stesso anno viene pubblicato anche il film *Coco Chanel & Igor Stravinsky*, tratto dal libro *Coco & Igor* di Chris Greenhalgh. Questo film è molto interessante dal punto di vista tecnico per quanto riguarda *Coco avant Chanel* e si riferisce a ciò che è successo. Chanel è interpretata da Anna Mouglalis.

Punti salienti

- Coco Chanel nasce in povertà nella campagna francese; la madre muore e il padre la abbandona in un orfanotrofio.
- I modelli elegantemente casual di Coco Chanel hanno ispirato le donne della moda ad abbandonare gli abiti complicati e scomodi, come sottovesti e corsetti, che erano prevalenti nell'abbigliamento del XIX secolo.
- Dopo la sua morte, avvenuta nel 1971, la maison Chanel è stata guidata da una serie di stilisti, di cui il mandato di Karl Lagerfeld (1983-2019) è stato il più lungo e influente.
- L'accorta comprensione di Chanel delle esigenze della moda femminile, la sua ambizione imprenditoriale e gli aspetti romantici della sua vita - l'ascesa dagli stracci alla ricchezza e le sue sensazionali relazioni amorose - hanno continuato a ispirare numerosi libri

biografici, film e opere teatrali, tra cui il musical di Broadway del 1970 Coco con Katharine Hepburn.

14.   Frida Kahlo (1907-1954)
Pittore messicano

"Non dipingo sogni o incubi, dipingo la mia realtà".

Magdalena Carmen Frida Kahlo y Calderón (Coyoacán, 6 luglio 1907 -
Aldaar, 13 luglio 1954) è stata una artista messicana surrealista.

Biografie

Kahlo è nata a Coyoacán, in un quartiere della Città del Messico. La sua
madre era la cattolica Matilde Calderón. Il suo padre Guillermo (Wilhelm)
Kahlo era un protestante ducale. Per quanto riguarda Kahlo stesso, si
trattava di un giovane ducale di Hongaarse, ma la cosa non è affatto
chiara. Ha avuto due figli, due dei quali hanno conosciuto María Cardena.
Ha lavorato come fotografo, in opere di architettura e, soprattutto, per il
governo di Porfirio Díaz, che gli ha fatto pagare un prezzo altissimo.
Durante la Rivoluzione messicana ha avuto un'esperienza che gli ha
permesso di aprire gli occhi su di lui.

Nel 1913 Frida fu colpita da un'emorragia di bambini a causa di
un'infermiera che la perseguitava. Questo fu il punto di partenza di un
gran numero di complessi che le donne dovettero affrontare nel corso

della loro vita. L'ultimo naakt di haar risale al 1930 e si trova su uno sgabello, haar magere been onder het andere, zodat haar handicap niet opvalt. L'opera è stata realizzata da Diego Rivera, il suo ex genitore.

Quando, nel 1922, il suo padre si iscrisse alla prestigiosa Nationale Voorbereidende School, lui si mise a studiare medicina. I lettori si interrogano su un nuovo Messico e si rendono conto che le norme culturali europee, ormai allineate, vengono trasferite alla cultura interna e a un "messicanismo" più autentico. Il suo ultimo figlio è stato accolto da uno degli studenti della scuola.

Il 17 settembre 1925 l'autobus con cui la giovane Kahlo e il suo fidanzato Alejandro Gómes si recarono a Città del Messico fu messo in pericolo da un tram. Una stecca si stacca dal lichaam di Kahlo e la fa uscire dalla vagina. I suoi nastri e il suo cappuccio sono stati strappati, la sua coperta è stata strappata in più parti, la sua coperta è stata strappata in più parti e la sua coperta è stata trasformata. Maandenlang doveva essere a letto, con i pantaloni e la cintura, e non poteva essere girato verso i piedi. Le manca solo il tempo per smaltire. La madre di Kahlo ha un'altra volta spiegato il letto di casa per far sì che Kahlo si possa liberare da sola. A parte l'ostacolo dei cuscini e delle cinghie, la ragazza si è trasferita nel suo alloggio e ha trovato degli amici. Grazie al fatto che i suoi figli si sono fermati, non ha mai voluto che i suoi figli si fermassero. Uno scambio di lettere è sfociato in un incidente di percorso.

Nel 1928 Kahlo è stata sostenuta dal Mexicaanse Communistische Partij (PCM).

Il 21 agosto 1929 si incontrarono con Diego Rivera, un giovane di 21 anni, anche lui comunista, e in quel momento un musicista di primo piano. La sua ex moglie, Lupe Marin, gli fece notare che la festa si era conclusa. Cristina, la figlia di Kahlo, scoprì nel 1934 che aveva incontrato Diego Rivera. Kahlo sposò da allora Diego, ma l'8 dicembre 1940 l'artista si ritirò a causa di un grave sciopero. Nel contratto di lavoro autonomo è stato inoltre specificato che Kahlo non ha mai incontrato un altro uomo.

Nel 1951 ze è stato pubblicato sul giornale Novedades de México: "Ik heb twee zware ongelukken doorstaan in mijn leven; een waarin een tram me aanreed... het other ongeluk is Diego".

Nel 1930 si trasferisce a Detroit, dove Diego realizza un affresco per il Detroit Institute of Arts. A settembre muore la madre. Nel primo semestre del 1932 gli viene consegnata un'altra seconda medaglia.

Kahlo e Rivera ebbero numerosi rapporti di amicizia; Kahlo sia con gli uomini che con le donne. Tra i suoi personaggi si annoverano il paesaggista nippo-americano Isamu Noguchi, il rivoluzionario russo Leon Trotski, che nel 1937 si recò in Messico durante il viaggio verso l'Unione Sovietica, e il fotografo newyorkese Nickolas Muray (1892-1965), che realizzò una serie di foto indistruttibili su di lui.

Questo ragazzo è stato molto attivo nel partito comunista. Se i due, insieme a Trotski, si sono dati da fare in casa, sono entrati a far parte del partito. Kahlo era politicamente attiva; per un paio di settimane, quando aveva un figlio, partecipò a una manifestazione contro l'occupazione americana in Guatemala.

Kahlo muore nel 1954, una settimana dopo il suo 47° compleanno. Vi si legge un messaggio con la scritta "Ik hoop dat het einde vrolijk is en hoop nooit meer terug te keren".

Werk

L'opera di Frida Kahlo è caratterizzata da colori vivaci, che in contrasto con lo sfarzo sono sempre più evidenti. Non si tratta di un contrasto. In un'analisi della scena della vita dell'attrice Dorothy Hale, che viene descritta in maniera bijvoorbeeld, viene mostrato il momento del suo autosalvataggio in modo molto realistico e dettagliato. Nei suoi ritratti personali si trovano anche le donne di casa. Il suo sguardo si sofferma sulla sua angoscia e sulla sua ansia di superare la crisi. Kahlo ha 143 disegni in catalogo, di cui 55 autografi.

Nel novembre del 1938 ha realizzato la sua prima mostra personale nella galleria del pittore Julien Levy a New York. Nel 1953 ha avuto la sua prima esposizione in Messico grazie a Cola Alvarez Bravo.

La classificazione come surrealista si deve ad André Breton, capostipite del movimento surrealista nell'arte. Kahlo si rende conto di questo concetto e dice che non è la sua storia ad essere considerata tale, ma la sua realtà. Nel gennaio del 1939 Kahlo si reca da Breton a Parijs per esporre il suo lavoro. Ze hield niet van het surrealistische milieu in die stad, dat ze opgeblazen en onecht vond. Quando, il 10 marzo, con lo zampino di Marcel Duchamp, aprì la sua mostra, vinse il loft di Wassily Kandinsky e Pablo Picasso. Il Louvre mette in vendita il suo dipinto *Autoritratto - El marco* ("het kader") e il giornale Vogue mette la sua mano (con tanto di spremuta) sulla bandiera.

Il presente volume contiene i più importanti disegni di Frida Kahlo. Non ci sono disegni, studi e disegni ad acqua.

Nagedachtenis e invloed

Nella casa più grande di Città del Messico, dove Kahlo è nata e dove è stato costruito il "blauwe huis", dal 1959 è stato allestito il Frida Kahlomuseum. Il museo è stato inaugurato nel 1957 da Diego Rivera.

Negli anni 1960 fu inaugurata la posizione di prestigio della casa blu, grazie all'intervento di alcuni artisti del paese. La sua fama internazionale crebbe notevolmente a partire dal 1980, con una tento-stesura a Londra nel 1982, in collaborazione con Kahlo e la fotografa Tina Modotti. La Mexicaanse overheid organizzò delle dimostrazioni di overzichtstento nel 1974, 1983 e 2004, parallelamente a eventi nei Verenigde Staten, in Giappone, nel Verenigd Koninkrijk e in Spagna; ma la più grande e popolare dimostrazione fu quella del 2007, quando si svolse il suo più grande evento.

Sulla vita di Frida Kahlo viene realizzato nel 2002 il film *Frida* con Salma Hayek nel ruolo di protagonista.

Frida Kahlo è stata recentemente considerata come un simbolo del femminismo. Il suo aspetto vrijgevochten era un simbolo per le donne di tutto il mondo. Kahlo ha studiato i suoi problemi di salute e di salute mentale.

Durante la sua infanzia Frida si trovava in una zona di studio della sua famiglia. Nel febbraio del 1933, il Detroit News scrive che Frida è la "ragazza di un figlio di famiglia che si diverte con le opere d'arte". Il premio più alto che gli ha offerto da giovane per un'opera d'arte è stato pagato con 400 dollari americani. Vandaag è Diego Rivera noto anche come l'uomo di Frida Kahlo. I suoi lavori sono stati realizzati per milioni di dollari.

Punti salienti

- Frida Kahlo, al secolo Frida Kahlo de Rivera, è nata da padre tedesco di origine ungherese e da madre messicana di origine spagnola e nativa americana.
- Dopo aver subito un aborto spontaneo a Detroit e in seguito la morte della madre, Kahlo dipinse alcune delle sue opere più strazianti.
- Nel 1943 viene nominata professore di pittura presso La Esmeralda, la Scuola di Belle Arti del Ministero dell'Istruzione.
- Il Museo Frida Kahlo è stato aperto al pubblico nel 1958, un anno dopo la morte di Rivera.

15.   Mary Anning (1799-1847)
Collezionista, commerciante e paleontologo britannico di fossili

"È grande e pesante ma... è il primo e unico scoperto in Europa".

Mary Anning (Lyme Regis (Dorset), 21 mei 1799 - aldaar, 9 maart 1847) è stata una fossielenverzamelaarster e paleontologa inglese, famosa tra l'altro per i suoi viaggi su *Ichthyosaurus* e *Plesiosaurus*. Ha iniziato la sua carriera lontano dai ritrovamenti nelle scogliere calcaree di Lyme Regis, che si estendono fino alla rinomata Jurassic Coast.

I fossili cercano di essere un lavoro

Anning è nato in una famiglia di stravaganti. Il suo padre, Richard, era un timmerman che, per poter aprire i fossielen a tempo pieno, si è dedicato a questo tipo di attività. Quando nel 1811 si ammalò di tubercolosi, Mary e il fratello Joseph iniziarono a lavorare a tempo pieno alle miniere per ottenere un guadagno. All'inizio del 19° secolo la ricerca dei fossili era in crisi, tanto che i fossili erano un'importante fonte di reddito per la biologia
215

e la geologia. Se Anning, in un primo momento, ha cercato di ottenere un guadagno, ha incontrato esperti ricercatori del settore, che hanno lavorato sui fossili di sua proprietà.

Annings vondsten

Anning ha vissuto per la prima volta un'avventura nel 1811, con la scoperta di un *ittiosauro* completo, un paio di mesi dopo la morte del padre. L'anno successivo il fratello aveva fissato la tabella di marcia del fossile, e a causa di una tempesta il resto del fossile era ancora in fiamme. Non si tratta dell'ultimo ittiosauro che sia stato avvistato, ma di una testimonianza di una visita in Galles nel 1699. Si trattava di un'osservazione importante, che fu pubblicata nelle *Philosophical Transactions* of the Royal Society. Anning ha scoperto in seguito altri due tipi di ittiosauri.

Nel 1823 Anning fu incaricato di produrre un fossile di un *Plesiosauro*, che William Conybeare definì *Plesiosaurus dolichodeirus*, ma che non è l'olotipo del taxon *Plesiosaurus*. Ook vond ze een gaaf fossiel van *Diapedium politum*, een straalvinvis, die in 1828 beschreven werd. In questo stesso anno è stato trovato il primo pterosauriër del Duitsland (*Pterodactylus macronyx*, poi trasformato da Richard Owen in *Dimorphodon macronyx*); questo reperto è stato il primo pterosauriër completo che sia mai stato visto in Inghilterra. Queste sono le ultime due importanti scoperte di Anning, che hanno dato origine anche a molti altri reperti più importanti.

Betekenis voor de wetenschap en erkenning (Prospettive per la formazione e l'apprendimento)

Se Anning ha i fossielen zocht om te verkopen, wist ze er veel van af en besefte ze de wetenschappelijke waarde van haar fossielen goed. Ze was een autodidact die in staat was zonder ervoor te zijn opgeleid haar vondsten te beschrijven, tekenen en de exacte locatie vast te leggen. È stato inoltre grazie ad Annings fossielen che i biologi hanno potuto capire come si sono sviluppate le specie di animali in un contesto geologico, ma anche come si sono sviluppate nuove specie di animali. Questo punto è da ricondurre al lamarckismo e alla teoria dell'evoluzione.

Anning è stato nominato durante la sua vita come un'autorità nel campo della paleontologia. Ha ricevuto un premio per il suo lavoro dalla Geological Society e ha firmato un contratto annuale con la British Association for the Advancement of Science per il suo lavoro. Per i giovani di allora non era affatto utile uno scambio di informazioni con una società.

Mary Anning è morta dopo 47 anni di vita a causa di un borsista.

Punti salienti

- Le notizie sugli scavi di fossili di Anning la resero una celebrità e spinsero paleontologi, collezionisti e turisti a recarsi a Lyme Regis per acquistare da lei.
- Mary Anning scoprì nel 1828 uno pterosauro che divenne noto come Pterodactylus (o Dimorphodon) macronyx. Si tratta del primo esemplare di pterosauro rinvenuto al di fuori della Germania.
- Nel 1829 scavò lo scheletro di Squaloraja, un pesce fossile ritenuto membro di un gruppo di transizione tra squali e razze.
- I suoi scavi hanno favorito la carriera di molti scienziati britannici, fornendo loro esemplari da studiare e inquadrando una parte significativa della storia geologica della Terra.

16.   Amelia Earhart (1897-1937)

Aviatore americano

---

*"Le donne devono cercare di fare le cose come le hanno
fatte gli uomini. Quando falliscono, il loro fallimento deve
essere solo una sfida per gli altri".*

Amelia Earhart (Atchison, 24 luglio 1897 - Grote Oceaan?, vermist sinds
2 juli 1937, doodverklaard op 5 januari 1939) è stata un'aviatrice
americana.

Nel gennaio del 1935 ze fu l'ultimo a navigare in solitaria sul Grote
Oceaan, ma era già noto che nel 1932 ze fu l'ultimo marinaio a navigare
sull'Atlantische Oceaan. La condanna legò zee anche da solo. Nel 1928
l'oceano era stato sovrastampato come passaggio. Anche da allora ze fu
l'ultimo marinaio. All'inizio del luglio 1937, insieme al navigatore Fred
Noonan, iniziò la navigazione verso la più lunga rotta del mondo. L'inizio
del viaggio, lungo 47.000 chilometri, non è stato ancora bevuto. Ciò che
ha fatto notare, è stato completamente cancellato.

A Sint-Denijs-Westrem c'è una strada che porta a Sint-Denijs-Westrem.

Biografie

Earhart nacque come figlia del giurista Edwart Earhart e di Amelia Otis.
Da ragazza Amelia era un *maschiaccio*; si mise in borghese e si unì a un
uomo in piedi. Inoltre, la donna si occupò di descrivere le donne in
un'impresa maschile. Nel 1915 diresse la scuola media e dal 1917 lavorò
come volontario militare e sociale a Boston. Nel 1919 iniziò a studiare
medicina alla Columbia-universiteit di New York, ma per un anno si
trasferì a Los Angeles.

Inizio della carriera

Nel 1920, per la prima volta, le donne si trasferiscono in un vliegtuig. Da
quel momento in poi ze non ha più una sola cosa da fare: volare da solo.
La sua carriera inizia nel 1921 a Los Angeles, quando Neta Snook la
chiama senza nome. Due mesi più tardi ottiene con un finanziamento a
fondo perduto il suo primo cavallo di battaglia, un aereo Kinner Airster,
che gli permette di stabilire un record assoluto per i viaggiatori. Nel 1924 si
verificò l'estinzione dei suoi figli. Per far sì che il padre si recasse
all'oostkust e per fargli fare un'escursione in piscina, gli fu tolto il vliegtuig
e gli fu consegnata un'auto sportiva. Vier jaar later kocht ze een Avro
Avian-vliegtuig en werd ze de eerste vrouw die een intercontinentale
soloretourvlucht maakte. Il 2 maggio 1927, in occasione dell'inaugurazione
dell'Hotel Stevens a Chicago, fu uno degli alberghi più prestigiosi e fu
costretto a fornire le sue prestazioni. A partire da quel momento, i suoi
dischi di musica e di spettacolo vennero verbalizzati, in spettacoli e in
acrobazie personali, che vennero riprese dall'impresario e pubblicitario
George Palmer Putnam, come fece nel 1931.

L'ultimo viaggio transatlantico

Quando Charles Lindbergh fece un viaggio in solitaria sull'Atlantische
Oceaan nel 1927, Amy Phipps Guest (1873-1959) si trovò a dover fare
un'analisi approfondita per essere la prima donna a volare sull'Atlantische
Oceaan. Quando ze tot de conclusie was gekomen dat de overtocht voor
haar te zwaar zijn, bood ze aan de vlucht te sponsoren als die door een
andere vrouw ondernomen zou worden. Fu il capitano Hilton H. Railey
che, nell'aprile del 1928, fece volare Earhart sul suo posto di lavoro.

I projectcoördinatoren, tra cui George Palmer Putnam, si recano sul posto
per far passare il pilota Wilmer Stultz e il copilota/meccanico Louis Gordon
come passagieri. Il trio si occupa di gestire il registro di bordo. Il trio partì il
17 giugno 1928 da Trepassey Harbour (aan de zuidkust van
Newfoundland) con un Fokker F.VIIb/3m e atterrò esattamente 20 ore e
40 minuti dopo a Burry Port, vicino a Llanelli in Galles. Sopra il volo zei
zei: "Stulz deed al het vliegwerk, hij moest wel. Ik was slechts bagage, net
een zak aardappelen.", en voegde daaraan toe: "... manca che io cerchi di
capire che cosa c'è nel mio ambiente".

A New York Earhart, Stulz e Gordon partecipano a una parata su nastro
adesivo e vengono invitati dal presidente Calvin Coolidge nella Witte Huis.

Solovlucht Atlantische Oceaan

Il suo nome divenne più famoso nel 1932, quando fu l'ultimo viaggiatore e
la seconda persona a compiere un viaggio in solitaria sull'Oceano
Atlantico, prima di Lindbergh. Il volo si svolse su un Lockheed Vega da
Harbor Grace, a Terranova, a Londonderry, nel Noord-Ierland.

L'11 gennaio 1935 è stato l'ultimo passeggero ad aver viaggiato da solo
sulla Stille Oceaan, da Honolulu (Hawaï) a Oakland (California). Più tardi,
in un altro anno, navigò da solo da Los Angeles a Mexico-Stad e poi a
Newark. Nel luglio del 1936, l'aereo Lockheed 10E "Electra", progettato
dalla Purdue-universiteit, iniziò la sua rotta verso il mondo.

> *"Il fatto che io mi sia trovato bene con i rischi è un altro punto di
> forza. Voglio fare le cose come le voglio fare io. Le donne devono
> esaminare i dati, mentre gli uomini devono esaminare i dati. Als ze
> falen, is hun mislukking alleen maen uitdaging voor anderen".*
> (Amelia Earhart, 1937)

La strada di Earharts non è la più lunga del mondo, ma la più lunga:
47.000 km, su un percorso che si snoda intorno alla sera. Il 17 marzo
1937 partì l'ultima corsa, da Oakland a Honolulu. Quando ze haar vlucht
drie dagen later wilde vervolgen, kreeg ze tijdens de start een lekke band,
waardoor ze een grondzwaai maakte. L'imbarcazione era molto
danneggiata e doveva essere riparata per essere portata in California,
dato che il viaggio era finito. La Earhart si recò a Miami per un secondo
viaggio; avrebbe potuto partire per l'ovest verso l'ovest. Fred Noonan, un
ex-Pan Ampiloot, gli fece da navigatore e da accompagnatore. Le navi

partirono il 1° giugno e, dopo varie soste in Sudamerica, Africa, Midden-Oosten e Zuidoost-Azië, giunsero il 29 giugno in Nieuw-Guinea. Sono stati percorsi circa 35.000 km. I restanti 12.000 si trovano sul Grote Oceaan.

Il primo giorno

Il 2 luglio 1937 la Earhart si imbarcò insieme al navigatore Fred Noonan. Il suo luogo di ritrovo era Howland, un'isoletta lunga circa un chilometro, a 6 metri di distanza dallo zeespiegel. In particolare per il record è stato creato un atterraggio su quest'isola. L'isola si trova a 4110 km di distanza. Il suo primo contatto positivo e visivo è avvenuto a 1300 km, quando ha sorvolato le isole Nikumaroro. Un pezzo di nave americana, il kotter *Itasca*, si trova vicino a Howland per consentire a Earharts di raggiungere l'isola.

È stato un peccato che Earhart e Noonan abbiano avuto un po' di pratica con l'uso della radionavigazione. Le frequenze utilizzate da Earhart non erano molto adatte per l'analisi della realtà e l'invio di informazioni che Earhart aveva ricevuto era molto lento. La frequente attività di ricerca e di osservazione che permetteva all'*Itasca di* volare, aveva portato la Earhart a Nieuw-Guinea. In un paio d'ore di volo, per poter effettuare un radiocollare di due settimane, l'*Itasca si mise* in contatto con la radio. Una serie di incidenti marini e di pesca ha fatto sparire un po' di cose dai velivoli o dalla loro nave. Il lotto di Earharts e Noonans è da allora al centro di numerose ricerche e speculazioni.

Un recente studio dimostra che Earhart, durante il suo viaggio verso le isole Nukumanu, è stata colpita e ha deciso di partire verso un punto di 160 km a nord-ovest di Howland. I ricercatori si informano su come sia gestita la struttura, grazie alla presenza di una barriera a forma di marchio nella zona di confine. Un gruppo *internazionale per il recupero di velivoli storici* (TIGHAR) sostiene inoltre che il velivolo è stato catturato nell'isola di Nikumaroro (nella regione di Kiribati) e che Earhart e Noonan sono stati uccisi da lì. L'indagine sull'isola in questione ha permesso di individuare le misure che permettono di sviluppare questa teoria.

Un'altra teoria sostiene che Earhart e Noonan siano stati colpiti dai giapponesi mentre si trovavano nell'isola di Saipan, dove si trovavano per la prima volta nelle Marianne. I soldati sono stati uccisi in modo molto violento, grazie a un'azione di spionaggio.

Een nieuwe, kwantitatieve theorie die gebruikmaakt de theorie en de praktijk van de navigatiewetenschap in de jaren dertig, leidt tot de conclusie dat navigator Noonan op het traject van Gagan op Buka naar de Nukumanu-eilanden zijn positie bepaald heeft op de ondergaande zon en dat hij daarvoor de luchtbelsextant gebruikt heeft in combinatie met voorberekening uit *H.O. Pub. no. 208, Navigation Tables for Mariners and Aviators*, die hij vanaf het verschijnen van de eerste editie uit 1928 op al zijn reizen meenam. Quando il 2 luglio 1937, in occasione di uno zonsopgang a ovest della costa, si trovò in una posizione di vantaggio, e iniziò a lavorare per Howland, introdusse, con l'ausilio dello zeemanssextant, un vero e proprio tijdfout, non sui cronometri e sull'orologeria, ma su un'immagine di zona. Il problema era la differenza di riferimento: per un luchtbelsextant si tratta dell'orizzonte artistico al centro della zona commerciale; per uno zeemanssextant si tratta dell'orizzonte al centro della zona commerciale. La distanza geografica da percorrere a mano è di 16 km.

Il koersverlegging voor de naderingsvlucht aveva daardoor drie minuten en vijftig seconden te vroeg plaats en toen men meende Howland recht vooruit in zicht te moeten krijgen, was de ware positie van het eiland 26 km aan bakboord. Daardoor kwam het vliegtuig niet binnen de zichtbaarheidscirkel en vooral door gebrekkige radiocommunicatie en het mislukken van radiografisch richting zoeken door niet aansluitende apparatuur aan boord van het vliegtuig en op en bij het eiland werd het aan te vliegen doel gemist. Intorno alle 20.17 GMT Earhart si trovò a sorvolare "de" positielijn van Howland - 26 km a ovest - heen en weer vloog. L'alterazione della radiofrequenza non è stata rilevata, in quanto si è dovuto tener conto del fatto che la radiofrequenza non può essere rotta con il marchio di fabbrica sulla ghiaia. Un'altra domanda è quella di un'analisi del brandstofvoorraad aan boord e del brandstofhuishouding. Il modello di navigazione utilizzato per questa teoria consente di ottenere, in combinazione con il sistema radioelettrico opgetekende, un punto d'atterraggio a 203 km a nord di Greenwich e a 300 km a ovest dell'antimeridiano di Greenwich, a 177 gradi e 19 minuti a ovest e a 1 grado e 49 minuti a nord, a 137 km a nord-ovest della posizione di Howland.

In een artikel in de *European Journal of Navigation* van december 2011 werd aangetoond dat het vliegbereik maximaal 4410 km was. Het is daardoor onmogelijk dat andere eilanden dan Howland en Baker konden worden bereikt. La zona di atterraggio più recente si trova a 117-10-W / 01-31-N, 100 km a NW di Howland, con una quota di 323 gradi.

Ricerche su Amelia Earhart

Nel 2018 Richard Jantz, antropoloog amerikaanse en emeritus hoogleraar in de VS, dat de eerder in 1940 reeds gevonden en onderzochte botten die op Nikumaroro waren aangetroffen, aan de hand van de door hem in de computer ingebrachte gegevens uit de aantekeningen van de arts die destijds de botten had opgemeten en de daaruit volgende uitslag, voor 99% zeker die van Amelia Earhart moesten zijn.
 Nel mese di luglio 2019 è stato reso noto che Robert Ballard ha avviato una spedizione per individuare il velivolo in questione. Nel mese di agosto di quell'anno iniziò la ricerca da parte di Robert Ballard.

Punti salienti

- Determinata a giustificare la fama che le aveva procurato la traversata del 1928, la Earhart attraversò l'Atlantico da sola il 20-21 maggio 1932.
- Il volo con il suo Lockheed Vega da Harbour Grace, Terranova, a Londonderry, Irlanda del Nord, è stato completato nel tempo record di 14 ore e 56 minuti, nonostante una serie di problemi.
- La scomparsa di Amelia Earhart durante un volo intorno al mondo nel 1937 divenne un mistero duraturo, alimentando molte speculazioni. In particolare, alcuni ritenevano che lei e Noonan si fossero schiantati su un'altra isola dopo non essere riusciti a localizzare Howland, mentre altri ipotizzavano che fossero stati catturati dai giapponesi.
- La maggior parte degli esperti ritiene che l'aereo di Earhart si sia schiantato nel Pacifico vicino a Howland dopo aver esaurito il carburante.

17.   Emmeline Pankhurst (1858-1928)

Attivista politico britannico

"Preferisco essere un ribelle che uno schiavo".

Emmeline Pankhurst (nata Emmeline Goulden), (Moss Side
(Manchester), 14 luglio 1858 - Londen, 14 giugno 1928) è stata una delle
promotrici del movimento delle suffragette britanniche. Il suo nome è più di
altri legato allo sciopero per il diritto di voto in Groot-Brittannië, con il nome
di una delle tante organizzazioni che hanno aderito e che hanno
contribuito a creare il diritto di voto per le donne. Pankhurst è stata
identificata con l'avvocato Richard Marsden Pankhurst (1834-1898), il cui
lavoro è stato oggetto di un'azione di volontariato.

Nel 1894 la signora Pankhurst fu chiamata a ricoprire il ruolo di "Poor Law
Guardian", una sorta di operaia di campagna onbezoldigd. Il suo legame
con le forze armate gli fece capire che il diritto di veto era in contrasto con
la lotta per le libertà sociali. Nel 1903 si costituì la *Woman's Social and
Political Union*. Il movimento, al quale partecipano anche le sue compagne
Christabel e Sylvia, è famoso per le sue azioni militanti. Pankhursts
tactieken om de aandacht van het publiek te trekken haar vaak in de
gevangenis, but ze kreeg een betere behandeling dan de meeste andere
gevangenen omwille van het hoge status. In alcuni casi si è trattato di
un'azione di controllo per ottenere un'assunzione di responsabilità.

Nel 1914, quando l'Eerste Wereldoorlog fu inaugurato, le attività per il diritto di voto si conclusero con l'annuncio da parte di Pankhurst di non poter più vincere nella sua terra. Si cominciò a ijveren om vrouwen in de fabrieken de plaats van mannen te laten innemen, zodat deze konden gaan vechten aan het front. Nella terraferma si fanno discorsi. I sostenitori della rivolta tengono dei discorsi di spirito - simbolo di fede - nei confronti di tutti gli uomini che passano all'hamburger. Nel 1914 si aprì anche il movimento internazionale dei soldati.

Nel marzo del 1918 iniziò la riforma britannica del diritto del popolo (actief kiesrecht) nel Regno Unito di Groot-Brittannië e Ierlandia. Sebbene il *Representation of the People Act* del 1918 avesse un'unica fonte di diritto per le donne di età inferiore ai 30 anni, e non solo per le donne di età superiore ai 21 anni, le suffragette lo considerarono un grande successo. Nel novembre del 1918 le donne di età compresa tra i 21 anni si riunirono in un'assemblea per ottenere il diritto di voto (passief kiesrecht), che le avrebbe portate nel Lagerhuis a lavorare per conto proprio. Nel 1928 le donne nel Verenigd Koninkrijk hanno ricevuto un numero limitato di steli come uomini.

Emmeline Pankhurst muore il 14 giugno 1928 a 69 anni, dieci giorni dopo che, il 2 luglio 1928, il suo destino è stato violato. È stato sepolto nel cimitero di Brompton, a Londra.

Punti salienti

- Nel 1879 Emmeline Goulden sposò Richard Marsden Pankhurst, avvocato, amico di John Stuart Mill e autore della prima legge sul suffragio femminile in Gran Bretagna (fine anni Sessanta dell'Ottocento) e delle leggi sulla proprietà delle donne sposate (1870 e 1882).
- Fondò la Women's Franchise League, che garantì (1894) alle donne sposate il diritto di voto alle elezioni per le cariche locali (non alla Camera dei Comuni).
- Dal 1895 ricoprì una serie di incarichi municipali a Manchester, ma le sue energie furono sempre più richieste dalla Women's Social and Political Union (WSPU), che fondò nel 1903 a Manchester.
- Nel 1926, al suo ritorno in Inghilterra, fu scelta come candidata conservatrice per il collegio elettorale di Londra est, ma la sua salute venne meno prima che potesse essere eletta.

- L'autobiografia della Pankhurst, *My Own Story*, apparve nel 1914.

18.   Anne Frank (1929-1945)

Diarista tedesco-olandese

---

*"È meraviglioso che nessuno debba aspettare un solo
momento prima di iniziare a migliorare il mondo".*

Annelies Marie (Anne) Frank (Francoforte sul Meno, 12 giugno 1929 -
Bergen-Belsen, febbraio 1945) è stata una ragazza di nome Duits en later
statenloos Joods meisje dat wereldberoemd is geworden door het
dagboek dat ze schreef tijdens de Tweede Wereldoorlog, toen ze
ondergedoken zat in het achterhuis aan de Prinsengracht in Amsterdam.
Nel febbraio del 1945 muore nel campo di concentramento di Bergen-
Belsen. La sua data di nascita ufficiale è stata fissata al 31 marzo 1945. Il
suo fascicolo è stato pubblicato in tempi recenti ed è uno dei libri più
conosciuti al mondo. Il libro di Anne Frank è un simbolo internazionale
dell'Olocausto, della morte di un milione di giovani durante il secondo
conflitto mondiale.

I più grandi magazzini

Anne Frank è nata il 12 giugno 1929 a Francoforte sul Meno (Duitsland)
come seconda figlia di Otto Frank e Edith Frank-Holländer. La sua

227

famiglia, Margot, era in quel momento vecchia di circa due anni. La famiglia Frank era libera di vivere e abitava in una casa diroccata in Marbachweg 307, in una zona periferica della città. Mentre Otto lavorava per l'azienda di famiglia, la Michael Frank Bank, Margot e Anne incontrarono i loro parenti nella casa. Alcuni erano cattolici, altri protestanti o giudei. Erano nuovi e nuovi di zecca rispetto alle feste di questi giorni. Margot è stata trasferita nella comunità da uno dei suoi amici e, quando la famiglia Frank Chanoeka è morta, i suoi parenti sono stati accolti in modo diverso.

Le donne sono state condannate quando, nell'estate del 1932, alcuni gruppi della Sturmabteilung sono stati costretti ad abbandonare gli stratagemmi di Francoforte sul Meno. Le parole di Luidkeels: "Als het Jodenbloed van het mes af spat, dan gaat het eens zo goed" Il Nationaal Socialistische Duitse Arbeiders Partij (NSDAP) di Adolf Hitler era il più grande partito del Duitsland e aveva ottenuto nelle elezioni del luglio 1932 il 37% dei voti. Mezzo anno dopo, Adolf Hitler si recò nel Duitsland per la prima volta. L'uomo Frank non riuscì a emigrare.

Da Duitsland ad Amsterdam

Annes vader Otto si trasferì nel luglio 1933 dalla Duitse Frankfurt am Main ad Amsterdam per partecipare a un gruppo di lavoro anti-Joodse dei nazisti. Il fatto che la banca della famiglia Frank sia stata colpita da una crisi economica è un motivo in più. Nel centro di Amsterdam Otto creò un'azienda propria, la Opekta genaamd, una filiale della società Opekta GmbH, gestita nel 1928 a Keulen. La madre di Anna, Edith Frank, e la sua figlia Margot sono arrivate nel 1933 ad Amsterdam, e Anna stessa è volata nel febbraio del 1934 a casa della sua compagna Rosa Holländer-Stern ad Aken. Het gezin ging wonen aan het Merwedeplein 37-2, in een Amsterdamse nieuwbouwwijk, waar door de economische crisis veel huurhuizen leeg stonden en waar zich veel andere Duits-Joodse vluchtelingen vestigden. (La Woningcorporatie Ymere acquistò l'edificio nel 2004 e lo restaurò in collaborazione con la Anne Frank Stichting. Nel 2016 è l'appartamento della Anne Frank Stichting).

Un bambino in gamba

Margot è partita dalla Jekerschool (Jekerstraat 84), Anne dalla Montessorischool (Niersstraat 41), dove ha iniziato a frequentare la scuola materna. I bambini imparano le lingue straniere e si avvicinano alla loro nuova vita. Anne aveva, come la sua casa, anche una serie di amici e amiche, come Hanneli Goslar e Sanne Ledermann, che come Anne Frank con la sua famiglia andavano dal Duitsland ai Paesi Bassi. Anna Frank si trova in un luogo libero e felice. I Frank si aggrappano alle tradizioni e alle tradizioni joodiste, ma non si rivolgono a tutte le tradizioni religiose. Il giorno del venerdi la famiglia Frank è stata trasformata in una famiglia di Goslar e quindi si sono uniti. I genitori di Anne si fanno un'idea precisa degli avvenimenti nel Dopoguerra nazista, ma da allora non vogliono saperne nulla dei loro compagni. Anne ha avuto un'infanzia difficile. Parla con i suoi amici e le sue amiche, va con la sua famiglia sulla spiaggia o a fare un giro da una famiglia nello Zwitserland, e d'inverno si fa male.

Ma Anne si rende conto che il suo padre, nel novembre 1938, era molto cupo. Nella notte tra il 9 e il 10 novembre 1938 si era svolta in Duitsland la Notte dei Cristalli, un pogrom organizzato dai nazisti. Nel Duitsland i giovani vennero uccisi, i sinagoghi furono marchiati, circa 7000 oggetti di origine jodese vennero distrutti e alcuni di loro vennero uccisi. Due famiglie di moederskant si recarono negli Stati Uniti, dove Annes Rosa Holländer, nel marzo del 1939, si recò presso la famiglia Frank in Merwedeplein. La sua morte iniziò nel 1942 ad Amsterdam.

Paesi Bassi

Nel mese di maggio del 1940, quando il Duitse leger Nederland si era imposto, si diede il via a un'altra maatregel anti-Joodse. A partire dal gennaio del 1941, i nazisti avevano messo in guardia le persone che si erano allontanate da loro, ma non avevano ancora trovato un bioscopio. Nel 1941 Anne uscì dalla scuola elementare per andare all'ultima aula del Joods Lyceum. A partire da quel momento, la scuola per Joden è stata verbalizzata per essere trasferita in una scuola non jodese. Anche il suo zoccolo era da quel momento in poi nel Joods Lyceum.

I vluchtelingen ducali, tra cui anche Anne Frank e la sua famiglia, furono condannati il 25 novembre 1941 con la nuova *legge del Reichsbürgergesetz* a riconoscere la loro nazionalità ducale che non avevano mai avuto. In quel momento la famiglia era in stato di abbandono. La nazionalità Nederlandese non è stata modificata, perché è stata applicata a tutte le persone che vivono in Italia. Il suo padre ha preso la nazionalità duitese nel 1949 e si è naturalizzato olandese.

Gli uomini sono sempre più coinvolti in una vita aperta. Anna Frank, al pari di altri giovani in Olanda dal 1° maggio 1942, non ha potuto fare a meno di un'altra persona.

Il 12 giugno 1942 Anne Frank compì dieci anni. Il suo più bel vestito era un baule da viaggio di legno, dove Anne, un giorno, disse: "Ho capito che posso dare a te tutto quello che puoi fare, perché non ho mai visto nessuno in casa mia e ho capito che non puoi fare niente per me". Dopo due settimane, il 6 luglio 1942, Anne si recò con la sua famiglia a Het Achterhuis, dopo che la sua famiglia il giorno prima aveva deciso di aprire un'agenzia per lavorare in Duitsland. L'Achterhuis si trovava all'interno del bedrijfspand *Opekta* del padre Otto Frank, in Prinsengracht 263. La linea di demarcazione tra voorhuis e achterhuis è stata interrotta da un boekenkast. Nella casa e nella rivista lavorarono alcune persone, tra cui alcuni membri della famiglia: i tre aiutanti, Miep Gies, Bep Voskuijl, Johannes Kleiman, Victor Kugler e il capo di Bep Voskuijl che aveva realizzato il libro.

Ondergedoken in het Achterhuis

La casa di Anne Frank, situata all'ingresso del parco nel cuore di Amsterdam, fu chiamata "Het Achterhuis", più tardi anche il titolo della sua rivista postuma. Anne Frank studiò da qui con i suoi genitori e la sua famiglia dal 6 luglio 1942 al 4 agosto 1944. Da qui sono stati coinvolti almeno dieci uomini: la famiglia Frank, Hermann van Pels, Auguste van Pels e il suo figlio Peter van Pels (che sono il modello della famiglia Van Daan nel dagboek) e anche Fritz Pfeffer, un ragazzo ebreo (che è il modello del personaggio Dussel nel dagboek). La famiglia Van Pels e Fritz Pfeffer erano parenti della famiglia Frank e, come Duitse Joden, avevano conquistato il loro territorio.

Nell'achterhuis si trovano Anne Frank e gli altri detenuti in un momento di stanchezza. Anne si lamenta delle sue amiche e del fatto che le sue amiche non siano più in grado di uscire. Per queste persone il suo libro è stato molto importante. Anne racconta la sua vita quotidiana nell'achterhuis, l'angoscia di essere accettata durante il periodo di lavoro, le sue preoccupazioni nei confronti di Peter, le difficoltà con i suoi amici e gli altri dipendenti e le sue ambizioni di diventare una scrittrice. "Het fijnste van alles vind ik nog dat ik dat wat ik denk en voel tenminste nog op kan schrijven, anders zou ik compleet stikken.", scrive Anne il 16 marzo 1944 nel suo dagboek. L'unica cosa naturale che Anne Frank riuscì a capire durante l'achterhuis fu un'erba da giardino, che si trovava nel suo appartamento. Decenni dopo, questo boom è stato generato da Anne Frankboom. Anne scrisse un gran numero di opere. In occasione dell'intervento del ministro Bolkestein a Radio Oranje a Londra, il 28 marzo 1944, per la pubblicazione dei libri di famiglia, Anne scrisse il suo libro di famiglia su una carta da lettera a fogli mobili, e poi anche il suo nuovo libro di famiglia. Anne scrive qui: "Natuurlijk stormden ze allemaal direct op mijn dagboek af. Mi chiedo quanto sia interessante il fatto che io abbia deciso di pubblicare un romanzo sull'Achterhuis". In dieci settimane ha scritto 324 vol., ma dopo l'arresto ha potuto leggere il libro in modo più chiaro. Annes laatste dagboekaantekening era del 1° agosto 1944.

Ontdekking

Più tardi, due anni dopo, gli onderduiker vengono arrestati per più di due anni (25 mesi). Il 4 agosto 1944 furono ingaggiati dal *Sicherheitsdienst* e da alcuni agenti politici olandesi. L'SS-Hauptscharführer Karl Silberbauer aveva il comando. Un lungo periodo è stato considerato come se i prigionieri fossero stati uccisi, ma non si è mai parlato di loro. Nel 2016 la Anne Frank Stichting ha pubblicato i risultati di un nuovo sondaggio, in cui è stato rilevato che gli onderduiker sono stati uccisi in un secondo momento.

I documenti del dagboek (le note e le ultime foto) sono stati consegnati durante l'arresto all'esterno dell'achterhuis da due persone che si occupano di aiutare i detenuti: Miep Gies e Bep Voskuijl (che ha fatto da modello per Elly Vossen nel dagboek). Miep Gies si fermò nella sua bara, nel cerchio, e si accostò ad Anne.

Dopo che questi sono stati ingranati, sono stati portati gli operatori e due altri aiutanti, Victor Kugler e Johannes Kleiman, presso l'SD-gebouw aan de Euterpestraat Amsterdam-Zuid. Dopo aver trascorso un'intera giornata in una camera con gli altri aiutanti, Kugler e Kleiman si recarono all'Huis van Bewaring in Amstelveenseweg. Questo fu l'ultimo giorno in cui gli amici dei prigionieri (tra i quali Otto Frank, che ha letto il libro) vennero contattati. I prigionieri sono stati portati in giro per la città e sono stati uccisi.

Deportazione

L'8 agosto 1944 gli otto membri dell'equipaggio si recarono alla stazione centrale di Amsterdam e vennero portati a bordo di un treno. Il giorno dopo, il treno fu trasportato nel campo di Westerbork.

Poiché le persone che non sono di valore per il "tewerkstelling in Duitsland" (in werkelijkheid: voor massavernietiging) sono state inserite in un gruppo di lavoro, ma sono state anche inserite in un gruppo di lavoro. Le persone che si trovano in un campo di concentramento hanno meno ore di lavoro e sono più difficili da lavorare rispetto alle altre. Il suo lavoro si basa sullo smontaggio di batterie scariche nelle barre di protezione del barak 56.

Il 3 settembre 1944 furono portati via più di due uomini per trein verso l'osteria. Un selezionatore portò l'avamposto verso il campo di tiro, dove si trovavano i nomi sulla lista. Anche gli addetti ai lavori dell'achterhuis si sono presentati allo stesso modo. Questo fu l'ultimo treno che si diresse da Westerbork ad Auschwitz.

Il 5 settembre si svolse la tregua nel campo di concentramento di Auschwitz-Birkenau. Gli undici membri dell'equipaggio iniziano la selezione per la cattura dei detenuti. In particolare, sono stati catturati gli uomini delle vittime. Otto Frank, Hermann van Pels, Peter van Pels e Fritz Pfeffer si recano al campo di Auschwitz I. Anne, Margot, la loro compagna Edith e Auguste van Pels si recano nel campo di Birkenau. In un giorno, Anne si è allontanata. Si trovava in un *blocco di cemento armato* (schurftblok) che era stato distrutto dal resto dell'accampamento. Margot ha incontrato la sua famiglia.

Sovrapposizione

Il 28 ottobre 1944 viene effettuato un trasporto con 1308 persone da Birkenau al campo di concentramento di Bergen-Belsen. Anche Anne e Margot sono state coinvolte in questo trasporto. Edith muore il 6 gennaio 1945. A Bergen-Belsen Anne e Margot sono state uccise e si sono recate allo ziekenbarak, dove le loro vittime sono rimaste a casa. I due hanno subito un duro colpo. Nel febbraio del 1945 Margot è morta, e dieci anni dopo è morta anche Anne, sempre a causa di un incidente. In questo periodo 17.000 persone vivono a Bergen-Belsen. L'amministrazione dell'accampamento era più ampia, tanto che i dati esatti di Anne e Margot non sono stati modificati. Het Rode Kruis nominò nel 1954 (dus negen jaar na hun overlijden) aan dat het 'ergens tussen 1 en 31 maart' geweest moest zijn. L'ufficiale overlijdensakte uit datzelfde jaar vermeldt 31 maart 1945. In *De Dagboeken van Anne Frank* schreven de historici David Barnouw en Gerrold van der Stroom in 1986 dat Anne en haar zus Margot waarschijnlijk eind februari, begin maart 1945 overleden. La base è costituita da una dichiarazione di Lientje Brilleslijper dell'11 novembre 1945, in cui si legge "omstreeks eind februari, begin maart 1945" come data di scadenza. Lientje Brilleslijper e la sua famiglia, Janny, avevano accolto Anne e Margot nell'ultimo periodo a Bergen-Belsen. Anche il documentarista Willy Lindwer (*De laatste zeven maanden*, 1988), che Janny Brilleslijper ha intervistato, è partito dal febbraio 1945, in seguito alla biografia di Melissa Müller e di altri giornalisti e storici. In seguito, l'intervista si è conclusa con una data più vicina a quella di febbraio. La madre Edith morì nel gennaio del 1945 ad Auschwitz, a causa di una ferita e di un'aggressione. Tra gli altri membri dell'appartamento c'è anche Otto Frank, che ha subito l'Olocausto.

Dagboek: Het Achterhuis

Anne Frank scrive il suo dagbook sotto forma di lettera ad una sua amica immaginaria, Kitty. Scrive: "Voglio che tu mi dica tutto quello che puoi fare, anche se non ho mai avuto problemi con nessuno, e voglio che tu mi dia un aiuto importante per me".

Dopo che la scrittrice e la sua famiglia sono state colpite e assistite, l'aiutante Miep Gies ha ricevuto una lettera di presentazione di un libro. Alleen Annes vader Otto overleefde het vernietigingskamp. Gies ha dato il numero di pagine all'oorologio del padre dell'autore. Otto Frank pubblicò il libro nel 1947 con il titolo *Het Achterhuis*. Daarin non è solo Annes herschreven versie opgenomen, ma Otto voegde er vanaf 29 maart 1944 ook Annes originele dagboekteksten aan toe. Inoltre, ha anche preso delle decisioni che Anne, nella sua versione originale, aveva preso in considerazione. L'Achterhuis è da allora uno dei libri più conosciuti al mondo.

Het Achterhuis è un libro basato su un'analisi dei dati di partenza.

Ander literair werk

Anne Frank ha scritto anche 34 testimonianze, relative al suo periodo scolastico, pubblicate all'interno dell'Achterhuis e a propri sprookjes, che sono state pubblicate con il titolo *Verhaaltjes, e pubblicate all'interno dell'Achterhuis.*

Nel 2004 viene pubblicato il *Mooie-zinnenboek*. A nome del suo padre, Anne (in un kasboek) ha raccolto i frammenti dei vari libri che ha pubblicato sul suo libro. Si tratta di frammenti e di versi che ha trovato in giro. Il libro contiene un facsimile della calligrafia originale di Annes, con una grafica modificata. Il manoscritto è stato conservato nella Anne Frank Huis e nel paese, ma non è più in stampa.

Sono presenti anche altre opere di Anne verschenen che non sono state vendute. Inoltre, è presente il libro *Verhaaltjes, e le sue pubblicazioni nell'archivio.*

Centro di produzione di erbe

L'eredità di Anne Frank è stata resa possibile da diverse istituzioni e musei. Nel 1963 Otto Frank ha aperto il Fondo Anne Frank, istituito a Bazel. Il fondo sostiene gli autori dei testi di Anne Frank e si impegna a diffondere il libro in diversi modi. Il fondo ha avviato progetti in tutto il mondo in materia di diritti umani, razzismo, discriminazione e antisemitismo ed è stato istituito presso la Bildungsstätte Anne Frank di Francoforte sul Meno. Nei Paesi Bassi è attivo il Centro Anne Frank per il rispetto reciproco, che ha sede a New York.

Punti salienti

- Il 12 giugno 1942 Anne Frank, al secolo Annelies Marie Frank, ricevette per il suo 13° compleanno un diario a quadri bianchi e rossi.
- Gli amici che cercarono il nascondiglio dopo la cattura della famiglia consegnarono a Otto Frank i documenti lasciati dalla Gestapo.
- Tra questi trovò il diario di Anne, che fu pubblicato con il titolo Anne Frank: The Diary of a Young Girl (originariamente in olandese, 1947).
- Il Diario, che è stato tradotto in più di 65 lingue, è il diario più letto dell'Olocausto e Anne è probabilmente la più conosciuta tra le vittime dell'Olocausto.
- Il Diario è stato anche trasformato in un'opera teatrale che ha debuttato a Broadway nell'ottobre del 1955 e che nel 1956 ha vinto

sia il Tony Award per la migliore opera teatrale che il Premio Pulitzer per il miglior dramma.

16 donne influenti

1. Benazir Bhutto (1953-2007)
Ex primo ministro del Pakistan

"Si può imprigionare un uomo, ma non un'idea. Si può esiliare un uomo, ma non un'idea. Si può uccidere un uomo, ma non un'idea".

Benazir Bhutto di **Bhoetto** (Karachi, 21 giugno 1953 - Rawalpindi, 27 dicembre 2007) è stata una politica pakistana. Dal 1988 al 1990 e dal 1993 al 1996 è stata premier del Paese.

Era l'ultimo figlio dell'ex premier ed ex presidente Ali Bhutto, che è stato assassinato il 4 aprile 1979, ed è stato uno dei principali sostenitori del nuovo presidente pakistano, Pervez Musharraf.

Vlak na een verkiezingstoespraak voor de Pakistaanse verkiezingen van 2008 kwam ze als oppositieleidster na een zelfmoordaanslag om het leven.

Achtergrond

Benazir Bhutto è nata nel 1953 a Karachi. Era la figlia del ministro dell'Interno e presidente Zulfikar Ali Bhutto, di origine sindhi, e di Begum Nusrat Ispahani, pakistana di origine iracheno-koerdiana.

Carriera di lusso

Benazir Bhutto si è laureata in legge, ma ha studiato da allora all'Università di Harvard e all'Università di Oxford. Nel 1977, durante i suoi studi, è partito per il Pakistan per un periodo di otto anni. Nel marzo del 1978 è stato ucciso il suo capo. In seguito a questo avvenimento, Zulfaqar Ali ha portato la sua compagna in Pakistan per farle intraprendere la carriera politica. Sotto la sua volontà, Zulfaqar Ali ha nominato insieme alla madre, Begum Nusrat Bhutto, la guida del Pakistan Peoples Party (PPP). Le due donne sono state arrestate dal presidente Zia-ul-Haq. Zia era il figlio che Zulfaqar Ali Bhutto aveva appoggiato e che in seguito aveva ophangen.

Nel 1984 Benazir si è recata a Groot-Brittannië per sottoporsi a un trattamento medico. Aveva un problema di orticaria cronica e fu costretta a fare i conti con una carenza di cibo.

Verzet

Nel 1986 le donne partono per il Pakistan, dove la situazione è molto grave e la lotta contro il dittatore Zia-ul-Haq viene portata avanti. Benazir e Nusrat hanno dato il nome al processo di liberazione e, nel periodo di transizione da Zia-ul-Haq (agosto 1988), sono state create altre verifiche. Queste verifiche sono state condotte dal PPP di centro (islamico-socialista), di cui era premier Benazir Bhutto. Daarmee è stata l'ultima premier donna di una repubblica islamica. Il suo regime è stato anche danneggiato dalla corruzione e dalla politica estera. Nel 1990 il presidente Ghulam Ishaq Khan lo ha sostituito.

Regering

Nel 1993, il premier Nawaz Sharif, dopo aver ottenuto la nomina di un altro ministro al posto di Bhutto, è diventato ministro-presidente.

Il suo secondo governo (una coalizione tra il PPP e la Lega Musulmana), è stato versato nel 1997 dalla Lega Musulmana al primo ministro Nawaz Sharif.

Politica dell'emancipazione

Benazir Bhutto era nota come sostenitrice dei diritti dei fedeli musulmani in Pakistan. Durante i suoi campeggi di verifica, Benazir Bhutto ha espresso il suo interesse per la violazione delle libertà civili e ha denunciato le discriminazioni nei confronti delle donne pakistane. Per rafforzare la posizione delle donne, Bhutto ha pianificato l'apertura di uffici politici, banche di credito e banche di credito per le donne. Oltre a questi piani, durante il suo periodo di governo, non ha fatto nulla per garantire il benessere dei cittadini. Durante i suoi campeggi di verifica, ze ha anche deciso di trascinare le controverse vrouwonvriendelijke Sharia-wetten, ma il suo partito non ha voluto che questa clausola venisse modificata a causa di una forte opposizione da parte dei suoi oppositori. Nel 2008 è stato uno degli ultimi vincitori del Mensenrechtenprijs delle Nazioni Unite.

Ricerca di un'arma da fuoco

De Zwitserse justitie deed, nadat er in 1998 ongeveer twintig miljoen Zwitserse franken op Zwitserse bankrekeningen van Bhutto en haar familie waren gevonden, jarenlang onderzoek naar mogelijk door haar en haar echtgenoot (Asif Ali Zardari) begane witwaspraktijken van smeergelden door middel van Zwitserse banken. Nel 2003 le due persone sono state messe in ginocchio, ma, dato che le due persone si trovavano in una situazione più difficile, nel 2004 è stato avviato il processo. Bhutto ha tenuto in considerazione gli aantijgingen e ha detto che la peste aveva un'influenza politica. Nel 2007 è stato individuato il problema della giustizia in relazione al suo eccesso di potere. Questo stopzetting non è servito per il suo ritorno in patria.

Ballingschap

Bhutto si è trasferita nel 1999 a Dubai per far fronte a una violazione gerechtelijke. Il suo ex marito, Asif Ali Zardari, ha subito un'ulteriore corruzione. Hij kwam na acht jaar gevangenschap in december 2004 op borgtocht vrij.

Bhutto e Sharif, oltre a una democrazia che non ha ancora raggiunto un'unica unità, a partire dal 1999 sono stati coinvolti in numerose discussioni per il ritiro del presidente Musharraf e per l'avvio di una serie di verifiche. I due ex-premier hanno firmato una "Carta della democrazia", il cui testo dovrebbe essere utilizzato per le prossime elezioni.

Nel 2007 Musharraf ha subito un attacco di corruzione, che ha portato alla rovina del partito della Bhutto nei presidenti, che Benazir Bhutto ha lasciato il Pakistan il 18 ottobre 2007. In occasione del suo abbandono, la donna ha pubblicato un'informativa sulla sua vita, che conta più di 140 vittime.

L'8 novembre 2007 Bhutto è stata arrestata dal presidente Musharraf, in via ufficiale, per garantire il suo diritto alla privacy. In pratica, l'arresto è stato disposto per poter organizzare una protesta contro il presidente in carica Pervez Musharraf.

Aanslag

Un anno dopo, il 27 dicembre 2007, Benazir Bhutto, con 54 anni di vita, è stata arrestata a causa di un'accusa che le ha impedito di compiere un atto di violenza nei confronti del Partito del Popolo Pakistano a Rawalpindi.

Nadat Bhutto, nella sua auto kogelvrije, è stato preso in consegna e ha deciso di andare verso la città. In quel momento, un uomo haar ha incontrato un vuurwapen. Da quel momento si aprì un'altra porta d'accesso, che portò due altri uomini a lavorare per la vita. Bhutto è stata uccisa direttamente all'uscita della ziekenhuis di Rawalpindi. Una persona ha dichiarato che il suo corpo, alle 18.16 di oggi, è stato colpito da un'alterazione dei suoi livelli di salute a causa di un'intollerabile malattia.

Il 28 dicembre 2007, il nome di Benazir Bhutto è stato cancellato nella sua famiglia a Garhi Khuda Bakhsh.

Nasleep

In diverse città pakistane, i sostenitori della Bhutto che il governo di Musharraf ha condannato alla nalatigheid e alla poghettatura hanno dato vita a una denuncia. Il moordaanslag ha provocato in molti politici di tutto il mondo un grave problema, che è stato risolto con un colpo di spugna. Un giorno dopo, il 28 dicembre, è stata diffusa la notizia da parte del gruppo islamista Al Qaida. Volgens het Pakistaans ministerie van Binnenlandse Zaken in Islamabad bewijst een onderschept telefoongesprek van Al Qaida dat Baitullah Mehsud achter de aanslag zit. Non c'è ancora una risposta a questa domanda che Al Qaida abbia fatto da padrone. La sua famiglia, Bilawal Bhutto Zardari, ha deciso di partecipare al partito del popolo pakistano.

Punti salienti

- Benazir Bhutto è una politica pakistana che è diventata la prima donna leader di una nazione musulmana nella storia moderna. È stata primo ministro del Pakistan per due mandati, nel 1988-1990 e nel 1993-1996.
- Dopo l'esecuzione del padre nel 1979, durante il governo del dittatore militare Mohammad Zia-ul-Haq, la Bhutto è diventata il capo titolare del partito paterno, il Pakistan People's Party (PPP), e ha sopportato frequenti arresti domiciliari dal 1979 al 1984.
- Legalmente separato e libero dalle restrizioni imposte al PPP dalla leadership della Bhutto, il PPPP ha partecipato alle elezioni del 2002, nelle quali ha ottenuto un forte consenso. Tuttavia, le condizioni della Bhutto per la cooperazione con il governo militare, ovvero il ritiro di tutte le accuse contro di lei e contro il marito, hanno continuato a essere negate.

2. Betty Friedan (1921-2006)

Scrittrice e attivista femminista americana

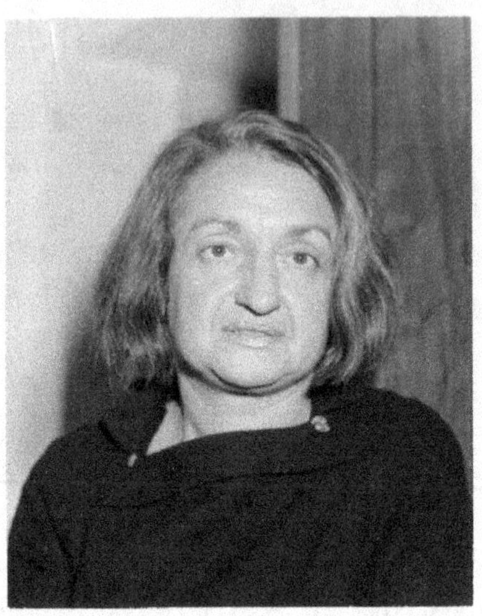

---

*"È più facile vivere attraverso qualcun altro che diventare
completi in prima persona".*

Betty Friedan, nata come *Bettye Naomi Goldstein* (Peoria (Illinois), 4
febbraio 1921 - Washington D.C., 4 febbraio 2006) è stata una femminista
americana, attivista sociale e pubblicista.

Levensloop

Friedan è stata nella sua pubertà un'attivista marxista e radicalista di
Joods. All'interno del campus della scuola superiore Smith College, dove
studiava, ha avuto un proprio figlio. Studia psicologia all'università di
Berkeley in California, ma non riesce a trovare un lavoro. Da lì a poco
diventò giornalista per i link e i vakbondsbladen. Nel 1947 incontrò Carl
Friedan, che nel 1967 si rese conto di quanto fosse importante. All'85°
anniversario della morte di Carl Friedan, la donna è stata colpita da una
crisi cardiaca.

La mistica femminile

Quando nel 1952 ze era zwanger van haar tweede kind, werd ze wegens haar zwangerschap ontslagen. Nel 1958 ze si trova ad affrontare le sue prime lezioni al liceo, che gli permettono di svolgere un'attività di volontariato. Sebbene la sua opinione su quanti anni di carriera ha intrapreso, ze daarover een artikel voor een krant, dat zelfs na talloze herschrijvingen voor publicatie geweigerd werd. Daarop besloot ze het material als basis voor een boek te gebruiken.

Nel 1963 è stato pubblicato il libro *La mistica femminile,* un'opera femminista di grande successo. L'ultima edizione ha raggiunto 1,3 milioni di esemplari e il libro è stato il più venduto di quell'anno. Il libro illustra il ruolo delle donne di mezza età nel settore industriale: la camera da letto, e l'ambiente che vi si incontra, la *camera da letto.* Questo bestseller è stato definito anche come l'inizio del Tweede feministische golf.

Attivismo

Nel 1966 Friedan ha fondato la National Organization for Women (NOW) e nel 1969, insieme a Bernard Nathanson e Larry Lader, ha fondato il gruppo di pressione NARAL, che nel frattempo aveva messo in atto una strategia di aborto provocatorio nei Paesi Bassi.

Nadien bleef ze tot op hoge leeftijd actief als feministe, onder meer als (mede)oprichter en voorzitter van vele vrouwenorganisaties. In tegenstelling tot Nathanson ze bleef ook actief in de pro-abortusbeweging.

Punti salienti

- Bettye Goldstein si è laureata nel 1942 allo Smith College in psicologia e, dopo un anno di studi presso l'Università della California, Berkeley, si è stabilita a New York.
- The Feminine Mystique (1963), che esplorava le cause delle frustrazioni delle donne moderne nei ruoli tradizionali, fu un best seller immediato e controverso e fu tradotto in diverse lingue straniere.
- Membro fondatore del National Women's Political Caucus (1971), ha dichiarato che è stato organizzato "per fare politica, non per fare caffè".

243

- Nel 1976 Friedan ha pubblicato It Changed My Life: Writings on the Women's Movement e nel 1981 The Second Stage, una valutazione dello stato del movimento femminile.
- The Fountain of Age (1993) affronta la psicologia della vecchiaia e invita a rivedere la visione della società secondo cui l'invecchiamento significa perdita e impoverimento.

3. Grace Hopper (1906-1992)
Matematico, informatico e ufficiale di marina

"La leadership è una strada a doppio senso: lealtà verso
l'alto e lealtà verso il basso. Rispetto per i propri superiori,
cura per il proprio equipaggio".

Grace Brewster Murray Hopper (New York, 9 dicembre 1906 - Arlington
(Virginia), 1 gennaio 1992) è stata una scienziata americana, pioniere
dell'informatica, naturalista e ufficiale (contrammiraglio) della marina
americana. Ha realizzato, tra l'altro, il primo programma per il calcolatore
Mark I e il primo compilatore elettronico per un programma di calcolo.

Levensloop

Hopper ha conseguito il bachelor in wiskunde e in natuurkunde presso il
Vassar College nel 1928; durante gli studi è stato inserito nella società
accademica ΦBK (Phi-Beta-Kappa) per il suo talento umorale. Studiò
ancora a Yale e nel 1930 conseguì il master in due discipline. Nel 1934 è
stata l'ultima ragazza degli Stati Uniti ad essere promossa nel campo della

scienza. La sua tesi di laurea si intitola *New Types of Irreducibility Criteria*
e si riferisce a tutti gli altri criteri di irriducibilità. A partire dal 1931 Hopper
ha iniziato a frequentare il corso di laurea in scienze politiche a Vassar;
dal 1941 è stato nominato professore universitario.

Nel 1943 è entrato a far parte della U.S. Naval Reserve e ha iniziato a
lavorare nel laboratorio di informatica. Da qui lavorò insieme a Howard
Aiken al calcolatore Mark I. Fu l'ultima persona a cui venne chiesto un
programma. All'estremità dell'oorlog si allontanò dalla marina, ma lavorò
alla messa a punto delle macchine calcolatrici Mark II e Mark III.

Nel 1949 lavorò per la Eckert-Mauchly Computer Corporation, dove ze fu
a capo della società nel momento in cui la società si occupò dell'UNIVAC
I. All'inizio degli anni '50, la società si è trasferita presso la Remington
Rand Corporation e ha pubblicato il suo primo lavoro in materia di
compilatori. Il suo compilatore è il compilatore A, con la sua versione finale
A-0. Le ultime versioni vengono commercializzate con i nomi ARITH-
MATIC, MATH-MATIC e (vooral) FLOW-MATIC.

Un paio di giorni più tardi, Ze si trasferì in marina, dove fu chiamato a
scrivere un software di convalida per il nuovo programma COBOL. La
definizione di COBOL fu ampliata con il comitato CODASYL, ma si
trattava anche di un'integrazione di Hoppers FLOW-MATIC con un'altra
parte di COMTRAN (l'equivalente FLOW-MATIC di IBM). A parte
l'omissione dei comitati e di tutti gli altri uffici, è evidente che l'idea di
Hoppers era che un computer potesse essere programmato in un
linguaggio che si basa su un linguaggio naturale come l'inglese e non in
un linguaggio meccanico o in un linguaggio che si basa su un linguaggio
sterile (come quello degli assemblatori che in questo periodo vengono
utilizzati). È altrettanto importante sottolineare che il COBOL si basava su
una filosofia e su delle idee ben precise.

Nel 1966 Hopper è entrato a far parte della Riserva Nazionale con il grado
di comandante. Nell'agosto del 1967 fu assunto in servizio per un periodo
di tre mesi - che in seguito fu omesso in un'azione per un'altra persona.
Nel 1973, l'ammiraglio Elmo R. Zumwalt Jr. lo ha nominato capitano.

A partire dagli anni '70 si svolsero i test sui computer gestiti, in particolare
per i programmi e con nomi basati su COBOL e FORTRAN. Il programma
di prova della marina per l'azienda, che vuole che i programmi si
sviluppino in questi talenti, ha portato a una maggiore convergenza dei

diversi dialetti dei programmi, anche quelli che vengono utilizzati dalle parti commerciali. Queste serie di test (e anche il loro valore) sono state realizzate negli anni '80 dal National Bureau of Standards, o NIST.

Nel marzo 1983 Hopper viene presentato in televisione nel programma *60 Minutes*. Da qui fu invitato da Philip Crane, direttore dell'Amerikaanse Huis van Afgevaardigden. Hij diende een motie in bij het Huis om president Ronald Reagan te bewegen haar te bevorderen tot commodore, hetgeen ook gebeurde bij Speciaal Besluit van de Bevelvoerder. Nel 1985 questo grado fu trasformato in contrammiraglio (metà inferiore). Nel 1986 fu trasferito (a titolo oneroso) nella marina.

Ze werd toen aangenomen als senior consultant bij Digital Equipment Corporation, een aanstelling die ze de rest van haar leven behield. La sua attività più importante in questo periodo è stata quella di "ambasciatore di buona volontà". Ha aperto il circuito di lezingen e ha tenuto discorsi sul principio dei computer, sulla sua carriera e su ciò che i computerbouwers possono fare per migliorare la vita dei loro clienti. Il cliente è il principale esponente delle attività di ricerca e sviluppo di Digitals e ha deciso di mantenere una posizione fissa sul suo terreno. In questi luoghi gli uomini sono spesso in uniforme, in grande stile.

Grace Hopper ha compiuto 85 anni nel 1992 e ha iniziato a lavorare nel cimitero nazionale di Arlington con un militare. Per tutto il periodo si trovava ad Arlington (Virginia). Aan South Joyce Street, oltre il suo ingresso, c'è un piccolo parco che è stato aperto dalla Contea di Arlington: il Grace Murray Hopper Park.

Punti salienti

- Divenne tenente e fu assegnata al Bureau of Ordnance's Computation Project dell'Università di Harvard (1944), dove lavorò al Mark I, il primo calcolatore automatico su larga scala e precursore dei computer elettronici.
- Scrisse il primo manuale per computer, A Manual of Operation for the Automatic Sequence Controlled Calculator (1946), che descriveva il funzionamento del Mark I ed era la prima trattazione esaustiva di come programmare un computer.

- Lo sviluppo di compilatori per il COBOL da parte di Grace Hopper e il suo forte sostegno al linguaggio hanno portato alla sua diffusione negli anni Sessanta.
- Hopper si ritirò dalla Marina con il grado di comandante nel 1966, ma fu richiamata in servizio attivo l'anno successivo per contribuire a standardizzare i linguaggi informatici della Marina.

4. Margaret Thatcher (1925-2013)
La prima donna a diventare Primo Ministro del Regno Unito

La baronessa Margaret Hilda Thatcher (Grantham, Inghilterra, 13 ottobre 1925 - Londen, Inghilterra, 8 aprile 2013) è stata una politica britannica del Conservatieve Partij e, dal 1979 al 1990, l'ultimo premier di governo del Regno Unito.

Thatchers vader era winkelier en burgemeester van Grantham in Lincolnshire. Ze werd aan Somerville College (Universiteit van Oxford) opgeleid tot scheikundige en was van 1959 tot 1992 lid van het Lagerhuis. Dal 1970 al 1974 è stato ministro dell'Economia e della Scienza nel gabinetto Heath. Nel 1975 Thatcher è stata l'ultima deputata del Conservatieve Partij en diende zij als oppositieleider in het Lagerhuis. Nel 1979 la Thatcher vinse i verdetti e si schierò da subito contro il nuovo premier del Partito Laburista, James Callaghan. Da quel momento la Thatcher divenne l'ultimo premier democratico del Regno Unito. Durante le elezioni del 1983 e del 1987 fu nominata premier per un secondo e ultimo mandato. Nel 1990 la Thatcher è passata al ruolo di leader di partito e di premier ed è stata sostituita da John Major.

Nel 1992 la Thatcher è stata trasformata in barone e ha ricevuto un'ordinanza dall'Hogerhuis.

Nel corso della sua vita, la Thatcher è stata inserita nei seguenti elenchi: Lid van de Eerbaarste Privy Council van Hare Majesteit - Member in de Orde of Merit - Dame van Justitie in de Orde van Sint-Jan - Dame Ridder in de Orde van de Kousenband.

Ordini del paese: Medaglia presidenziale della libertà - Grootkruis in de Orde van de Goede Hoop - Groot Lint in de Orde van de Kostbare Kroon - Grote Orde van Koning Dimitar Zvonimir - Orde van de Witte Leeuw, eerste klasse - Dame Grootkruis in de Koninklijke Orde van Frans I.

Afkomst

Margaret Thatcher è nata a Grantham, nella contea inglese del Lincolnshire, come Margaret Roberts. Il suo padre era Alfred Roberts e viveva nel Northamptonshire. La sua madre era Beatrice Ethel (nata a Stephenson) e viveva nel Lincolnshire. Zij bracht haar jeugd door in Grantham, waar haar vader twee kruidenierswinkels had. Margaret e la sua ultima figlia, Muriel, si trasferiscono nell'appartamento della figlia maggiore. Il suo padre era attivo sia nella politica locale che nella chiesa cristiana, dove si impegnava come assessore e come predicatore metodista. Margaret è stata promossa a una strenua metodista. Il suo padre era un uomo di una famiglia liberale, ma si trovava - per quanto potesse essere utile nella politica locale - in una posizione di privilegio. Nel 1945-46 fu borgomastro di Grantham. Nel 1952 ha perso la sua posizione come sostenitore, dopo che il partito laburista aveva conquistato il potere nella circoscrizione di Grantham.

Scuola e università medievali

Roberts ha frequentato la Huntingtower Road Primary School e ha vinto un concorso per la Kesteven and Grantham Girls' School. Le sue relazioni scolastiche testimoniano che lavorava sodo e che continuava a verbalizzare; le sue attività scolastiche comprendevano, tra l'altro, pianospel, hockey, recite di poesie, zwemmen e wandelen. Nel 1942-1943 è stata hoofdmeisje (*direttrice*). Nel suo ultimo anno di vita ha iniziato a studiare presso il Somerville College, un collegio di studenti dell'Università di Oxford. In un primo momento fu preso in considerazione, ma, dopo che un'altra richiesta era stata fatta, si trovò di fronte a un altro posto. Nel 1943 si recò a Oxford, dove nel 1947 conseguì il Bachelor of Science in scheikunde con "Second Class Honours". Nel suo ultimo anno di vita si specializzò, sotto la supervisione di Dorothy Hodgkin, nella cristallografia röntgenstralings. Non è stato un sostenitore della formazione degli studenti del Somerville College.

Nel 1946 Roberts è stato nominato membro dell'Associazione Conservatrice dell'Università di Oxford. All'interno dell'università sono state pubblicate opere politiche, tra cui *La via della servitù* (1944) di Friedrich von Hayeks, che hanno portato l'economia al surriscaldamento come un'ultima tappa verso uno Stato autoritario.

Il tempo libero

Nel 1947 Roberts si trasferì a Colchester, nell'Essex, dove lavorò come onderzoekschemicus di BX Plastics. Fu anche presidente dell'Associazione Conservatrice locale. Nel 1948 partecipò alla conferenza di partito a Llandudno, come segretario dell'Associazione conservatrice universitaria.

La kwalificatie come kandidaat per il Lagerhuis

Uno dei suoi amici di Oxford era un amico del presidente dell'Associazione Conservatrice di Dartford, nel Kent. Da qui era alla ricerca di candidati per il Britse Lagerhuis per il Conservatieve Partij. Gli esponenti di questa associazione erano preoccupati per l'indisponibilità delle idee politiche di Roberts e per il fatto che questi avesse deciso di sostenere la sua causa. Nel gennaio 1951 è stato eletto presidente.

Campagne a Dartford

Tijdens een diner na haar formele acceptatie als kandidaat voor Dartford ontmoette zij in februari 1951 Denis Thatcher, een successesvolle, rijke, gescheiden zakenman, die haar bij het station afzette om haar trein naar Essex te halen. Ter voorbereiding van de verkiezing verhuisde Roberts naar Dartford, waar zij in haar levensonderhoud voorzag door als onderzoekschemicus in dienst te treden bij J. Lyon en Co. in Hammersmith. Fa parte di un team che si occupa di emulazioni per i bambini.

Durante le votazioni parlamentari per il Lagerhuis nel febbraio 1950 e nell'ottobre 1951, fu candidato nel quartiere laburista di Dartford, dove si trovava come il più giovane e il più importante candidato mediatico. I due gruppi sono stati seguiti da Norman Dodds, ma nel febbraio del 1950 hanno visto ridursi il numero dei laburisti a 6.000 e nell'ottobre del 1951 a 1.000. Nel corso di queste campagne, i laburisti vennero invitati dal loro uomo di fiducia, Denis Thatcher, incontrato nel dicembre del 1951 nel suo paese. Denis ha promosso gli studi di sua moglie per ottenere il riconoscimento dell'Ordine degli Avvocati; Thatcher ha iniziato a lavorare nel 1953 come avvocato e si è specializzato in diritto di difesa. In questo stesso anno è nata la sua famiglia, Carol e Mark.

Coperchio del Lagerhuis

Dopo i suoi viaggi a Dartford, nel mezzo del mese di giugno, Thatcher si mise alla ricerca di un distretto dove aveva avuto un'influenza nel Lagerhuis. Nel 1955 Roberts fu trasferito a Orpington, ma nell'aprile 1958 fu designato per il distretto di Finchley. Nel 1959, a causa di un duro campionato di calcio, è stato nominato coperchio del Lagerhuis. Haar maidenspeech handelde over haar wetsvoorstel ("Public Bodies (Admission to Meetings) Act 1960"), die lokale autoriteiten voorschreef om haar raadsvergaderingen voortaan in het openbaar te houden. Nel 1961 zij stemde tegen de officiële positie van de Conservatieve Partij door voor de herinvoering van "birching" te stemmen.

Nell'ottobre del 1961 la Thatcher entra in politica, quando si trova in un posto all'ultimo piano del Lagerhuis. Nel governo di Harold Macmillans fu nominato segretario parlamentare del ministero delle Pensioenen e delle Nationale verzekeringen. Nel 1964, in occasione delle elezioni, fu nominato segretario per gli investimenti e la politica agraria, mentre il suo partito si impegnava a far sì che i suoi cittadini potessero accedere al diritto di proprietà per aprire un'azienda. Nel 1966 entrò a far parte della squadra del Tesoro. Als financieel woordvoerster verzette zij tegen de verplichte prijs en inkomenscontroles van Labour, met als argument dat deze controles onbedoelde effect zouden produceren, die de economie zouden verwringen.

Ministro

Nel gabinetto del ministro-presidente Edward Heath ha ricoperto, dal 1970 al 1974, il ruolo di ministro dell'Agricoltura e delle Scienze. In qualità di ministro dell'Agricoltura ha ottenuto il sostegno gratuito per i bambini delle scuole elementari. Per questo motivo ha scelto il soprannome di "Thatcher la ladra di latte".

Partijleider Conservatieve Partij

Nel 1975 Heath è entrato come membro del Conservatieve Partij e ha vinto il leiderschapsverkiezing. Nel 1979 ze als leidster van de oppositie vinse un motif di lotta contro il governo di James Callaghan, che aveva siglato un patto con il Liberale Partij, con una riduzione di 311 punti rispetto a 310. Le ultime elezioni che si sono tenute sono state vinte da Ze, che è diventato il primo ministro. Nel 1983 e nel 1987 è stato nominato ministro. Nel 1988 è il più longevo premier britannico dal 1827. Per essere precisi: la sua data di nascita è di cinque anni, sei mesi e 26 anni. Il Regno Unito era in crisi economica per quando la Thatcher ha iniziato a lavorare. L'industria era distrutta e gli scontri sindacali in corso ostacolavano la ripresa economica. C'era una forte inflazione e il reddito nazionale era ridotto al minimo. Il suo rigoroso orientamento liberale-classe, il successivo passaggio al suo genovese thatcherismo e la sua migliore adesione alla privatizzazione dei vari Stati, portarono il suo voto in conflitto con gli oppositori e i laburisti Michael Foot e Neil Kinnock.

Falklandoorlog

Il 2 aprile 1982 l'Argentina, che aveva già fatto un lungo giro di vite sulle isole Falklande, si è recata in queste isole britanniche. Immediatamente la Thatcher decise di effettuare un'operazione di blocco con un voto. Il 21 maggio 1982 Britten sbarca a Port San Carlos. Due anni dopo le isole furono rese eroiche. In totale furono uccisi 236 Britten e 655 argentini. Al termine dell'anno, la Thatcher fu il primo ministro britannico più popolare del secondo dopoguerra. Erna era immensamente gelosa. La Thatcher sfruttò la sua popolarità per far fronte alle elezioni parlamentari, che vinse nel 1983.

Realizzazione di un impianto per la produzione di energia elettrica

Gesterkt begon Thatcher aan haar voornemen om vele tientallen verlieslijdende kolenmijnen te sluiten. I legami tra i lavoratori, sotto la guida del radicale Arthur Scargill, organizzarono nel 1984 un'azione di lotta su vasta scala. Si aprì un inverno di grandi scontri tra i lavoratori e la politica. Alcuni mesi più tardi, i miei uomini si fecero più chiari.

IRA-annuncio

Il 12 ottobre 1984 la Thatcher fu colpita da una bomba dell'IRA. Il giorno in cui è avvenuta l'esplosione alle 02:54 nel Grand Hotel di Brighton, dove zij net als vele other kopstukken van haar partij verbleef in verband met het jaarlijkse partijcongres in de stad. Al momento dell'annuncio la Thatcher era al lavoro nella sua suite per l'ultimo verdetto. In quell'occasione, i due avevano aperto una camera blindata, che era stata danneggiata durante il trasferimento. Alcune persone vollero che la casa venisse inaugurata, ma i loro figli e i loro genitori furono uccisi. Thatcher si rese conto in seguito che, mentre i suoi amici si recavano nella camera blindata per la bombe, avrebbe dovuto aprire le porte a tutti gli altri. La Thatcher decise che il congresso di quel giorno, alle ore 9:30, doveva essere aperto. Alle 14:30, la Thatcher ha fatto il suo giro di boa.

La situazione dei paesi in via di sviluppo

Il Regno Unito era ben protetto dalle organizzazioni europee, ma la Thatcher non volle rinunciare a una forma di sovranazionalismo e si orientò verso gli Stati Uniti. Con il presidente americano Ronald Reagan lo vide in azione. In Europa gli si dà più fastidio. Il motto "Voglio indietro i miei soldi" è stato cancellato da una serie di interventi di compensazione su terreni sociali e su terreni agricoli in Europa.

Il governo Thatcher rafforzò la coalizione con i Rode Khmer, che nel 1979 furono attaccati dalle truppe comuniste vietnamite. Durante il conflitto cino-russo i comunisti vietnamiti erano dalla parte della Sovranità, mentre i Rode Khmer erano dalla parte della Cina. Grazie al sostegno del governo Thatcher, la coalizione di Pol Pot divenne la zona ufficiale della Cambogia nella Repubblica Federale di Corea. Da allora il governo Thatcher ha sostenuto la coalizione del Rode Khmer con fondi, denaro e addestratori. Nel 1991 il governo decise che le truppe della coalizione, guidate dai Rode Khmer, erano state ottenute dalla SAS. L'ufficio di presidenza britannico si occupò solo dei settori non comunisti della coalizione, ma i Rode Khmer ebbero molti vantaggi dal governo britannico. Thatcher ha
254

dichiarato che "*gli uomini più rossi del Rode Khmer hanno un ruolo importante da svolgere nel governo britannico*". Tra il 1975 e il 1979 la Rode Khmer ha perso due milioni di persone.

Tassa di sondaggio

Nel 1990 i cittadini del Regno Unito si ribellano perché Thatcher invochi un'imposta *sugli elettori*, la "*poll tax*". Dat leidde tot haar aftreden: de partij wilde van haar af en verscheidene conservatieven daagden Thatcher uit om het leiderschap van de Conservatieve Partij. All'inizio della prima fase delle verifiche per il voto, la Thatcher aveva più uomini di Michael Heseltine, che alcuni anni dopo non era più vicepremier, ma il divario era ancora più grande per essere considerato un problema. Daarop besloot Thatcher, deels op advies van haar echtgenoot, dat aftreden eervoller was dan verslagen worden. Durante il suo ultimo soggiorno in cabina di governo, i suoi amici si trasferirono per la seconda volta in un luogo aperto: l'ultima volta fu quando il suo amico Mark Thatcher, a dieci anni dall'inizio della guerra, si recò in Algeri per un viaggio d'istruzione. Il consiglio di amministrazione del partito e il primo ministro passano a John Major, che diventa ministro delle Finanze.

Na haar politieke leven

Negli anni successivi, la Thatcher ha fatto un giro di vite in tutto il mondo. Nel 2001 la donna si è allontanata da sé per un'ispezione. Il 13 ottobre 2005 festeggia il suo 80° compleanno con una cena per circa 650 commensali, tra cui la regina Elisabetta II, il premier laburista Tony Blair, la cantante Shirley Bassey e l'attrice Joan Collins.

Il 7 dicembre 2005 ze één nacht ter observatie in het ziekenhuis opgenomen, nadat ze zich plotseling onwel begon te voelen bij de kapper. La sua consanguinea Carol Thatcher si rende conto che la malattia di suo padre non è ancora finita. Altre persone hanno notato che i suoi figli sono affetti da Alzheimer. Nel 2008 la sua compagna Carol ha pubblicato il libro Dit werd in 2008 bevestigd door haar dochter Carol in haar boek: A Swim-On Part in the Goldfish Bowl: A Memoir".

Na het overlijden op 11 december 2006 van Pinochet, die politiek behulpzaam was geweest bij de Falkland-oorlog, liet ze weten dat ze bedroefd was. Nel 2007 la Thatcher è entrata a far parte del

Conservatieve Partij nella Hogerhuis come Baronessa Thatcher di Kesteven.

Nel Medio 2008 è scoppiata una controversia nel Regno Unito sul fatto che la donna abbia un figlio che non sia uno statuto da difendere. Questa storia è stata quasi del tutto dimenticata da Winston Churchill e dai leader della famiglia Koninklijke.

L'8 aprile 2013 la Thatcher si è recata all'hotel The Ritz di Londra per una cena. In seguito all'incendio britannico, la Thatcher ha organizzato una cerimonia di inaugurazione con numerosi militari nella Cattedrale di St. Pauls, che la Thatcher stessa aveva costruito come sede. L'uitvaartdienst del 17 aprile si distingue per il suo status, come quello della principessa Diana nel 1997 e quello della regina Elisabetta nel 2002. Più di 2300 genodigden hanno ricevuto l'autorizzazione, come ad esempio la regina Elisabetta II e il suo principe ereditario Filippo. In totale furono 170 i paesi in cui i vertegenwoordigers erano presenti. I paesi sono stati messi in ginocchio.

Le reazioni all'overlijden della Thatcher sono state, per lo più nel Regno Unito, di segno opposto. La Thatcher è stata riconosciuta come uno dei migliori leader che il Regno Unito abbia mai avuto, ma ci sono state anche altre reazioni da parte dell'arbeiderklasse e dei suoi colleghi che hanno sostenuto la sua politica economica. Le critiche si sono scatenate attraverso una campagna sui social media che ha dato il via alla campagna "Ding-Dong! The Witch Is Dead" nel film Il mago di Oz sia una seconda e una terza versione in inglese e una terza in inglese. L'interpretazione è stata affidata a personaggi, tra cui Ruth Duccini e Jerry Maren, che nel film avevano ottenuto il numero, come smakeloos e respectloos. Gli amanti della Thatcher si sono confrontati con il numero "I'm in Love with Margaret Thatcher" dei Notsensibles. Il numero è di 35° posto.

Nog in de maand van haar overlijden werd het plan bekendgemaakt om in Londen een museum annex bibliotheek ter ere van Thatcher te stichten. Il centro prende il nome di *Margaret Thatcher Centre* e si trova all'interno dell'Università di Buckingham.

Punti salienti

- Margaret Thatcher ha portato i conservatori a una vittoria elettorale decisiva nel 1979, dopo una serie di grandi scioperi durante l'inverno precedente (il cosiddetto "inverno del malcontento") sotto il governo laburista di James Callaghan.
- La Thatcher entrò in carica promettendo di limitare il potere dei sindacati, che avevano dimostrato la loro capacità di bloccare il Paese durante sei settimane di scioperi nell'inverno 1978-1979.
- La seconda metà del mandato della Thatcher fu segnata da un'inestinguibile controversia sul rapporto della Gran Bretagna con la Comunità europea (CE). Nel 1984 Margaret Thatcher riuscì, tra una feroce opposizione, a ridurre drasticamente il contributo britannico al bilancio della CE.

5. Kamala Harris (nata nel 1964)
Vicepresidente degli Stati Uniti

"Spero che, essendo una 'prima', ispiri i giovani a perseguire i loro sogni".

Kamala Devi Harris (Oakland (Californië), 20 ottobre 1964) è una politica americana e dal 20 gennaio 2021 è la 49esima vicepresidente del Verenigde Staten. È membro del Partito Democratico ed è stato, al momento del suo insediamento, l'ultimo vicepresidente afro-americano, l'ultimo vicepresidente azero-americano e l'ultimo vicepresidente vrouwelijke. Inoltre Harris è stato openbaar aanklager di San Francisco dal 2004 al 2011, procuratore generale della California dal 2011 al 2017 e senatore della California dal 2017 al 2021.

Biografie

Harris è nato il 20 ottobre 1964 a Oakland. La madre Shyamala Gopalan, di etnia tamil, era una kankeronderzoeker che nel 1960 è emigrata dall'India agli Stati Uniti. Il suo compagno Donald J. Harris è emigrato nel 1961 in Giamaica. Ha studiato economia all'Università della California - Berkeley. Harris si identifica come afro- e indiano-americano.

I genitori di Harris sono nati quando Kamala Harris aveva 7 anni, quando Kamala e la sua giovane figlia Maya hanno trascorso una settimana con i suoi genitori. I due si sono incontrati a Berkeley. Quando Harris aveva 12

anni, andò a Montreal, dove il suo padre aveva un lavoro e una relazione.
Nel 1981 frequenta la Westmount High School.

Harris ha studiato economia e politica alla Howard University di
Washington. Come studentessa ha partecipato al club di dibattito, al
gruppo studentesco e alla *confraternita* afroamericana Alpha Kappa
Alpha. Ha dimostrato di essere contraria all'apartheid e ha organizzato
programmi di tutoraggio per giovani del posto.

Dopo aver studiato da Howard, Harris è partito per la California, dove nel
1989 ha conseguito un diploma di laurea presso l'Hastings College of the
Law di San Francisco. Fu trasferito in tribunale e dal 1990 al 1998 lavorò
come *sostituto procuratore distrettuale* nella contea di Alameda. In questo
periodo si è scontrato con il trentenne Willie Brown, il principale deputato
dell'Assemblea dello Stato della California. Brown ha invitato Harris ad
entrare nella sua rete politica e nel 1994 gli ha fatto assumere una
posizione di primo piano. Nel 1996 Brown è diventato borgomastro di San
Francisco e ha ottenuto il voto.

Dal 1998 al 2000 Harris ha lavorato per il procuratore *distrettuale di* San
Francisco, dove si sono verificati alcuni errori. Dal 2000 al 2003 Harris ha
lavorato come avvocato di stato. Nel 2003 ha deciso di farsi giustizia da
solo, per poter assumere il ruolo di openbaar aanklager di San Francisco.
La sua campagna ha fruttato più di 600.000 dollari, più di una parte è stata
consumata e più di una parte è stata bagnata. In una campagna
turbolenta Harris ha vinto il 56% delle vendite. Nel 2007 le sue azioni sono
state cancellate, come pure un'altra campagna.

Procuratore generale della California (2011-2017)

Nel novembre 2008 Harris ha deciso di candidarsi come procuratore
generale dello Stato californiano. Si tratta di una posizione che riguarda le
senatrici Dianne Feinstein e Barbara Boxer e la portavoce dell'Huis van
Afgevaardigden Nancy Pelosi. Nella votazione ha ottenuto il 33,6 per
cento dei voti, il più alto tra tutti i candidati. In un'altra verifica Harris si è
scontrata con il repubblicano Steve Cooley, un candidato aperto di Los
Angeles. La vittoria di Harris è stata del 46,1 percento dei voti, 0,8
percento in meno rispetto al suo avversario. Il 3 gennaio 2011 ha aperto
Jerry Brown, che era il governatore. Nel 2014 ha ottenuto un'altra vittoria e
ha lasciato il paese a metà gennaio 2017. È stato aperto da Xavier

Becerra. Harris è stato l'ultimo procuratore generale afroamericano e anche l'ultimo procuratore generale azero-americano della California.

Nel settembre del 2014 è stato deciso che Eric Holder doveva essere nominato ministro della Giustizia (*procuratore generale degli Stati Uniti*). In seguito, il presidente Barack Obama ha nominato Loretta Lynch.

Senatore (2017-2021)

Quando Barbara Boxer, senatrice californiana di 24 anni, si è convinta che nel 2016 il suo posto non sarebbe stato più importante, Harris è stato l'ultimo a essere stato scelto come opzionista. Il 13 gennaio 2015 è iniziata la sua campagna elettorale. Harris è stato il primo candidato e ha preso il comando del suo partito e del suo governo. È stata la prima a partecipare ai voorverkiezingen e ha superato la sua candidata Loretta Sanchez nelle ultime elezioni del novembre 2016 con il 63% dei voti.

Harris è entrata in carica il 3 gennaio 2017. Nel Senato è inserita nel Congressional Black Caucus, nel Congressional Asian Pacific American Caucus e nel Congressional Caucus for Women's Issues. È presente in diverse commissioni, tra cui la begrotingscommissie, la binnenlandse veiligheid en overheidszaken e la justitie. Negli ultimi mesi del suo mandato Harris è entrato nel Senaat come critico autorevole del governo Trump e dei suoi ministri. Harris ha deciso di accettare la nomina dell'ambasciatore americano a Gerusalemme.

Il 18 gennaio 2021 sarà eletto senatore.

Presidentiverkiezingen 2020

A ridosso della nomina del repubblicano Donald Trump a presidente dei Verenigde Staten nel 2016, si è discusso di un'eventuale candidatura di Harris per far sì che Trump si candidi ai prossimi presidenti. Nel giugno del 2018 si è deciso di indicare che si trattava di una candidatura "non valida". Il 21 gennaio 2019, in via ufficiosa, ha presentato la sua candidatura. Nelle ultime 24 ore, durante l'audizione del candidato, Harris ha registrato il record di Bernie Sanders nel 2016 per le maggiori donazioni effettuate il giorno dell'audizione. Il 27 gennaio 2019 più di 20.000 persone hanno partecipato alla sua prima campagna nella città di Oakland, in California.

Con la sua candidatura Harris è diventato uno dei candidati alle elezioni presidenziali democratiche del 2020. Nel corso dell'ultimo dibattito con alcuni candidati democratici, Harris ha parlato del vicepresidente e favorito Joe Biden, "kwetsende opmerkingen", che si riferisce alla posizione assunta da Bidens negli anni '70 sul busing, un modo per combattere la segregazione nelle scuole. Nel corso del dibattito, Harris si è posizionato tra il 6 e il 9 per cento delle opinioni. Nel secondo dibattito, che si è svolto nell'agosto 2019, Harris ha criticato i candidati Tulsi Gabbard e Biden per il suo ruolo di procuratore generale della California, che ha fatto aumentare la sua popolarità nei sondaggi. Nei mesi successivi, il suo punteggio nelle opinioni è salito a un totale di cinque procedimenti. In un periodo in cui i progressi sono sempre più critici nei confronti del suo operato, la sua critica si concentra sul suo solido operato in qualità di procuratore generale della California. Nel 2014 ha ottenuto un nuovo incarico per le banche centrali californiane.

Anche noi - più di Sanders e di Elizabeth Warren - abbiamo chiesto a loro di intervenire sulle operazioni militari americane a favore di Israele. Harris ritiene che il velo di Israele non debba essere usato come un pericolo.

Il 3 dicembre 2019 Harris è entrato nella corsa dei Democratici, senza che la sua campagna sia stata caratterizzata da un finanziamento non troppo elevato. Nel mese di marzo 2020 Harris si è aggiunto a Joe Biden in qualità di presidente del Partito Democratico.

Candidato alla vicepresidenza con Joe Biden (2020)

Nel mese di maggio 2019, dopo che sia Harris che Biden si sono candidati alla presidenza del Consiglio, sono stati denunciati alcuni importanti leader del Congressional Black Caucus che hanno dichiarato che la candidatura di Biden-Harris è una combinazione ideale per il presidente Trump e il vicepresidente Mike Pence. Sebbene Biden sia stato boicottato in occasione dei primi voorverkiezingen, la sua candidatura ha subito un secondo annuncio in seguito alla vittoria nei voorverkiezingen nello Stato della Carolina del Sud, dove ha ottenuto una vittoria di rilievo nei confronti degli afro-americani. Alcuni giorni dopo, Biden è stato anche il principale vincitore del Super Tuesday, in cui Biden è stato il primo candidato democratico per la presidenza. Nel mese di marzo 2020, quando anche lui e Bernie Sanders non erano ancora in corsa per la nomination democratica, Biden ha dichiarato in una intervista televisiva di voler scegliere una donna come compagna di corsa.

Il 17 aprile 2020 Harris ha risposto alle speculazioni dei media su un'eventuale candidatura come vicepresidente. Ze verklaarde dat ze vereerd zou zijn als Biden haar zou vragen om zijn running mate te worden. Quando, nel mese di maggio del 2020, si scatenarono le proteste contro l'uomo di colore George Floyd, a causa di un arresto politico, Biden si mise in testa di scegliere una donna di colore come vicepresidente, come richiesto da Harris e da Val Demings.

Il 12 giugno 2020 il *New York Times ha pubblicato un* articolo che riporta la notizia di Harris come top-favoriet per la candidatura di Bidens. Il 26 giugno 2020 la CNN ha pubblicato la notizia che Harris era tra i primi favoriti in una lista di potenziali candidati, tra cui Elizabeth Warren, Val Demings e Keisha Lance Bottoms.

L'11 agosto 2020 Biden è diventato famoso per la nomina di Harris come compagno di corsa e vicepresidente. Daarmee werd zij de eerste Afro-Amerikaanse en de eerste Zuid-Aziatische vrouw die door en grote Amerikaanse partij werd voorgedragen als kandidaat voor het vicepresidentschap.

Vicepresidente (2021)

Il 20 gennaio 2021 sarà il 49° Vicepresidente degli Stati Uniti d'America. Si tratta dell'ultimo vicepresidente afro-americano, dell'ultimo vicepresidente indiano-americano e dell'ultimo vicepresidente francese.

Punti salienti

- Kamala Harris è stata membro del Senato degli Stati Uniti (2017-2021) e procuratore generale della California (2011-2017).
- Kamala Harris, al secolo Kamala Devi Harris, è diventata una delle principali sostenitrici della riforma del sistema di giustizia sociale dopo la morte, nel maggio 2020, di George Floyd, un afroamericano che era stato arrestato dalla polizia.
- Nel novembre 2020, Kamala Harris è diventata la prima donna nera a essere eletta 49° vicepresidente degli Stati Uniti (2021 -) nell'amministrazione democratica del presidente Joe Biden.

6. Sally Ride (1951-2012)

Astronauta americano

---

*"È facile dormire galleggiando, è molto comodo. Ma
bisogna stare attenti a non finire addosso a qualcuno o a
qualcosa!".*

Sally Kristen Ride (Los Angeles, 26 mei 1951 - La Jolla, 23 luglio 2012) è
stata un'astronauta americana naturista e voormalig della NASA. Nel 1983
è stata l'ultima donna americana ad essere entrata in un campo di volo; il
giorno successivo è stata la prima donna americana ad essere entrata in
un campo di volo.

I giorni di festa

Era la prima figlia nel periodo in cui i suoi genitori erano attivi nella chiesa
presbiteriana. Il suo padre era impiegato in una scuola di Santa Monica,
mentre la sua madre era una valletta in un villaggio. La sua giovane figlia,
Karen, è dominatrice di un gruppo di amici.

Ride ha partecipato a un corso di formazione presso la Portola Middle
School e la Westlake School for Girls di Los Angeles (che si chiama
Harvard-Westlake School). Oltre all'interesse che aveva per l'educazione
fisica, era anche un'insegnante di base. Il suo lavoro da giovane l'ha

263

portato allo Swarthmore College e alla Stanford-Universiteit. Ha conseguito un bachelor in Engels en natuurkunde, un master in natuurkunde e un dottorato di ricerca. Durante gli studi ha svolto attività di ricerca sull'astrofisica e sul vrije-elektronenlaser.

Carrière

Ride è stato uno degli 8000 uomini che hanno partecipato a un'inserzione pubblicitaria in cui sono stati reclutati dei giovani per il programma americano di ricerca e sviluppo. Nel 1978 è stato assunto dalla NASA. All'inizio della sua carriera presso la NASA è stato a capo del gruppo di lavoro durante la seconda e la terza missione dello Space Shuttle (STS-2 e STS-3). In seguito ha iniziato a lavorare con il Canadarm.

Nel 1983 è stato impiegato per la realizzazione della missione STS-7 a bordo del Challenger. Il 18 giugno 1983 ze è stata l'ultima nave americana ad entrare in un campo di battaglia. Non è stata l'unica ragazza a trovarsi in una roulotte: le cosmonaute russe Valentina Teresjkova e Svetlana Savitskaja sono partite da lì. Durante la missione, quando il bemanning, oltre ad altri due satelliti, viene portato in una baia per fare esperimenti farmaceutici, Ride viene portato in un'autocisterna.

Nel 1984 Ride ha iniziato una seconda missione, STS-41-G, sempre a bordo del Challenger. In quell'anno gli furono concesse 343 ore di volo. Non è ancora iniziata l'ultima missione, che aveva avuto luogo per circa un anno. Ma quando il Challenger, nel gennaio 1986, si è schiantato a terra, la sua malattia si è aggravata. Fu sottoposto a un controllo da parte di una commissione che doveva indagare sulla rampa. Dato che il lavoro è stato interrotto, Ride si è recato al centro di smistamento della NASA a Washington DC. Da qui si occupa della pianificazione strategica di missioni di prestigio. Inoltre, si occupa della gestione dell'Ufficio di esplorazione della NASA.

Na NASA

Nel 1987 ha lasciato la NASA per lavorare al Center for International Security and Arms Control dell'Università di Stanford. Nel 1989 è diventato professore di scienze naturali all'Università della California - San Diego e direttore del California Space Institute.

Nel 2003 è stata accolta con favore per aiutarmi nell'impresa di salire sulla rampa con lo Spaceshuttle Columbia. Negli ultimi anni Ride è stata presidente e amministratore delegato della sua società Sally Ride Science, che ha fondato nel 2001. In seguito è stata presidente del Comitato per la revisione dei piani di volo spaziale umano degli Stati Uniti.

Ride ha pubblicato o aiutato a scrivere diversi libri sulla carta igienica. Questi libri sono tutti orientati verso i bambini.

Nel 1982 Ride ha incontrato il medico-astronauta Steven Hawley, ma il suo nome è stato cancellato nel 1987. Nel 1985 Ride entra in coppia con Tam O'Shaughnessy, un amico di infanzia. È noto che il suo nome è stato dato a Ride. Ride ha superato i 61 anni di età a causa di un problema di alcolismo.

Privilegi e vantaggi

Ride ha ricevuto nel corso della sua vita numerosi premi, tra cui il Jefferson Award for Public Service, il Von Braun Award, il Lindbergh Eagle e il Theodore Roosevelt Award della NCAA.

È stata inserita nella National Women's Hall of Fame e nella Astronaut Hall of Fame. Ha ricevuto due volte la National Spaceflight Medal. Negli Stati Uniti ci sono due scuole elementari che hanno avuto origine da lei: la Sally K. Ride Elementary School a The Woodlands, Texas, e la Sally K. Ride Elementary School a Germantown, Maryland.

Il 6 dicembre 2006 Ride è stato inserito nella California Hall of Fame. Nel 2013 ha ricevuto dal presidente Barack Obama la Medaglia presidenziale della libertà, la più alta onorificenza conferita dal governo dei Verenigde Staten van Amerika.

Punti salienti

- Sally Ride si è dimostrata molto promettente come tennista, ma alla fine ha rinunciato a giocare a livello professionale e ha frequentato l'Università di Stanford, dove si è laureata in inglese e fisica (1973).
- Nel 1978, come dottoranda e assistente all'insegnamento della fisica dei laser a Stanford, è stata selezionata dalla National Aeronautics

and Space Administration (NASA) come una delle sei donne candidate all'astronautica.

* Sally Ride ha conseguito un dottorato di ricerca in astrofisica e nello stesso anno ha iniziato i corsi di formazione e valutazione.
* Il 18 giugno 1983, Ride è diventata la prima donna americana nello spazio, salendo in orbita a bordo dello shuttle Challenger.

7. Audrey Hepburn (1929-1993)

Attrice americana

*"Invecchiando scoprirete di avere due mani. Una per
aiutare te stesso, l'altra per aiutare gli altri".*

Audrey Hepburn, nome d'arte di **Audrey Kathleen van Heemstra
Hepburn-Ruston**, (Elsene, 4 mei 1929 - Tolochenaz, 20 gennaio 1993), è
stata un'attrice britannica nata in Belgio, una danzatrice (anche se non è
mai stata un'attrice di successo) e un'ambasciatrice del Fondo delle
Nazioni Unite per l'infanzia (Unicef). Negli anni '50 e '60 del secondo
dopoguerra era un personaggio famoso.

Nel 1953, per la sua interpretazione femminile in *Vacanze romane, ha*
vinto un Oscar, un BAFTA Award e un Golden Globe. La Hepburn è da
allora l'unica attrice che si è aggiudicata questi due film per una sola volta.
In totale ha vinto due BAFTA, un record per le donne, e ha vinto per la
prima volta un Oscar. È uno degli attori che hanno vinto un Oscar, un
BAFTA, un Emmy e un Tony Award. Inoltre, ha ricevuto il Cecil B. DeMille
Award, lo Screen Actors Guild Life Achievement Award, lo Special Tony
Ward e nel 1992 il BAFTA Lifetime Achievement Award. Ha recitato nei
film *Sabrina* (1954), *La storia della monaca* (1959), *Colazione da Tiffany*
(1961), *Charade* (1963), *My Fair Lady* (1964), *Wait Until Dark* (1967) e
altri.

Gioventù in Belgio (1929-1935)

La Hepburn è nata nella regione belga di Elsene come Audrey Kathleen van Heemstra Ruston. Era la figlia del banchiere inglese Joseph Anthony Ruston e della olandese Ella Barones van Heemstra. Ha ereditato la nazionalità britannica.

Il padre di Hepburn, Joseph Victor Anthony Ruston, è nato nel 1889 in Boemia (Tsjechië), figlio di un padre inglese e di una madre danese. Dopo il matrimonio con Ella van Heemstra, ha trasformato il suo nome in quello di Hepburn-Ruston. In questo periodo i parenti di Ella sono stati chiamati anche con il nome di *Hepburn*.

Il padre di Hepburn era un figlio di Aarnoud van Heemstra, borgomastro di Arnhem e governatore del Suriname, che era stato costretto a trasferirsi a Fries. Hepburn aveva due fratellastri, Alexander e Ian Quarles van Ufford, nati dall'ultimo matrimonio di sua madre con l'aristocratico olandese Hendrik Gustaaf Adolf Quarles van Ufford.

Hepburn porta la sua prima visita in Keienveldstraat 48 a Elsene. Quando ze bijna twee was, verhuisde het gezin kortstondig naar de Elsensesteenweg 311 en naar de Bronstraat 99 in Sint-Gillis. A partire dal gennaio del 1932, il gezin si trasferì in una villa nella zona di Linkebeek (nu Beukenstraat 129). Durante il periodo della scuola materna di Bruxelles, la donna andò con il padre a ballare e a fare concerti. In questo periodo *Adriaantje* è stata chiamata.

Jaren in Inghilterra (1935-1940)

I suoi genitori si recano a Londra e si uniscono alla British Union of Fascists (BUF). Audrey e i suoi fratelli sono stati allontanati dai loro compagni che si trovavano a Velp nella villa Beukenhof (Rozendaalselaan 32). Il suo padre guadagnò a Londra dei soldi per la BUF e il suo compagno fu redattore del partito della BUF, *The Blackshirt*. Nel 1935 Ella van Heemstra partecipò al Reichsparteitag di Neurenberg, dove incontrò Adolf Hitler.

Nel 1939, Audrey si trova a dover affrontare una serie di problemi tra i suoi padroni e l'ultimo ostacolo che si presenta. I suoi genitori vissero per alcuni anni in Olanda, mentre Audrey si trasferì a Londra e nel 1937 fu trasferita in una scuola privata a Elham, nel Kent. I ballerini si recarono a Folkstone.

Il conflitto in Olanda durante il secondo dopoguerra (1940-1945)

Dopo l'invalidità in Polonia nel settembre del 1939 e l'oorlogsverklaring britannico nel Duitsland, Audrey si recò in Olanda con il padre e si rese conto che la neutralità dei Paesi Bassi era in pericolo e che la nazionalità olandese era stata cancellata. Il suo padre, un agente volontario del Duits Geheim, è stato portato dal servizio geologico britannico MI5 in una prigione e condannato alla morte.

Audrey, che dopo l'ingresso a scuola del padre è stata ingaggiata come Edda van Heemstra, si trova ad Arnhem presso la 5a classe della Openbare Lagere School n. 21 e può fare un ottimo passo in avanti verso il teatro e i costumi dei Paesi Bassi, ma si preoccupa di questo aspetto in modo particolare per i bambini.

Het gezin woonde in Arnhem eerst in eengezinswoning aan Sickeszlaan 7, maar verhuisde al snel naar een ruime bovenwoning aan de Jansbinnensingel 8a. Nel 1942 Audrey si trasferì presso i suoi genitori a Velp, presso Villa Beukenhof, in Rozendaalselaan 32. Audrey trascorse l'inverno a Velp e si occupò dell'alloggio locale del Dr. Visser 't Hooft con i suoi ospiti. In seguito, Audrey ha partecipato a un incontro con il Rode Kruis, dove è diventata ambasciatrice dell'Unicef.

In die tijd gaf ze ook danslessen aan Velpse meisjes en huiskamer optredens. L'obiettivo era quello di "verificare" che gli artisti di Velpse (tra cui il Dr. Visser 't Hooft) e la Ziekenhuis Velp svolgessero un ruolo importante.

Dal 1939 al 1945, la sua scuola di musica di Arnhem è stata aperta al Boulevard Heuvelink 2, dove ha ballato con Winja Marova. Nel periodo del Tweede Wereldoorlog, gli studenti ricevettero un maggior numero di incontri con la sua scuola per ballare in modo aperto. Zij si è trasferito presso la Nederlandsche Kultuurkamer, dove è stato inserito per il suo nome in una scuola di balletto aperto.

La sua compagna ha fatto un cenno al suo nome Edda, che è stato poi cancellato dal nome inglese Audrey Hepburn-Ruston.

Over de oorlogsperiode schreef een van haar biografen, Barry Paris, dat zij koerierstaken zou hebben vervuld en heimelijk hebben gedanst voor publiek om geld voor het verzet in te zamelen. Il Museo dell'Aeronautica di Oosterbeek ha concluso nel 2016 che non c'è più nulla da segnalare per quanto riguarda l'uccisione di Hepburn per la sua azione.

Nel cortile sono state installate alcune V1 nuove, che hanno un'ampia gamma di offerte e di oggetti di valore. Anche tutti i percorsi di viaggio attraverso l'Hoofdweg, e nella seconda parte dell'oorlog, le vestigia di diversi dienisti di Den Haag in ville geconfiscate intorno alla cantina, le bombe e i granai sopra il villaggio, il continuo svuotamento degli edifici della cantina, devono essere trasportati fino agli scolari. Ook was zij, volgens eigen zeggen, ervan getuige dat een aantal willekeurige burgers 'tegen de muur werden gezet' (gefusilleerd), terwijl zij en medeburgers op een afgesloten deel van deat moesten toekijken. Nel 1944 fu vittima di una razzia, quando i suoi colleghi della Grüne Polizei vennero arrestati per un lavoro nella città danese, ma non riuscì a fermarsi, perché gli venne portata una botta di sangue per un anno nel cortile della sua casa. Il fratellastro di Hepburns, Ian Quarles van Ufford, fu ucciso in un giorno di razzia e a Berlijn fu costretto a lavorare in un campo di lavoro dei Duchi.

In seguito allo sbarco in Normandia del D-Day, le strade furono modificate, in quanto Arnhem fu distrutta dalle forze armate durante l'operazione Market Garden. Zij maakte mee, dat Velp regelmatig zwaar onder vuur kwam te liggen door beschietingen vanuit de lucht op alles wat door de Britse vliegers als doel werd gezien, waarbij geen onderscheid werd gemaakt tussen Duitsers of gewone burgers, en waarbij zij, volgens eigen zeggen, een keer onder een Duitse tank werd geduwd en daardoor aan een kogelregen, en de dood, ontkwam.

Durante il primo anno di vita dell'oorlog, il film fu distribuito in una banda di persone che si trovava nella neutrale Svezia e che era stata contattata con schemi zweedesi. Audrey Hepburn è stata anche lei così verzwakt, che non ha più nulla da offrire o da far fruttare. Nel Tweede Wereldoorlog, la sua ultima malattia è stata il bloedarmoede acuto, i problemi di ademhaling e l'oedeem.Tegen het eind van de oorlog was zij echter, mede door haar familie die haar meer te eten gaf dan aan henzelf, weer wat opgeknapt.

Nel periodo di Bevrijding si sono verificati dei cambiamenti con l'uso di hulpgoederen. In un'intervista, Hepburn ha dichiarato che il suo primo

270

impatto con l'olio è stato mancato e che ze ha avuto un grande successo con il cappellino. Questa esperienza ha ispirato il suo successivo lavoro per l'Unicef.

La Hepburn ha portato i suoi libri di storia in giro per il mondo con la creazione di disegni, che sono stati pubblicati in gran numero.

All'inizio dell'ottobre 1945 Hepburn, su istigazione del padre, si reca ad Amsterdam, dove la ragazza si esibisce senza ballare con Sonia Gaskell e con l'attore inglese Felix Aylmer. In una successiva intervista, Gaskell ha dichiarato che "haar plicht [beschouwde] haar technisch te ontwikkelen zonder haar persoonlijkheid te schaden: de eigen stijl moest gehandhaafd blijven". Nel periodo in cui Gaskells ha chiuso il suo studio, Hepburn ha trascorso alcuni mesi in casa sua e ha realizzato il suo programma con la sua musica, le sue coreografie e i suoi costi.

Realizzazione di un catalogo

Nel 1983, in un'intervista televisiva con Henk van der Meijden, ha raccontato quali eredità ha avuto a disposizione: "Tantissime; la mia vita è stata influenzata da queste eredità". Queste forti preoccupazioni costituiscono il suo modo di reagire alle interviste, che le hanno permesso di ottenere un riscontro positivo.

L'inizio di una carriera e l'esordio a Broadway (1945-1953)

Na de oorlog speelde ze op achttienjarige leeftijd een rolletje als KLM-stewardess in *Nederlands in zeven lessen*. Il regista di questo film olandese del 1948, Charles Huguenot van der Linden, affermò in seguito di essere il miglior attore della Hepburn. Ha ottenuto un contratto di sei mesi per recitare in un film di successo. Un cliente non vuole e Hepburn abbandona Amsterdam per trasferirsi a Londra.

La Hepburn si trasferì insieme al padre a Londra, dove le venne dato il nome di ballerina. Ze had altijd al een passie voor ballet en wilde het in deze wereld maken. Ma a causa di un'unica verifica, Ze è stato scelto. Ha lavorato in teatro, al cinema e nei locali notturni. Ha lavorato anche come modella e ha iniziato nel 1951 a recitare in film - per poi smettere di recitare per ottenere un successo. Al gauw sleepte ze haar eerste hoofdrol in de wacht in *Nous irons à Monte Carlo* (1952). Dopo un'apparizione nel sud della Francia, viene scritturato dalla scrittrice Colette, che lo vuole come coprotagonista nel suo film *Gigi*.

Filmter a Hollywood (1953-1967)

Dopo una serie di successi a Broadway, Hepburn partecipa al film *Vacanze romane*. All'inizio il ruolo di principessa fu affidato a Elizabeth Taylor, ma a causa di problemi contrattuali il film non uscì. L'interprete della Hepburn, Gregory Peck, ha avuto un problema con i nomi che lo hanno portato a diventare un personaggio naturale. Si chiede che la Hepburn ottenga per questa ultima Hollywood un altro Oscar come migliore attrice. Per questo premio, la sua carriera non è mai stata così brillante. La sua canzone *Moon River*, inserita nel film *Colazione da Tiffany*, ha fatto vincere alla Hepburns un Oscar per la migliore canzone originale. Il suo nome è stato molto apprezzato per le sue caratteristiche. Lo zangstem di Hepburns in *My Fair Lady* è stato sovrascritto da Marni Nixon, un'attrice americana. La madre di Hepburns ha recitato una parte nel film *Funny Face*, come cantante di un caffè.

Als een van Hollywoods populairste publiekstrekkers schitterde Hepburn op het witte doek naast onder anderen Gregory Peck, Humphrey Bogart, William Holden, Mel Ferrer, Peter Fonda, Fred Astaire, Gary Cooper, Maurice Chevalier, Anthony Perkins, Peter Finch, Burt Lancaster, George Peppard, Cary Grant, Rex Harrison, Peter O'Toole, Albert Finney, Sean Connery, James Mason en Ben Gazzara.

Periodo di transizione (1967-1993)

A partire dal 1967, dopo un'infanzia di successo come attrice, Hepburn ha girato un film che l'ha vista protagonista. Il suo primo film è stato girato nel 1988, in seguito alla nomina di Hepburn ad ambasciatrice speciale dell'Unicef. Non solo, ma ze è andato a lavorare per l'Unicef in segno di ringraziamento per i poveri che ha aiutato a realizzare il Tweede Wereldoorlog di questa organizzazione della Repubblica Democratica del Congo. Un'altra volta si trattava di un'ontribolazione interna con i nazisti. Ze bleef goodwillambassadeur tot aan haar overlijden.

Nel 1992 Hepburn ha ricevuto dal presidente americano George H.W. Bush la "Medaglia presidenziale della libertà" come riconoscimento del suo lavoro per l'Unicef. Nella sua casa di riposo di Tolochenaz, nel cantone di Zwitserse (Vaud), la Hepburn è stata colpita dallo

Pseudomixoma peritonei, una malattia vermiforme che si è manifestata nel corso del Tweede Wereldoorlog, ed è stata anche condannata. L'Academy of Motion Picture Arts and Sciences conferisce a questo postuum il Jean Hersholt Humanitarian Award per il suo lavoro in ambito umanitario.

Stijlicoon

Negli anni '50 e '60 del secondo dopoguerra la Hepburn è stata una donna famosa in tutto il mondo, grazie alle creazioni dello stilista francese Hubert de Givenchy. I suoi abiti giapponesi sono stati utilizzati sia nei film che nel privato. Leggendario in campo cinematografico e modaiolo è il giubbotto nano di De Givenchy, che egli, in combinazione con una metà di Roger Scemama, ha indossato all'inizio del film *Colazione da Tiffany*. Anche l'arguto giurì che ze ha fatto cadere durante l'incontro con i bambini nel film *My Fair Lady* è diventato il più famoso tra i film giapponesi. Givenchy si impegna a promuovere i suoi profumi. La Hepburn è l'ultima attrice cinematografica del mondo che ha avuto un ruolo da protagonista e, soprattutto, è la prima che non ha mai avuto la possibilità di essere apprezzata.

Privato

La Hepburn è stata conquistata per due volte. Il 25 settembre 1954 ha incontrato l'attore americano Mel Ferrer, che ha compiuto due anni e mezzo. Per lui era il terzo matrimonio; con l'ultima nota di successo si è trasformato in una tweemaal. Il 5 dicembre 1968 è stato eseguito l'intervento di sostituzione. Il 18 gennaio 1969 la Hepburn incontrò lo psichiatra italiano Andrea Dotti, un giovane negro. La loro unione è avvenuta nel 1982. Ha due figli, Sean Ferrer e Luca Dotti. Lo scrittore A.J. Cronin era il compagno di Sean. All'inizio della sua carriera fu partner di Robert Wolders, un attore olandese di recente carriera, e di Merle Oberon, un attore cinematografico. Nel 1952 fu sposata con James Baron Hanson. La Hepburn si impegna in una relazione in un solo anno. Als reden voerde ze aan dat een huwelijk met he tot mislukken zijn gedoemd, omdat ze elkaar door haar werk als actrice weinig zouden zien. Hepburn ha collezionato nel corso della sua vita tre errori, uno dei quali è stato commesso da zej bij de opnamen van de film *The Unforgiven* van een paard viel.

Film tv, film d'animazione, film di intrattenimento
273

La Hepburn ha un posto sulla Hollywood Walk of Fame, al 1652 di Vine Street. La KLM ha generato un passagiersvliegtuig per questa città: un McDonnell Douglas MD-11 registrato PH-KCE. Il comune di Arnhem ha scoperto un monumento nella città natale, l'Audrey Hepburnplein. Un busto realizzato da Kees Verkade si trova dal 1994 nella Burgemeestersplein di Arnhem.

Il 14 settembre 2019 è stato inaugurato a Velp uno stand di Audrey Hepburn als jong meisje. Lo stand si trova presso il complesso di appartamenti Nieuwe Beukenhof, dove è stata costruita la sua casa principale, villa Beukenhof.

Ad Almere c'è una strada che porta al fiume, a Doorn un canale e ad Arnhem una piazza. Sulla Jansbinnensingel 8 di Arnhem, dove zij tot de oorlog met haar moeder heeft gewoond, è stata apposta una targhetta.

In haar geboorteplaats Elsene/Ixelles is aan het geboortehuis door de Cercle d'Histore Locale d'Ixelles een messing plaquette met de tekst *Ici naquit le 4 mai 1929 la comédienne Audrey Hepburn* bevestigd and was daar in 2017 een standbeeld van haar gepland.

Una parte della sua vita è stata filmata nel 2000 per la televisione con il titolo *The Audrey Hepburn Story*. Il ruolo di Hepburn è stato interpretato da Jennifer Love Hewitt, a cui è stato dato anche il nome di questo prodotto.

Punti salienti

- Pur essendo nata in Belgio, Audrey aveva la cittadinanza britannica grazie al padre e da bambina ha frequentato la scuola in Inghilterra.
- Negli anni Sessanta, la Hepburn ha superato la sua immagine di ingenua e ha iniziato a interpretare personaggi più sofisticati e mondani, anche se spesso ancora vulnerabili, tra cui l'effervescente e misteriosa Holly Golightly in Colazione da Tiffany (1961), un adattamento della novella di Truman Capote; una giovane vedova chic coinvolta in un'emozionante Sciarada (1963), con Cary Grant; e una donna dallo spirito libero coinvolta in un matrimonio difficile in Due per la strada (1967).
- Il ruolo più controverso di Audrey Hepburn è stato forse quello di Eliza Doolittle nel film musicale My Fair Lady (1964).

- Dopo essere apparsa nel thriller Wait Until Dark (1967), la Hepburn si ritirò in semipensionamento. Tornò a recitare fino al 1976, quando fu protagonista della nostalgica storia d'amore Robin e Marian.

8. Shirin Ebadi (nata nel 1947)

La prima donna musulmana e iraniana a ricevere il Premio Nobel

"Sostengo che dalla violenza non può emergere nulla di
utile e duraturo".

Shirin Ebadi (Hamadan (Iran), 21 giugno 1947) è una nota giurista e giornalista irachena. Nel 2003 è stata insignita del Premio Nobel per la Pace per aver lottato a favore dei diritti delle donne e dei parenti in Iran.

Nobelprijs

Ze è stato l'ultimo musulmano a cui è stato assegnato questo premio. Il 10 dicembre 2003, in occasione dell'inaugurazione del suo sito web, Ze ha chiesto a Verenigde Staten, con il suo nome, di fare una critica agli "Stati che dall'11 settembre in poi hanno deciso di combattere il terrorismo internazionale e di proteggere gli uomini". Il 26 novembre 2009 è stato reso noto che il premio, insieme ad altre persone che si sono trasferite a Ebadi, è stato consegnato dalle autorità irachene in un'ordinanza.

Ebadi, che si definisce una femminista islamista, è stata una ribelle in Iran. Dopo la rivoluzione irachena del 1979, Ebadi non ha più avuto problemi.

Le donne hanno dovuto scegliere un'altra persona che non fosse un'estremista, in quanto, a causa degli ayatollah, era emotivamente coinvolta in funzioni diverse. Ebadi è stata docente di diritto all'Università di Teheran e si è fatta conoscere a livello internazionale come avvocato degli uomini. È stata l'assistente ufficiale dei giovani che nel 1997 hanno partecipato al processo di nomina di Mohammad Khatami a presidente.

Nel 2000 Ebadi è stata arrestata e il 28 giugno 2000 è stata condannata a morte. In seguito è stata costretta a partecipare a un'azione di volontariato per un periodo di cinque anni.

Shirin Ebadi ha presentato una critica severa al fatto che il regime iracheno abbia ucciso due giovani con tendenze omosessuali. Questa esecuzione è stata eseguita in tutto il mondo.

All'inizio del 2008, quando la Repubblica islamica ha inaugurato il terzo anniversario della Rivoluzione islamica, è stato fondato il *Centro per la difesa dei diritti umani* di Ebadi. Da allora è stato creato un luogo di incontro in cui si è parlato di un'importante questione di diritti dell'uomo da parte dell'Università. Vlak voor de bijeenkomst vielen veiligheidsagenten in burger het Centrum binnen, dat werd verzegeld wegens 'ontbrekende vergunningen'.

All'inizio del gennaio 2009, la casa di Ebadi è stata attaccata da alcuni traditori che hanno denunciato i suoi "amerikani". Uno dei due traditori si è opposto a una persona che lo ha visto far parte dei *Basij*, un gruppo paramilitare che si è unito alla Guardia rivoluzionaria irachena. Gli ordini prevedono che i traditori possano riunirsi in un gruppo, anche attraverso una telefonata di Ebadi.

L'ultimo atto nei confronti di Ebadi è stato l'arresto, il 14 gennaio 2009, del suo assistente Jinous Sobhani, che è un membro del gelo bahá'í in Iran. Poiché Ebadi e la sua compagna hanno aperto un varco tra i nomi di alcuni seguaci della religione bahá'í, sono state avviate le procedure di arresto nei loro confronti.

Il 2 febbraio 2009, in occasione di un incontro nei Verenigde Staten, Ebadi ha chiesto al presidente Barack Obama di aprire relazioni diplomatiche dirette con l'Iran, dopo dieci anni di conflitto. In occasione di una conferenza stampa presso il *Carnegie Endowment for International Peace* di Washington, Ebadi ha chiesto un breve dialogo tra le due nazioni.

Volgens Ebadi, die zelf regelmatig overhoop ligt met de Iraanse overheid, mag de internationale gemeenschap niet aarzelen om de mensenrechtenschituatie in Iran aan de kaak te stellen. "Il governo iracheno ha tutti i diritti per intervenire sulle *questioni mensili nei territori di Palestijnse*". "Anche altri regimi possono esercitare la loro influenza sui *prestiti di denaro in Iran*".

Punti salienti

- Mentre prestava servizio come giudice, Shirin Ebadi ha anche conseguito un dottorato in diritto privato presso l'Università di Tehrān (1971).
- Dopo la rivoluzione del 1978-1979 e l'instaurazione di una repubblica islamica, le donne sono state ritenute inadatte a ricoprire il ruolo di giudice perché i nuovi leader ritenevano che l'Islam lo vietasse.
- Ebadi ha scritto diversi libri sul tema dei diritti umani, tra cui The Rights of the Child: A Study of Legal Aspects of Children's Rights in Iran (1994), History and Documentation of Human Rights in Iran (2000) e The Rights of Women (2002).
- Shirin Ebadi ha riflettuto sulle proprie esperienze in Iran Awakening: From Prison to Peace Prize, One Woman's Struggle at the Crossroads (2006; con Azadeh Moaveni; pubblicato anche come Iran Awakening: A Memoir of Revolution and Hope) e Until We Are Free: My Fight for Human Rights in Iran (2016).

9. Vigdís Finnbogadóttir (nata nel 1930)
La prima donna eletta democraticamente come presidente

---

*"Tutti noi, in quanto cittadini del mondo, abbiamo il
dovere di contribuire con il massimo delle nostre capacità
al continuo progresso dello spirito dell'umanità".*

Vigdís Finnbogadóttir (Reykjavik, 15 aprile 1930) è una politica
jugoslava anomala.

Vigdís Finnbogadóttir è stata nominata nel 1980 nuovo presidente
dell'IJsland. Daarmee was ze niet alleen het eerste vrouwelijke
staatshoofd van IJsland, maar ook de eerste vrouw die democratisch tot
staatshoofd werd gekozen.

In seguito, nel 1984, nel 1988 e nel 1992, nel 1996, ha fatto da spalla a
Ólafur Ragnar Grímsson.

Nel 1996 è stata oprichtster e eerste voorzitter del Council of Women
World Leaders presso la John F. Kennedy School of Government
dell'Università di Harvard. Nel 1998 è stata nominata voorzitter della
Commissione mondiale sull'etica della conoscenza scientifica e della
tecnologia dell'Organizzazione delle Nazioni Unite per l'educazione, la
scienza e la cultura. Da qualche anno ha accettato anche la carica di
Ambasciatore di buona volontà dell'UNESCO e si è impegnato nella
promozione della diversità culturale, della cultura e della scuola.

Punti salienti

- Vigdís Finnbogadóttir è nata in una famiglia ricca e ben collegata. Sua madre presiedeva l'associazione nazionale delle infermiere islandesi e suo padre era un ingegnere civile.
- Dal 1972 al 1980 Vigdís Finnbogadóttir è stata direttrice della Compagnia teatrale di Reykjavík (Leikfélag Reykjavíkur) e ha partecipato a un gruppo di teatro sperimentale.
- Vigdís Finnbogadóttir è diventata membro del Comitato consultivo per gli affari culturali nei Paesi nordici nel 1976 ed è stata eletta presidente nel 1978.
- Sebbene la presidenza islandese sia in gran parte una posizione cerimoniale, Finnbogadóttir ha assunto un ruolo attivo nella promozione del Paese come ambasciatrice culturale e ha goduto di grande popolarità.

10. Sandra Day O'Connor (nata nel 1930)

Giudice della Corte Suprema degli Stati Uniti

---

*"Fate del vostro meglio in ogni compito, per quanto possa
sembrare poco importante al momento. Nessuno impara
di più su un problema della persona che sta in fondo".*

Sandra Day O'Connor (El Paso (Texas), 26 marzo 1930) è una giurista
americana.

Ze was tussen 1981 en 2006 rechter in het Hooggerechtshof van de
Verenigde Staten. Il 1° luglio 2005 la sua posizione è diventata molto
ambita: il presidente George W. Bush ha nominato il 3 ottobre 2005
Harriet Miers per questa posizione e il suo successore, Samuel Alito, è
stato nominato il 31 gennaio 2006. Nel 2004 il giornale *Forbes* ha definito
la O'Connor una delle più importanti donne del mondo.

Sandra Day è nata in Texas, ma la sua famiglia si è trasferita in un ranch
in Arizona. Nel 1950 studia economia all'Università di Stanford, dove nel
giro di due anni consegue il bachelor in diritto; William Rehnquist è l'ultimo
a frequentare il college.

Ondanks haar prestaties op de universiteit wilde geen enkel
advocatenkantoor in Californië haar aannemen, hoewel haar wel een baan
als secretaresse werd aangeboden. Dal 1954 al 1957 lavorò come officier
van justitie nella Duitse Frankfurt. Nel 1958 O Connor è stato trasferito nel

Verenigde Staten e ha lavorato per il ministero della Giustizia di Phoenix.
Nel 1969 O'Connor ha ottenuto un posto nel Senato dell'Arizona e due
anni dopo è stato nominato deputato della Repubblica. Nel 1973 è stato
l'ultimo viaggiatore coraggioso in America.

Durante gli ultimi anni ha lavorato come consulente presso diverse banche
di difesa, fino a quando il presidente Ronald Reagan nel 1981 l'ha
nominata consulente presso il Federaal Hooggerechtshof di Washington
D.C.. La sua nomina è stata respinta dal Senaat. Si trattava dell'ultimo
rechter di una donna in un gerechtshof, e dell'unico dopo che Ruth Bader-
Ginsburg nel 1993 era stata nominata da Bill Clinton. Durante il suo
mandato, O'Connor è stata l'ultima ad essere nominata tra i conservatori,
ma negli ultimi anni si è allontanata dal centro, dove il suo stelo era già
stato messo in discussione. Over het algemeen heeft O'Connor haar
beslissingen zo genomen dat ze niet in een bepaalde ideologische hoek
gezet kan worden, waardoor haar stem niet van tevoren aan een van
beide partijen toegerekend kon worden.

Da quando è nato, come assistente nella Hooggerechtshof, O'Connor è
diventato attivo. Nel 2009 ha aperto iCivics, un'organizzazione di
volontariato che si occupa di stimolare e promuovere lo scambio di
informazioni tra i bambini americani attraverso giochi interattivi. Nel 2016
iCivics ha lanciato il gioco "Race to the White House" sui presidenti
americani.

Punti salienti

- Sandra Day O'Connor è stata la prima donna a far parte della Corte
  Suprema.
- In una serie di sentenze, O'Connor ha segnalato la sua riluttanza a
  sostenere qualsiasi decisione che neghi alle donne il diritto di
  scegliere un aborto sicuro e legale.
- Grazie alla sua guida nel caso Planned Parenthood of Southeastern
  Pennsylvania v. Casey (1992), la Corte ha ridisegnato la sua posizione
  sul diritto all'aborto.

11. Yingluck Shinawatra (nata nel 1967)

Primo ministro della Thailandia

*"Sono pronto a combattere secondo le regole e chiedo
l'opportunità di dimostrare il mio valore. "*

Yingluck Shinawatra (San Kamphaeng, 21 giugno 1967) è
un'ondernemer e politica thailandese. Dal 2011 al 2014 è stata ministro-
presidente della Thailandia. È l'ultimo presidente della SC Asset Co., Ltd.,
una grande azienda di Bangkok, e il più anziano dei ministri-presidente
della Thailandia, Thaksin Shinawatra. Nel mese di maggio 2011
l'opposizione thailandese, il Pheu Thai - che ha un gruppo di naufraghi
con Il suo premier di fatto in carica - ha nominato Yingluck come suo
ministro-presidente per le elezioni del 3 luglio 2011. Ha condotto una
campagna sui controlli nazionali, sull'uso di armature e sulla riduzione
delle spese per i lavoratori. In occasione di questa verifica, il partito ha
ottenuto un'assoluta maggioranza. Il 5 agosto 2011 è diventato l'ultimo
premier francese della Thailandia.

Ha studiato scienze della formazione. Ha conseguito una laurea presso la
Chiang Mai Universiteit e un master presso la Kentucky State University.

283

Il 7 maggio 2014 è stato trasferito dal Constitutioneel Hof alla sua funzione, omdat ze zich schuldig zou hebben gemaakt aan machtsmisbruik. Volgens het Hof had ze gehandeld in strijd met de Thaise grondwet door een topambtenaar te ontslaan en die te vervangen door een familielid. Il 23 maggio è stato catturato da un colpo di stato militare e portato in un campo militare e due anni dopo è stato ucciso.

Shinawatra è un cinese thailandese. Haar jiaxiang si trova a Meizhou.

Punti salienti

- Yingluck Shinawatra è una donna d'affari e politica thailandese che è stata primo ministro della Thailandia dal 2011 al 2014.
- Era la sorella minore dell'ex primo ministro Thaksin Shinawatra e la prima donna del Paese a ricoprire tale carica.
- Thaksin è stato estromesso dalla carica con un colpo di stato militare incruento nel settembre 2006.
- È stato emesso un mandato di arresto, ma i membri del suo partito hanno riferito che è fuggita dal Paese per raggiungere il fratello a Dubai.

12.   Gertrude B. Elion (1918-1999)
Biochimico e farmacologo americano

Gertrude Belle Elion (New York, 23 gennaio 1918 - Chapel Hill (Carolina
del Nord), 21 febbraio 1999) è stata una farmacologa americana famosa
per il suo lavoro sui geni. Nel 1988 ha vinto il Nobel per la Fisiologia e la
Genetica insieme a George H. Hitchings e James W. Black.

Biografie

Gertrude Elion è nata come figlia di Robert Elion (tandarts) e di Bertha
Cohen, immigrati di diverse nazionalità, tra cui Litouwen e Rusland. Nel
1933 frequenta la Walton High School. In seguito si recò all'Hunter
College, dove nel 1937 conseguì il diploma in chimica. Da allora, nel 1941,
si reca all'università di New York e studia da lì. Come giovane donna in
un'azienda gestita da uomini liberi, ze si trovava però a lavorare in
un'azienda. Inoltre, come analista chimico, può lavorare con le scorie in un
laboratorio di analisi dei rifiuti. Dopo la pubblicazione del Tweede

Wereldoorlog, nel 1944 lavorò presso i Burroughs Wellcome Research Laboratories (ora GlaxoSmithKline) fino alla sua pensione nel 1983.

Presso questa azienda Elion (insieme a George Hitchings, che gli paga 50 dollari a settimana come assistente) si occupa delle sue principali attività: stoffen che funzionano contro la leucemia e *aciclovir*, l'ultimo contro i farmaci contro i virus. In questo periodo Elion e Hitchings introdussero una nuova tecnica di lavoro per l'attivazione dei geni: le namaakmolecole. Queste molecole si basano sull'origine del fatto che un kankercel o uno ziekteverwekker entrato in guerra si è fatto strada e sul fatto che questo lavoro distruttivo non può essere utilizzato. Per questo lavoro ha ottenuto nel 1988 il Nobel per la Genetica.

Inoltre, insieme a Hitchings, utilizzò l'azatioprina per il trattamento degli organi espiantati e per la cura dell'artrite reumatoide ernstiziale, l'allopurinolo per la cura della giugulazione, il pirimentamone per la malaria e il trimetoprim per le infezioni batteriche. Nel 1988 Elion e Hitchings ricevono il Nobel per la geneeskunde.

Nel 1990 Elion è stato nominato membro della Nationale Academie van Wetenschappen e nel 1991 ha ricevuto da George W. Bush la National Medal of Science. Nel 1999 Elion ha perso la vita, con 81 anni di età, per colpa di un'alta percentuale di medici e di parenti.

Punti salienti

- Gertrude B. Elion, al secolo Gertrude Belle Elion, si è laureata in biochimica all'Hunter College di New York nel 1937.
- Non potendo dedicarsi agli studi a tempo pieno, Elion non ha mai conseguito il dottorato.
- Elion e Hitchings svilupparono una serie di nuovi farmaci efficaci contro la leucemia, i disturbi autoimmuni, le infezioni dell'apparato urinario, la gotta, la malaria e l'herpes virale.
- Sebbene Elion sia andata ufficialmente in pensione nel 1983, ha contribuito a supervisionare lo sviluppo dell'azidotimidina (AZT), il primo farmaco utilizzato nel trattamento dell'AIDS.
- Nel 1991 le è stata conferita la National Medal of Science ed è stata inserita nella National Women's Hall of Fame.

13.   Babe Didrikson Zaharias (1911-1956)

Atleta americano

---

*"Fortuna? Certo, ma solo dopo una lunga pratica e solo
con la capacità di pensare sotto pressione".*

Mildred Ella (Babe) Didriksen-Zaharias (Port Arthur, 26 giugno 1911 -
Galveston, 27 settembre 1956), nata come *Mildred Didriksen*, bijgenaamd
Babe Zaharias, è stata una giocatrice di golf americana e sempre una
grande atleta. Nel suo primo anno di vita ha partecipato alle Olimpiadi e
ha vinto in questa gelegenheid due medaglie e uno zilveren.

Sportwonderkind

Didriksen, che si chiamava Didrikson, si trasferì a Beaumont. Era l'ultimo
degli undici figli. I suoi genitori erano emigrati a Noorwegen. Era uno
sportivo meraviglioso, che praticava diversi sport come: atletica, bocce,
tennis, calcio e softball.

Didriksen scrive che ze è nato nel 1914, ma in base ai suoi grafici e
certificati di nascita è nato nel 1911. Il padre lo chiamava "Babe", ma lui
stesso non sapeva che era stato battezzato come Babe Ruth, perché
aveva fatto quattro fuoricampo in un torneo di calcio.

Twee maal goud e een maal zilver

Nel 1932 Babe Didriksen partecipò alle Olimpiadi di Los Angeles. Qui
vinse il record di velocità e gli 80 metri, mentre nel primo giro, insieme alla
seconda atleta Evelyne Hall, stabilì il record mondiale di 11,7 s. Nel
momento in cui la molla è scattata, si è verificato uno scontro avvincente
tra Didriksen e un'altra atleta, Jean Shiley. I due sono stati accolti in
un'isola, ma in seguito sono stati accolti in un'area di 1,60 metri di canne,
in un'area di campi americani, che per un certo periodo di tempo sono
stati selezionati per gli Spelen. A Los Angeles si trovano altri esemplari, in
particolare un record mondiale di 1,65. Questo porta a un "salto di qualità"
a 1,67, dove i due si uniscono. Per ottenere una rottura è necessario che i
due siano posizionati in modo ottimale, ovvero sopra 1,65. Questo fa
sembrare i ragazzi più tranquilli, visto che la giuria si è aggiudicata
un'importante perdita di valore. Gli uomini hanno notato che gli sproni di
Babe Didriksen sono molto importanti, perché hanno sfruttato la tecnica
del *Western Roll*, che ha fatto passare lo zoccolo del cavallo in anticipo.
Didriksen non ha detto nulla, perché aveva usato questa tecnica per tutto
il tempo a partire dall'inizio, e per questo motivo aveva creato
un'attrezzatura per le aanmerkingen. Sulla base del parere della giuria, è
stato deciso che Didriksen deve essere considerato come un uomo
d'argento. La IAAF ha visto che l'1,65 di Shiley e di Didriksen era un
record mondiale.
  Didriksen aveva ottenuto un numero maggiore di medaglie, per cui fu
costretto a fare ricorso a un numero maggiore di atleti, ma in questo
periodo i giocatori hanno dovuto fare a meno di un paio di atleti individuali.

Golf

Nel 1935 Didriksen iniziò a giocare a golf. Nel 1938, Didriksen partecipò al
Los Angeles Open, un torneo PGA per uomini. In questo torneo formò una
squadra con il noto professionista George Zaharias. Elf maanden later, op
23 december 1938, trouwden ze in Saint Louis.

Nei primi anni del secolo scorso era il più grande golfista d'America. Ha
ottenuto il titolo di dilettante nel 1942 e ha vinto l'Amerikaanse Amateur
Golfkampioenschap nel 1946 e, come ultimo americano, il Britse
vrouwenkampioenschap nel 1947. Ha vinto anche altri campionati open.
Nel 1947 divenne golfista professionista e dominò la WPGA e la LPGA.
Nel 1947 vinse la LPGA-kampioenschap e nel 1948 l'Amerikaans open

kampioenschap. Il campionato è durato settantacinque anni. Nel 1950 ha vinto tutti i tornei di golf.

Babe Zaharias era un giocatore di golf presso l'*Employers' Casualty Co. Club*.

Punti salienti

- Nel 1950 Didrikson Zaharias contribuì a fondare la Ladies Professional Golf Association e divenne la concorrente di punta della LPGA.
- Non solo ha attirato l'interesse per il gioco femminile, ma ha rivoluzionato questo sport ed è stata nota per i suoi potenti drive.
- Nel 1953 le viene diagnosticato un cancro al colon e viene operata. L'anno successivo, in uno dei più grandi ritorni dello sport, conquistò il suo terzo U.S. Open. Nonostante indossasse un sacchetto per la colostomia, Didrikson Zaharias dominò l'evento, vincendo con 12 colpi.
- Nel 2021 le è stata conferita postuma la Medaglia presidenziale della libertà.

14.   Madre Teresa (1910-1997)
Suora cattolica romana e missionaria albanese-indiana

Moeder Teresa, nata con il nome di *Agnes Gonxha Bojaxhiu* (Skopje, 26 agosto 1910 - Calcutta, 5 settembre 1997), è stata una religiosa cattolica, presidentessa delle Missionarissen van Naastenliefde e vincitrice di premi Nobel per il mondo. Si trova tra i bracci delle armi in India. La congregazione che ha fondato nel 1950 contava nel 2012 più di 4.500 membri e 300 membri ed era attiva in 133 paesi.

Nel suo giorno di nascita si è verificato in India un giorno di rivolta nazionale. Ha vissuto un personaggio di Stato, un uomo che in India è sempre stato considerato come uno dei maggiori esponenti politici.

Nel 2003 è stato cancellato lo zoccolo duro e il 4 settembre 2016 è volato via l'elisoccorso.

Levensloop

Agnes Gonxha Bojaxhiu è nata nel toenmalige Ottomaanse Rijk (nu Noord-Macedonië) e si è formata in un'importante famiglia albanese-cattolica. A 17 anni, la sua opera si trova nell'oratorio di Onze lieve vrouw van Loreto a Rathfarnham, nell'Ierland. Un anno dopo si reca a Calcutta, in India, dove lavora presso una scuola di medicina. Da quel momento, il suo nome è *Moeder Teresa* e si trasforma in Teresa di Lisieux.

Getroffen door het lot van de talloze dakloze zieken en stervenden, zwervende kinderen, hongerigen en leprozen besloot zij zich te wijden aan deze armsten der armen. Con l'aiuto di Pio XII, il suo klooster viene consegnato e a Calcutta viene realizzato un lavoro noto in tutto il mondo sulle armi, che zij ha realizzato in breve tempo per il suo sangue. Ha fondato l'associazione Missionarissen van Naastenliefde, un'associazione religiosa per gli abitanti di Calcutta. Molti nonnini si sono messi in contatto con lui. L'organizzazione è cresciuta a tal punto che anche in India sono stati aperti numerosi ordini. In 25 anni sono stati aperti 90 magazzini in tutto il mondo e sono stati realizzati 1132 posti di lavoro.

Nel 1979 gli è stato conferito il premio Nobel per la pace.

Gestione della salute e del benessere

Nel 2002 il Vaticano ha scoperto che un tumore maligno nella pelle di una donna indiana, Monica Besra, è una meraviglia. Monica Besra ottenne che zij, toen zij naar de mis ging, bij het binnengaan van de kerk een photo van Moeder Teresa zag en dat er lichtstralen uit haar ogen kwamen. In quel momento, i due si sono divisi e sono stati portati a letto da alcuni zombie. Gli zusters legarono un medaglione di Maria sul suo letto. Sei giorni dopo, gli zingari vennero generati. Qui sono stati registrati 113 documenti e 35.000 pagine di documentazione. Esiste un'altra controversia sull'attendibilità di questi documenti. Gli artisti di Besra dicono che la sua ciste e la sua tubercolosi sono state generate dal suo trattamento.

Il 19 ottobre 2003 la madre Teresa è stata uccisa dal papa Johannes Paulus II. Durante la cerimonia di inaugurazione nella Sint-Pietersplein di Vaticaanstad sono intervenuti, tra gli altri, il premier francese Raffarin, la presidentessa francese Bernadette Chirac, la regina Fabiola del Belgio e il presidente Rugova del Kosovo.

Il 4 settembre 2016, a un anno dalla sua morte, il parroco Teresa è stata uccisa da un'azione speciale nella piazza di Sint-Pietersplein.

Lusso e critica

Moeder Teresa è stata tanto apprezzata quanto criticata per le sue prese di posizione sulla questione dell'ouderschap verantwoord e della beschermwaardigheid del giovane nato. L'ateo e filosofo belga Etienne Vermeersch si esprime in modo critico su Moeder Teresa per quanto riguarda la contraccezione religiosa, ma si sofferma sulla critica del filosofo Herman De Dijn. Il giornalista Christopher Hitchens ha scritto un articolo critico su Moeder Teresa: *La posizione missionaria: Mother Teresa in Theory and Practice* (1995), pubblicato nel 1997 dal sinologo e letterato belga Simon Leys. L'autore ha pubblicato il suo libro sulla *New York Review of Books* e, in seguito, il suo saggio *The Hall of Uselessness* (2011), in cui ha evidenziato il suo interesse per la tradizione cristiana.

In een artikel uit 2003 beweerde Hitchens dat Moeder Teresa gestolen geld zou hebben aangenomen van de Haïtiaanse dictator Jean-Claude Duvalier (in ruil waarvoor ze zijn bewind zou hebben geprezen) en van Charles Keating, een Amerikaanse bankier, die in 1989 door het faillissement van de spaarbank *Lincoln Savings and Loan* duizenden Amerikanen van hun spaargeld beroofde.

Gli studiosi dell'Università di Montreal hanno analizzato 300 documenti e hanno individuato i dettagli che si riferiscono all'immagine positiva di Moeder Teresa.

Naamgeefster

In un periodo di tempo di riposo, sono state create diverse località in tutto il mondo albanese, tra cui la piazza di Tirana e la piazza Sheshi Nënë Tereza a Tirana, la piazza Bulevardi Nënë Tereza a Pristina, la piazza Rruga Nënë Tereza a Pejë (Kosovo) e la piazza Rruga Nënë Tereza nell'area kosovara di Gjakovë. La cattedra del bisdom Sapë nella città noord-albanese di Vau i Dejës si è svolta in occasione della Moeder Teresakathedraal.

Trivia

Nel 1969 Malcolm Muggeridge realizzò per la BBC un documentario intitolato *Something beautiful for God*. Muggeridge parlò dell'impatto del lavoro di Moeder Teresa, che fu filmato per questo documentario. Per questo documentario è stato fatto un sopralluogo in un edificio in cui lavorava Moeder Teresa, chiamato *Het huis van de stervenden*. Il cameraman, Ken McMillan, ha girato in questa casa un nuovo tipo di filmato Kodak, che non era mai stato girato prima. Terug in Engeland bekeek men de opnamen en viel het op dat de beelden gemaakt in *Het huis van de stervenden* van zeer goede kwaliteit waren en elk detail zichtbaar was. Il cameraman disse di aver visto i dati in maniera esaustiva e di voler ringraziare il pubblico per la qualità del filmato. Muggeridge ha dichiarato che la sua immagine era molto chiara e che era sempre più convinto di essere il protagonista di una meraviglia e di averla ottenuta dai media.

Punti salienti

- Madre Teresa, per esteso Santa Teresa di Calcutta, detta anche Santa Madre Teresa, nome originale Agnes Gonxha Bojaxhiu, è stata insignita di numerose onorificenze, tra cui il Premio Nobel per la Pace 1979.
- Negli ultimi anni Madre Teresa si è espressa contro il divorzio, la contraccezione e l'aborto.
- L'aggravarsi delle sue condizioni cardiache l'ha costretta a ritirarsi e l'ordine ha scelto la sorella Nirmala, di origine indiana, come suo successore nel 1997.
- Sebbene Madre Teresa mostrasse allegria e un profondo impegno verso Dio nel suo lavoro quotidiano, le sue lettere (che sono state raccolte e pubblicate nel 2007) indicano che non sentiva la presenza di Dio nella sua anima durante gli ultimi 50 anni della sua vita.

15.   Angela Merkel (nata nel 1954)
Prima donna cancelliere della Germania

---

*"Non mi sono mai sottovalutato. E non ho mai visto nulla
di male nell'ambizione".*

Angela Dorothea Merkel, nata come **Kasner**, (Amburgo, 17 luglio 1954)
è dal 22 novembre 2005 bondskanselier del Duitsland. È l'ultimo
regeringsleader di una nazione e anche l'ultimo partito di una CDU
cristiano-democratica.

Privéleven

Merkel è la figlia del dominatore luterano Horst Kasner, il cui padre era un
uomo polacco, e di sua moglie Herlind Kasner-Jentzsch. Nel 1954 la
famiglia si trasferì da Amburgo a Quitzow (Brandeburgo), nella Repubblica
Democratica Tedesca, dove il leader si impegnò in un gruppo evangelico-
luterano. Nel 1957 si recò definitivamente nella città di Templin, dove il
leader era impegnato nella creazione di un centro di accoglienza
intersettoriale. Kasner era stato ingaggiato dal Pastorale Raad della
Evangelisch-Lutherse Kerk, che dapprima lavorava in collaborazione con
le associazioni SED. Daardoor genoot het gezin Kasner onder andere het
privilege vrij te kunnen reizen naar 'niet-socialistische' landen, onder
294

andere naar de VS en Italië. Il ragazzo può anche ricevere molti pacchi da famiglie dell'ovest e in seguito Angela deve riconoscere che non ci sono più "clandestini della DDR". In seguito, il comandante Kasner chiese un'autovettura e un mezzo di trasporto privato. La madre di Angela, Herlind Kasner-Jentzsch, non può più essere lesa dal SED-overheid. Per questo motivo, la sua famiglia ha deciso di non fare nulla per l'adozione dei suoi due parenti.

Nel 1961 Angela ha frequentato la "Polytechnische Oberschule" di Templin. Le sue medeleerlingen e le sue leerkrachten la descrivono come un'insegnante onnipresente, ma anche come un'ottima persona dal punto di vista sociale. Sebbene non sia stato riconosciuto come "Streber", ha lavorato a scuola con ottimi risultati per quanto riguarda i talenti (oltre che per il russo), la wiskunde e i metodi naturali. Con la sua famiglia non ha mai avuto a che fare con la nascita di un bambino nella DDR; nel maggio del 1970 è stata accolta come membro della chiesa evangelica luterana ("die Konfirmation"). Durante il periodo scolastico è stato membro dell'associazione Ernst Thälmann e successivamente della FDJ (Freie Deutsche Jugend). Nel 1973 ha frequentato la "Erweiterte Oberschule" di Templin.

Durante il periodo scolastico, Angela ha studiato la natura in modo particolare. Per cercare di ottenere le esatte conoscenze tecniche, Angela ha deciso di intraprendere un percorso di studio per ottenere un impegno professionale. Nel 1973 iniziò gli studi presso la Karl-Marx-Universität di Lipsia. Nel 1977 Angela Kasner ha conosciuto il suo studente di medicina, Ulrich Merkel; dopo che nel 1982 si è legata a lui, Angela ha assunto il nome del suo ultimo uomo. Dopo che nel giugno 1978 il suo diploma (Magisterarbeit) con la dicitura "zeer goed" era stato conseguito e che il suo viaggio presso la scuola tecnica di Ilmenau era stato giudicato, Angela incontrò il suo uomo a Oost-Berlijn. Ha svolto un tirocinio presso il "Zentralinstitut für physikalische Chemie" (ZIPC) dell'Academie der Wetenschappen van de DDR a Berlijn-Adlershof. Nel 1986 ha conseguito il dottorato di ricerca con una tesi sulla chimica quantistica, che ha lavorato fino al 1990 come ricercatore presso un altro istituto e ha pubblicato diversi articoli. Dal 1978 al 1990 è stato anche segretario della cultura della FDJ. In questa funzione è stato anche responsabile dell'Agitprop ("agitazione e propaganda") e ha fatto diversi viaggi di studio verso l'Unione Sovietica.

Nel 1978 ha iniziato a lavorare per la Stasi e, in base ad altre informazioni, è diventata "IM (Informeller Mitarbeiter) *Erika*". Nel suo dossier Stasi zijn haar DDR-kritische houding en haar sympathie voor het Poolse Solidarność opgenomen. È interessante anche il fatto che ze sia amico dello scrittore Rainer Kunze, che si è schierato contro il regime, e che ze, oltre alle opere di Rudolph Bahro, Andrei Sacharov e Alexander Soltsjenitsyn, tutti i più famosi dissidenti, sia stato riconosciuto. Negli anni '80 la Merkel ha ricevuto un malanno in un campo di battaglia a Berlijn. Nel dicembre del 1998 ha ospitato lo scheletro berlinese Joachim Sauer. Angela Merkel non ha parenti; Sauer ne ha due.

DDR

A partire dal 1989 Angela Merkel ha svolto un'intensa attività politica: è entrata a far parte del gruppo Demokratischer Aufbruch (DA) della DDR, che nell'agosto 1990 è entrato a far parte della CDU di Oost-Duitse. Non solo, ma per il suo gruppo ducale è stato vicepresidente del primo governo oost-duese con il leader della CDU e ministro-presidente della DDR Lothar de Maizière.

Ministro delle obbligazioni (1991-1998)

Nel dicembre 1990, in occasione dell'ultimo Bondsdagverkiezingen per il Duitsland, Angela Merkel è entrata direttamente a Stralsund-Rügen nel Duitse Bondsdag. Il distretto più grande del Nordest è ancora in fase di consolidamento.

Direct haalde bondskanselier Helmut Kohl (CDU) haar nel gennaio 1991 als minister voor Vrouwen- en Jeugdzaken in zijn kabinet. Al tempo stesso, egli godeva di grande rispetto per i suoi dossier e per la sua attività di vakkennis. Een pre zal ook zijn geweest dat ze in één persoon Oost-Duits, vrouw, protestants en jong was. Snel kreeg ze het etiket 'Kohls Mädchen', dat tot eind 1999 aan haar bleef kleven.

Nel 1994, Klaus Töpfer è stato nominato ministro per l'Ambiente, la Protezione della natura e la Protezione dei reattori.

Nel dicembre 1991 è stato nominato vicepresidente della CDU. Dal giugno 1993 al maggio 2000 è stato anche il vicepresidente della CDU del Land Mecklenburg-Voor-Pommeren.

I Bondsdagverkiezingen del 1998 sono stati annullati per la CDU. Nel novembre 1998, il segretario di partito Wolfgang Schäuble Merkel, in qualità di segretario generale della CDU, viene nominato. Nel periodo 1999-2002, quando la CDU si trova di fronte a un finanziamento illegale dei partiti, si allontana dal suo avversario Kohl. Il 22 dicembre 1999 ha pubblicato sulla Frankfurter Allgemeine Zeitung una lettera aperta al suo partito. Daarin stelde ze dat aan de, voor haar en voor de partij, "mooie tijd" met Kohl wegens zijn onduidelijke rol in het schandaal een einde gekomen is.Toen ook Wolfgang Schäuble in opspraak kwam en als partijvoorzitter terugtrad werd ze op 10 april 2000 met 96 procent van de stemmen tot nieuwe partijvoorzitter gekozen.

Enige onrust ontstond voor de verkiezingen van 2002, toen de CSU Edmund Stoiber als kanselierskandidaat naar voren schoof, nog voor de CDU zich op een eigen kandidaat vastgelegd had. Merkel ha notato che le donne all'interno del partito non avevano ancora un'idea precisa per far sì che l'internato di Stoiber venisse aperto e che Stoiber fosse più bravo di altri nelle sue discussioni. Nel corso di una visita collettiva a Wolfratshausen, si è deciso di accettare la candidatura di Stoibers. Dopo che la coalizione dei governanti vinse il krap delle elezioni, la Merkel manovrò Friedrich Merz nella sua funzione di fractievoorzitter e divenne il vero motore della politica che doveva essere utilizzato per le nuove elezioni dell'Unione.

I successi ottenuti dalla CDU con le verifiche in diversi Stati federati hanno rafforzato la sua posizione. L'aiuto degli Stati membri è stato dato all'Unione, che ha così potuto sfruttare tutte le possibilità di intervento nel Bondsraad. Inoltre, nel 2004, il presidente del Consiglio dei ministri Horst Köhler ha deciso di far verificare il suo personale mandato per l'ambasciata del presidente del Consiglio dei ministri Horst Köhler, in occasione del Bondsvergadering.

Il 22 maggio 2005 l'SPD ha vinto i sondaggi per il voto in Noordrijn-Westfalen. In questo periodo, Gerhard Schröder ha avviato nuove elezioni per il Bondsdag. Il 30 maggio la CDU Merkel ha abbandonato il suo ufficio come presidente di commissione. Als eerste vrouwelijke kanselierskandidaat in de geschiedenis, nam ze het bij de verkiezingen van september 2005 op tegen de zittende coalitie van SPD en Bündnis 90/Die Grünen met Schröder als kanselierskandidaat.

Bondskanselier (dal 2005)

Il 10 ottobre 2005 è stato reso noto che Angela Merkel, als de coalitiebesprekingen met de SPD zouden slagen, ha deciso di creare un nuovo gestore di obbligazioni nel Duitsland. L'11 novembre sono stati approvati gli accordi tra l'Unione e l'SPD e l'apertura della coalizione, in modo che il Duitsland per la seconda volta nella sua storia possa essere considerato una "grande coalizione". Il 22 novembre la Merkel è stata trasferita dal bonddag al kanselier, come ultima donna nel governo del Duitsland. Ha voluto Gerhard Schröder. Il gabinetto Merkel I si è riunito il 27 ottobre 2009.

I Bondsdagverkiezingen del 2009 sono di grande aiuto per la cancelliera Merkel. Sebbene il suo partito di origine abbia una posizione di forza, l'FDP ha ottenuto che Merkel formasse una coalizione CDU/CSU-FDP, che aveva già preferito nel 2005. Il gabinetto Merkel II è stato creato il 28 ottobre 2009. Come leader della più grande economia in Europa, Merkel ha svolto un ruolo importante nell'Unione Europea durante la risoluzione della crisi finanziaria.

Nel dicembre 2012 la Merkel ha ottenuto una maggioranza superiore alla media come partito della CDU. Ha ottenuto il 97,94 per cento dei voti, la più alta percentuale di voti da quando, nel 2000, Merkel è diventata un partito. In occasione del congresso, Merkel ha definito il suo governo con l'FDP liberale "il più grande governo da quando esiste l'Unione dei Democratici del Nord". "Abbiamo fatto in modo che il Duitsland sia in regola con la crisi dei mutui e il Duitsland sta meglio", ha dichiarato la Merkel.

Il 22 settembre 2013 la CDU/CSU è stata nominata dalla Merkel in occasione del Bondsdagverkiezingen. Il suo partito detiene più del 41% dei voti e da quel momento è diventato il primo partito. Il suo partner di coalizione FDP ha scoperto che la sua coalizione non gode di alcun sostegno. Merkel deve da allora, come nel suo primo mandato da cancelliere, mettersi in contatto con l'SPD. Alla fine di novembre 2013 è stato emesso un ordine di riorganizzazione, che prevedeva l'apertura di un congresso sia per la CDU che per la SPD. Il 17 dicembre 2013 è stato creato il nuovo gabinetto e Merkel ha iniziato il suo primo mandato.

Durante il suo ultimo gabinetto la Merkel ha avuto un ruolo sempre più importante nella sua politica internazionale. Per via del suo populismo aperto è stata definita dal New York Times "il più grande sostenitore del Vecchio Continente". Anche per il suo ruolo durante l'eurocrisi la Merkel è stata apprezzata.

Nel 2015 la Merkel ha fatto rientrare in patria un gruppo di cittadini del Duitsland. Questa presa di posizione è stata resa nota con il suo famoso discorso *"Wir schaffen das"*. La Merkel ha anche ben compreso che i negoziati sono ancora in corso. A livello internazionale la Merkel viene criticata per aver affrontato la crisi del vluchteling, ma in patria si è fatta strada la protesta. Molti cittadini ritengono che la Merkel abbia un gruppo di cittadini di alto livello. Da questo punto di vista, la Merkel ha iniziato a lavorare negli ultimi anni all'interno della CDU/CSU. È stato l'AfD a trarre profitto. In seguito Merkel ha preso in giro gli immigrati.

Anche nel corso dei Bondsdagverkiezingen del 24 settembre 2017 Merkel e la CDU/CSU hanno ottenuto un risultato positivo. Il suo partito ha ottenuto un netto 33 percento di voti, con una differenza dell'8 percento, ma è stato il partito più numeroso. Questo è stato per i cittadini un fattore di importanza cruciale per Merkel. Il suo principale interlocutore, Martin Schulz della SPD, aveva come voorzitter del parlamento europeo un'ottima base di partenza per Merkels e, grazie alle sue dichiarazioni verbali, non ha potuto fare di più che un'alternativa. L'economia danese sotto la Merkel è in crisi e la disoccupazione è in pericolo. La Merkel ha ottenuto, grazie a numerose critiche, anche una grande popolarità nel paese.

I negoziati per la Cabina di Regia-Merkel IV, dove l'SPD ha iniziato a lavorare, sono diventati molto importanti. In seguito, i diversi partiti si sono riuniti in una nuova GroKo, una grande coalizione danese. Pas in februari 2018 werd er een regeerakkoord bereikt, dat vervolgens ter goedkeuring aan de leden van zowel het CDU, de CSU als de SPD werd voorgelegd. Il 14 maggio 2018 è stato creato il nuovo gabinetto Merkel e la Merkel ha iniziato il suo terzo mandato.

Nel giugno 2018 è stato aperto il vluchtelingenbeleid all'unanimità, in particolare tra la Merkel e il ministro delle Buitenlandse Zaken Horst Seehofer. Seehofer ha voluto che gli asielzoeker fossero indirizzati verso il Duitsland, come quelli che si trovano in un'altra terra europea, ma ha voluto che la Merkel avesse aperto un'opzione per gli asielzoeker nel Duitsland. Dit leidde tot een regeringscrisis, die Merkel in juli 2018 beëindigde met een akkoord over gesloten doorreiscentra in Duitsland, waar de status van asielzoekers zal worden getoetst. Afgewezen asielzoekers zullen vervolgens moeten terugkeren naar het Europese land waar ze hun eerste aanvraag indienden.

Il 29 ottobre 2018 Merkel ha comunicato che non ci saranno più problemi per un nuovo mandato come portavoce della CDU al congresso di dicembre 2018. Questo è stato il punto di partenza delle elezioni in Assia e Beiria di quell'anno, che la CDU ha dovuto affrontare. Nel suo partito c'è un gevecht losbarsten per l'opvolging, non solo come voorzitter, ma anche come bondskanselier.

Se nel 2019 la popolarità di Merkels era in calo, nel 2020 la popolarità di Merkels si ridurrà a causa della crisi in Danimarca. Il bondskanselier è stato nominato a livello internazionale per il suo approccio alla crisi. In una trasmissione televisiva del 18 marzo 2020, la Merkel ha definito il coronavirus "il più grande attacco dopo la seconda guerra mondiale".

Verifica con i Paesi Bassi

Le relazioni tra l'UE e i Paesi Bassi sono iniziate il 23 ottobre 2013, quando è emerso che Merkels mobiele telefoon jarenlang è stato attaccato dall'NSA. Le importazioni di alluminio e di carbone che Trump ha effettuato nel 2018, le critiche mosse a Merkels vluchtelingenbeleid e il bijdrage di Duitse aan de NAVO sono stati oggetto di un'analisi più approfondita.

Standpunten

All'interno della CDU, la protestante e olandese Merkel si è dimostrata pragmatica. Nel febbraio del 2003 ha portato avanti l'ingaggio americo-britannico in Iraq. La Merkel è un sostenitore dell'avvicinamento dei turchi all'Unione Europea, ma ha anche concesso a questo Paese, insieme al suo partito, una partnership privilegiata. Tijdens het Duitse voorzitterschap van de Europese Unie, de eerste helft van 2007, verklaarde zij zich voorstander van verdere ontwikkeling van de eerder in referenda gesneuvelde Europese Grondwet. In occasione del disastro di Fukushima, la Merkel ha dichiarato che il Duitsland deve interrompere l'uso dell'energia nucleare e puntare su un'energia rinnovabile, l'Energiewende.

Onderscheidingen

Merkel ha ricevuto nel 2006 l'Ordine dei Verdi della Repubblica Italiana, nel 2007 la cerimonia di consegna dell'Ordine dei Verdi della Repubblica di Corea, nel 2008 la cerimonia di consegna dell'Ordine dei Verdi della Repubblica di Danimarca e dell'Ordine dei Verdi del Perù, la Grootkruis van de Orde van de Infant Dom Henrique nel 2009, l'Orde van de Stara Planina nel 2010, la Medaglia presidenziale della libertà consegnata dal presidente Obama nel 2011 e la Grote Gouden Ereteken van Verdienste voor de Republiek Oostenrijk nel 2015.

È stato premiato con l'Internationale Karelsprijs Aken nel 2008, con il Duitse Mediaprijs nel 2009 e con la Freedom Medal nell'ambito del Four Freedoms Award nel 2016.

Ze werd Doctor honoris causa van de Hebreeuwse Universiteit van Jeruzalem in 2007, van de Universiteit Leipzig in 2008, van The New School en de Universiteit van Bern in 2009 en van de Babeș-Bolyaiuniversiteit in 2010. La Radboud Universiteit Nijmegen ha ricevuto il premio nel 2013, la Comenius Universiteit Bratislava nel 2014, la Universiteit van Szeged nel 2015 e la Universiteit van Nanking nel 2016. [2]Merkel ha iniziato a svolgere una tesi di laurea presso la UGent e la KU Leuven nel 2017. Le due università hanno dato vita a *ispirazioni diplomatiche e politiche per far emergere gli interessi politici dell'Europa e per far conoscere i punti di forza che il nostro continente deve affrontare per raggiungere l'obiettivo della stabilità.*

Punti salienti

- Nelle prime elezioni post riunificazione, nel dicembre 1990, Angela Merkel ha ottenuto un seggio nel Bundestag (Camera bassa del Parlamento) in rappresentanza di Stralsund-Rügen-Grimmen.
- Merkel è stata nominata ministro per le donne e i giovani dal cancelliere Helmut Kohl nel gennaio 1991.
- Il secondo mandato della Merkel è stato ampiamente caratterizzato dal suo ruolo personale nella risposta alla crisi del debito della zona euro.
- Nel 2015 sono entrati in Germania più di un milione di migranti e il partito della Merkel ha pagato un prezzo politico molto alto per la sua posizione sui rifugiati.

16.   Tsai Ing-wen (nato nel 1956)
Prima donna presidente di Taiwan

*"Taiwan è la Repubblica di Cina, la Repubblica di Cina è
Taiwan".*

Tsai Ing-wen (Fangshan, Pingtung, 1956) è un politico taiwanese. È stata
nominata presidente di Taiwan (Repubblica cinese) il 20 maggio 2016.

Tsai ha voluto un incarico da avvocato, ma è poi passato alla politica per il
DPP. Il 16 gennaio 2016 il suo partito ha ricevuto l'assolutezza del potere.
Come conseguenza, il 20 maggio 2016 Tsai è stata nominata presidente
di Taiwan.

Più di quanto non lo sia il suo interlocutore, Ma Ying-jeou, Tsai è una
persona onesta di Taiwan in vista della Repubblica Popolare Cinese. Ze
vindt dat China de keuze van Taiwan voor de democratie moet
respecteren. Nel 2016 la Cina ha interrotto tutti gli incontri ufficiali con
Taiwan, non appena questi sono stati scoperti.

Nel novembre 2018 il DPP si è schierato a favore di una serie di negoziati.
Il Kuomintang, la corrente conservatrice del DPP, ha vinto e questo partito
è favorevole all'incontro e alla collaborazione con la Cina. In quest'area c'è
un'attenzione per un'azione di sostegno alla Cina. I produttori sono

preoccupati per la loro situazione economica e si rivolgono a coloro che vogliono stimolare l'economia attraverso l'incontro con la Cina.

Il 2 gennaio 2019 il presidente cinese Xi Jinping ha fatto una dichiarazione in merito al fatto che 40 anni dopo, il 1° gennaio 1979, la Cina ha deciso di trasferire una parte delle isole taiwanesi alla Cina. Xi ha voluto un accordo con Taiwan, ma non ha voluto che si creasse un problema. Ha dichiarato che Taiwan deve "essere e deve" essere rispettata dalla Cina. Queste affermazioni sono più gravi del normale e Tsai Ing-wen ha reagito affermando che Taiwan non può più essere considerata come una grande Cina.

Nel gennaio del 2020 gli aiuti sono stati cancellati. Il 57% delle persone che vivono in casa, un record di 8,2 milioni di persone che vivono in casa e 1,3 milioni di persone in più rispetto al 2016. Il suo interlocutore, Han Kuo-yu, del Kuomintang, è in carica da tempo. Han rappresenta il 39% dei voti. Tsai Ing-wen non ha ancora preso posizione nei confronti della Cina, e nel suo discorso di accettazione ha ribadito che la Cina non ha intenzione di fare nulla per evitare che Taiwan si allontani dalla Cina. Han vuole che i negoziati siano ben verbalizzati, soprattutto per motivi economici.

Punti salienti

- Tsai Ing-wen ha trascorso la sua prima infanzia nel sud costiero di Taiwan prima di andare a Taipei, dove ha completato la sua istruzione.
- Nel dicembre 2016, il delicato equilibrio delle relazioni tra Taiwan e Cina è stato turbato quando Tsai ha telefonato al presidente eletto degli Stati Uniti Donald Trump, che ha ribaltato diversi decenni di protocollo diplomatico diventando il primo capo dell'esecutivo statunitense a parlare con la sua controparte taiwanese dal 1979.
- Anche se Tsai Ing-wen e Trump avrebbero in seguito dichiarato che la loro telefonata non indicava un cambiamento di politica, nel 2019 l'amministrazione Trump si era impegnata a vendere a Taiwan importanti armi, tra cui carri armati, missili e jet da combattimento.
- Dopo aver sostenuto riforme impopolari delle politiche energetiche e pensionistiche di Taiwan, Tsai Ing-wen ha registrato un notevole calo di popolarità all'avvicinarsi delle elezioni presidenziali del 2020.

16 Donne nere

1. Bessie Coleman (1893-1926)
Prima donna aviatrice afroamericana

*"Se riesco a creare il minimo dei miei progetti e desideri,
non ci saranno rimpianti".*

Bessie Coleman (Atlanta (VS), 26 gennaio 1892 - Jacksonville (VS), 30 aprile 1926) è stata uno degli ultimi piloti americani di aerei da combattimento. È stato l'ultimo pilota di origine afro-americana e anche l'ultimo passeggero di origine americana (o amerindia) che ha avuto un incidente di volo. Coleman ha festeggiato il suo brevetto presso la *Fédération Aéronautique Internationale* il 15 giugno 1921 ed è stato l'ultimo passeggero a cui è stato concesso un brevetto internazionale.

Coleman, nato in una famiglia di pittori in Texas, ha iniziato da giovane a lavorare in campagna e ha frequentato anche una piccola scuola. Da allora ha frequentato un semestre di college presso la Langston University. Zij ha sviluppato un interesse per i viaggi, ma gli afro-americani, gli americani e i giovani hanno avuto un interesse per l'avvio di un progetto pilota negli Stati Uniti. Daarom spaarde Bessie geld en kreeg zij financiële steun om naar Frankrijk te gaan voor een pilotenopleiding. Zij era un pilota di spicco in alcuni spettacoli di vlieghi nei Paesi Bassi. Bessie era conosciuta dal pubblico come *Queen Bess* e *Brave Bessie*, e aveva aperto una scuola per piloti afro-americani. Nel 1926, Coleman si mise al

306

lavoro per testare un nuovo velivolo. Il suo viaggio è stato fonte di ispirazione per i primi piloti e per le associazioni afroamericane e amerinde.

Beginjaren

Bessie Coleman (soms ook Elizabeth genoemd) nacque il 26 gennaio 1892 ad Atlanta (Texas) come figlia di George Coleman, il quale aveva un padre che si era unito al popolo Cherokee e a Susan Coleman che era afroamericana. I figli dei negri hanno un'impostazione tipica per il periodo. Quando Coleman aveva due anni, la sua famiglia si trasferì a Waxahachie (Texas), dove i suoi figli lavorarono come insegnanti. Coleman è entrato a far parte della scuola di Waxahachie. Ogni giorno si trova a sei chilometri dalla sua scuola, che si trova in un'area di sosta. Coleman si è trasferito a scuola e ha iniziato a lavorare come studente esperto di scienze motorie. Si occupa delle basi di questa scuola.

Un anno dopo, il rito di Coleman per la scuola, le chiese e le chiese viene interrotto dal katoenoogst. Nel 1901 George Coleman diventa padre. Si dirige verso l'Oklahoma, nel Territorio Indiano, dove è stato generato, per ottenere un lavoro migliore, ma la sua famiglia e i suoi parenti non si fermano. In un secondo momento Bessie si è iscritta alla *Missionary Baptist Church School* con uno studente. Quando la ragazza compì un anno, la chiamò "spa" e si iscrisse all'*Oklahoma Colored Agricultural and Normal University* di Langston (Oklahoma) (nota con il nome di Langston University). Zij lavora per un semestre, quando il suo reddito è stato pagato, e si reca a casa sua.

Carrière

Quando Coleman aveva 23 anni, si trasferì a Chicago, nell'Illinois, dove venne conquistato dai suoi fratelli. A Chicago Coleman lavorò come manicure nel *White Sox Barber Shop*. Da qui ha avuto modo di verificare i voli in orbita dei piloti che sono stati respinti dall'Eerste Wereldoorlog. Si chiamava "tweede baan in een winkel om geld te sparen in de hoop om piloot te worden". Le aziende americane non hanno mai visto gli afro-americani, per cui Robert S. Abbott, direttore e direttore del giornale afro-americano *Chicago Defender*, si mosse per ottenere una collaborazione nel paese. Abbot ha pubblicato la denuncia di Coleman nel suo giornale e ha chiesto un aiuto finanziario al banchiere Jesse Binga e al *Defender*.

Frankrijk

Bessie Coleman volle lavorare in francese presso la scuola di lingue Berlitz di Chicago e il 20 novembre 1920 partì per Parijs, dove volle fare un'esperienza di lavoro per poter fare il suo viaggio.

Zij leerde te vliegen in een Frans militair verkenningsvliegtuig uit de Eerste Wereldoorlog, de Nieuport 564, een tweedekker met "een stuursysteem dat bestond uit een vertical stuurknuppel die zo dik was als een honkbalknuppel vóór de piloot en een roerpedaal onder de voeten van de piloot". Il 15 giugno 1921 Coleman è stato l'ultimo viaggiatore afro-americano e l'ultimo americano che ha partecipato a una gara di volo e anche l'ultimo afro-americano e l'ultimo americano che ha partecipato a una gara di volo internazionale presso la *Fédération Aéronautique Internationale*. Nei due mesi successivi Coleman volle che il suo aereo venisse trasportato da un toppiloto francese nella città di Parijs per verbalizzare le sue norme di volo. Nel settembre 1921 partì per l'America. Quando Coleman si trasferì in America, si creò un'inchiesta mediatica.

Vliegshow

La spiaggia è l'unico luogo in cui si può vedere il mondo. Sapevo che non c'erano piloti, né uomini né donne, e che il popolo afro-americano doveva essere controllato su questo tema fondamentale, per cui ho deciso di fare di tutto per non rischiare di perdere la vita.

Poiché il periodo dei vettori commerciali non è ancora finito, Coleman si rese conto che i suoi stuntvlieger nei "rondreizende vliegshows" dovevano essere in grado di guadagnare soldi come burgerpiloot. In qualità di stuntvlieger, deve realizzare acrobazie di grande valore per un pubblico di alto livello in un periodo in cui la tecnologia dei videogiochi è ancora in fase di sviluppo. Ma per avere successo in questo mondo così competitivo, è necessario che i musicisti vogliano fare di più e che il loro repertorio sia più vasto. A Chicago Coleman non trovò nessuno che fosse preoccupato per le sue prestazioni, per cui nel febbraio del 1922 si imbarcò per l'Europa. Nei due mesi successivi, i suoi uomini entrano in Frankrijk e si recano a fare un corso di formazione per i clienti. Da allora si reca in Olanda per incontrare Anthony Fokker, uno dei più grandi attori del mondo. Coleman parte anche per il Duitsland, dove gli viene chiesto di fare un salto presso la fabbrica di velivoli Fokker e di completare l'addestramento di uno dei più importanti piloti della compagnia. Da qui parte per i Verenigde Staten per iniziare la sua carriera nel mondo delle acrobazie.

La "Regina Bess", così come è stata definita la sua fama, è stata la prima volta in un anno e mezzo che ha avuto un grande successo di pubblico. Bessie è stata oggetto di meraviglia sia da parte degli afroamericani che dei neri americani. È stata utilizzata per partecipare a importanti eventi e intervistata per i giornalisti. Bessie si è anche vestita con i tweedekkers del modello Curtiss JN- 4 "Jenny" e con altri velivoli che il suo legatore aveva messo in mostra. Il 3 settembre 1922 partecipano per la prima volta a una manifestazione americana in occasione di un evento tra veterani del 369° reggimento di fanteria afro-americano nell'Eerste Wereldoorlog. L'evento si è svolto al Curtiss Field di Long Island, nella zona di New York City, ed è stato organizzato dall'amico Abbott e dal giornalista *Chicago Defender*. Nelle pubblicità dello spettacolo Coleman è stato definito "il miglior pilota sportivo del mondo". Il filmato contiene le testimonianze di altri top-piloten americani e uno spunto del paracadutista afro-americano Hubert Julian. Due settimane più tardi Coleman si reca a Chicago per una dimostrazione di volo acrobatico a distanza di un anno e mezzo, loopings e dalingen tot dichtbij de grond voen groot en enthousiast publiek op het vliegveld Checkerboard Airdrome (tegenwoordig het terrein van het *Hines Veterans Administration Medical Center*, Hines, Illinois, het *Loyola Hospital*, Maywood, en het nabijgelegen Cook County Forest Preserve).

L'apertura di un'acrobazia e lo sconcerto di un pubblico giovane erano un altro aspetto della camera da letto di Coleman. Coleman non ha mai sentito la convinzione che i suoi figli, durante la giovinezza, avessero deciso di "bere" in un giorno. Come vliegenier professionista, Coleman è stato molto apprezzato da tutti per il suo stile da karaker opportunista e per il suo stile sgargiante, che lo ha portato a esibirsi nelle sue acrobazie. Ma ha anche un'ottima reputazione per un pilota famoso e motivato che non ha bisogno di essere coinvolto in un'acrobazia efficace. Il 22 febbraio 1923 a Los Angeles, in occasione di uno spettacolo di vlieghi, si è fatto un giro di pista e ha portato il suo vliegtuig in una zona di traffico eccessivo e si è fermato.

Con l'obiettivo di promuovere la lotta contro il razzismo, Coleman si rivolge al pubblico di tutto il paese per quanto riguarda la promozione della lotta contro il razzismo e la creazione di servizi per gli afroamericani. Si è deciso di risolvere il problema degli eventi in cui è stata verbalizzata l'assistenza agli afro-americani.

309

Nel 20° anno del secondo dopoguerra, a Orlando, in Florida, la moglie di Coleman, il predicatore Hezakiah Hill e la figlia Viola, attivisti, si trasferirono presso la chiesa di *Mount Zion Missionary Baptist Church* a Washington Street, nel quartiere di Parramore. Nel 2013 è stata aperta una strada in corrispondenza di "Bessie Colemanstraat". La sua storia, che ha portato con sé una figlia, lo ha spinto a trasferirsi a Orlando. Coleman aprì da allora un salone di beneficenza per far sì che il denaro extra potesse essere pagato, in modo da poter aprire un proprio veicolo.

Tramite i suoi contatti con i media ha ottenuto un ruolo in uno speelfilm dal titolo *Shadow and Sunshine* che dovrebbe essere finanziato dalla African American Seminole Film Producing Company. Zij accettò il ruolo con la speranza che la pubblicità della sua carriera potesse aiutarlo e che il ruolo avesse un guadagno da spendere per far crescere la sua scuola. Ma quando zij si accorse che l'ultima pellicola era vera e propria, e che zij era in piedi, e che poteva essere cambiata con una bacchetta e un tappeto sul suo tappeto, si mise a guardare più in là. "È stato fondamentale che l'allestimento del set da parte di Bessie sia stato un'operazione di principio. Sebbene zij fosse opportunista dieci anni prima della sua carriera, era dat nooit als het om ras ging. Ze was niet van plan om het denigrerende beeld dat de meeste blanken van de meeste Afro-Amerikanen hadden, te bevestigen", afferma l'attrice Doris Rich.

È molto interessante fare dei paralleli tra me e mevrouw Coleman... [ma] io guardo a Bessie Coleman e vedo che si tratta di una donna, di un uomo che è un modello per l'intera umanità, per la definizione di kracht, waardigheid, moed, integriteit e schoonheid". - Mae Jemison (la più grande astronauta afro-americana)

La Coleman non ha mai avuto un'esperienza così lunga da far nascere una scuola per giovani piloti afro-americani, ma le sue grandi qualità sono diventate fonte di ispirazione per una generazione di uomini e donne afro-americani. "Door Bessie Coleman hebben wij datgene overwonnen wat erger was dan raciale barrières", schreef luitenant William J. Powell in *Black Wings* (1934), opgedragen aan Coleman. Abbiamo superato le barriere in noi stessi e le abbiamo rimosse". Powell diede vita a un'importante guerra nel periodo dell'Eerste Wereldoorlog e stimolò il valore dell'arte aeronautica afro-americana attraverso il suo libro, le sue riviste e l'Aero Club Bessie Coleman, da lui fondato nel 1929.

Sovrapposizione

Il 30 aprile 1926 era Coleman a Jacksonville, Florida. A Dallas aveva da poco ottenuto un velivolo, un Curtiss JN-4 (Jenny). Il suo collaboratore e agente pubblicitario, William D. Wills, di 24 anni, portò il velivolo da Dallas alla Florida per partecipare a uno spettacolo, ma dovette fare altri due viaggi, perché il velivolo era troppo lento. Quando i due si sono arresi, gli amici e i parenti di Coleman hanno visto che il luogo non era velato e hanno deciso di non lasciarlo andare. Dopo l'apertura, Wills si occupa della casa e mette Coleman a disposizione dei passanti. Non aveva il suo cordone ombelicale in ordine, perché il giorno successivo aveva in programma di costruire una corda per il paracadute, e voleva che si spostasse sul bordo della cabina di pilotaggio per controllare la situazione.

A circa dieci minuti dall'apertura, il velivolo è stato trasformato in un duikvlucht e si è spinto in una rotazione su un'altura di 900 metri. Coleman è uscito dal campo di battaglia con un'ampiezza di 610 metri ed è stato colpito da una scoria quando si è spostato sul terreno. William Wills non riuscì a controllare la nave e si fermò di nuovo. Wills era in preda a una crisi di nervi e la macchina esplodeva e si spegneva. Sebbene l'involucro del velivolo fosse molto fragile, in seguito fu deciso che il motore fosse stato montato per evitare la rottura del motore. Coleman aveva 34 anni.

Il suo nome si trova in Florida, dove è stato registrato il suo nome a Chicago. Sebbene i media non ne abbiano tenuto conto, il suo sangue ebbe una grande influenza sul popolo afro-americano e 10.000 uomini furono invitati a partecipare ai raduni di allevatori a Chicago, che vennero guidati dall'attivista Ida B. Wells.

Punti salienti

- Una di 13 figli, Bessie Coleman crebbe a Waxahatchie, in Texas, dove la sua attitudine alla matematica la liberò dal lavoro nei campi di cotone.
- Le discriminazioni ostacolarono i tentativi della Coleman di accedere alle scuole di aviazione negli Stati Uniti. Imperterrita, imparò il francese e nel 1920 fu accettata alla Caudron Brothers School of Aviation di Le Crotoy, in Francia.
- Durante l'addestramento in Francia, si specializzò nel volo acrobatico e nel paracadutismo; le sue imprese furono riprese dai cinegiornali.

- Tornò negli Stati Uniti, dove pregiudizi razziali e di genere le impedirono di diventare pilota commerciale. Il volo acrobatico, o barnstorming, era la sua unica opzione di carriera.

2. Miriam Makeba (1932-2008)
Cantante sudafricano e primo africano a ricevere un Grammy Award

"Fate attenzione, pensate all'effetto di ciò che dite. Le vostre parole devono essere costruttive, unire le persone, non allontanarle".

Miriam Makeba, bijgenaamd *Mama Africa* (Prospect Township bij Johannesburg, 4 marzo 1932 - Caserta, Italia, 10 novembre 2008), è stata una cantante Zuid-Afrikaans e un'attivista anti-apartheids. È stato uno dei primi a introdurre la musica afrikaans nel pubblico occidentale. Il suo più grande successo è stato il numero *Pata Pata* (1967). Con il suo disco ha dato il via a artisti afrikaanesi come Fela Kuti, King Sunny Adé, Youssou N'Dour e Salif Keita. Makeba è stata un'attiva sostenitrice della politica dell'apartheid nell'Africa meridionale e ha vissuto, dopo che il governo dell'Africa meridionale ha iniziato il suo processo di inarresto, un periodo di quattro anni in un campo di battaglia.

Levensloop

A due anni dalla sua nascita, Makeba ha ottenuto una fama nazionale in
Zuid-Afrika come musicista dei Manhattan Brothers. Negli anni '50
Makeba si esibisce come musicista di una variante del jazz della
Repubblica Sudafricana. Nel 1959 debutta a Johannesburg la jazz-opera
King Kong. Al fianco di Makeba si esibirono il trombettista Hugh Masekela,
con il quale Ze più tardi si esibì, e Letta Mbulu. Daarna *King Kong* si recò
in tournée in Europa. In questo stesso anno Makeba è stata anche citata
nel documentario *Come back, Afrika* (1959) dell'americano Lionel Rogosin
(1924-2000). Il film rappresenta un'analisi del problema
dell'apartheidsbeleid in Sudafrica. Queste scelte hanno rappresentato per
Makeba una svolta in Europa e negli Stati Uniti.

Quando, nel 1960, le zie si trasferirono in Zuid-Afrika, per la nascita di un
figlio, il governo della Zuid-Afrika ha deciso di fargli un inreisvisum. In
seguito fu inglobato anche lo staatsburgerschap. All'inizio degli anni '90
Makeba si è recata negli Stati Uniti d'America. Il suo attivismo politico lo
porta nel 1963 a far parte dei Verenigde Naties, dove si apre un
boicottaggio internazionale della Zuid-Afrika. In questo momento le sue
tavole sono state verboden in Zuid-Afrika.

Nei Verenigde Staten è stato scritturato dal musicista e attivista per i diritti
umani Harry Belafonte. Con lui, nei primi anni di vita, ha pubblicato diversi
album in una serie di canzoni tradizionali, che hanno fatto la fortuna del
mondo musicale. Con *An Evening With Belafonte/Makeba* vinse nel 1966,
come ultima cantante afrikaana, un Grammy Award. Un anno dopo,
Makeba ottenne un successo mondiale con il numero *Pata Pata*,
gezongen in Xhosa, un brano che contiene una serie di klik e plofklanken.

Makeba lavora per cinque anni nella casa di riposo, l'ultimo dei quali a 17
anni. Il 22 dicembre 1950 nasce la sua ultima figlia, Bongi. Bongi viene
gestita nel quartiere durante la nascita di una bambina. Altri musicisti sono
stati il cantante Sonny Pillay, che nel 1959 ha suonato e suonato, e il
trompettista Hugh Masekela (1964-1966). Con l'attivista del Black Power
Stokely Carmichael, Makeba si è esibita dal 1968 al 1978. Il suo nome ha
scatenato polemiche negli Stati Uniti. Alcune multinazionali, come RCA e
Reprise, gli hanno revocato i contratti di licenza. I concerti sono stati
cancellati. Un paio di concerti in Guinea. In Guinee, dove Makeba ha
suonato con Bageot Bah, che lavorava per un'agenzia di arti figurative
belga, è arrivata anche in Guinee. Anche in Guinea Makeba si oppose al

regime dell'apartheid in Zuid-Afrika. In questo periodo è stato anche nominato consigliere della Guinee presso le Nazioni Unite.

Nel 1985 si reca a Bruxelles. Nel 1987 Makeba partecipa al *tour* di *Graceland* di Paul Simon. Due anni più tardi, i suoi concerti sono stati completamente cancellati in Zuid-Afrika. Nel dicembre del 1990, in occasione del ballingschap di un anno fa, Makeba si trasferì in Zuid-Afrika, dove si trovava il suo paese d'origine.

Nel 2005 ha fatto una tournée per far crescere la sua carriera. Il 10 novembre 2008 Miriam Makeba ha compiuto 76 anni e si è esibita in un concerto di antimafia a Castel Volturno, in occasione di un concerto di antimafia di Roberto Saviano.

Dopo aver ricevuto premi per la sua musica, Makeba ha ricevuto il premio per la pace Dag Hammerskjøld e la medaglia per la pace Otto Hahn.

Punti salienti

- Alla fine degli anni Cinquanta, il canto e le registrazioni di Miriam Makeba la resero nota in Sudafrica e la sua apparizione nel film documentario Come Back, Africa (1959) attirò l'interesse di Harry Belafonte e di altri artisti americani.
- Nel 1960 a Makeba fu negato il rientro in Sudafrica e da allora visse in esilio per tre decenni.
- Nel 1990 l'attivista nero sudafricano Nelson Mandela, appena liberato dalla sua lunga detenzione, incoraggiò Makeba a tornare in Sudafrica, dove si esibì nel 1991 per la prima volta dal suo esilio.
- Miriam Makeba ha realizzato 30 album originali, oltre a 19 album compilation e ad apparizioni nelle registrazioni di numerosi altri musicisti.

3. Marian Anderson (1897-1993)

Il primo afroamericano a esibirsi con il Metropolitan Opera di New York

"La paura è una malattia che corrode la logica e rende l'uomo disumano".

Marian Anderson (Philadelphia, 27 febbraio 1897 - Portland, 8 aprile 1993) è stata un contralto americano e una delle più importanti cantanti del secondo dopoguerra. Il critico musicale Alan Blyth dice: "Haar stem was een levendige, rijke contralto van een intrinsieke schoonheid". La sua casa normale a Filadelfia è oggi un museo, la Marian Anderson House.

Biografie

La parte più importante della sua carriera lo vede impegnato in concerti con orchestre di spicco, nelle sale più importanti degli Stati Uniti e dell'Europa tra il 1925 e il 1965. Sebbene abbia interpretato diversi ruoli in alcune opere europee, Anderson non ha mai pensato che le sue canzoni avessero un ruolo da protagonista. Ha avuto la possibilità di partecipare a dei concerti. Inoltre, ha suonato molte arie nelle opere liriche durante i suoi concerti. Ha molti nomi di opere, che insieme danno vita al suo vasto repertorio: dai concerti, alle canzoni d'autore e alle opere liriche, fino ai numeri e agli spirituals della tradizione americana. Tra il 1940 e il 1965 il pianista ducatista Franz Rupp è stato il suo più grande sostenitore.

Anderson è stato un personaggio importante nella lotta degli artisti donatori per sconfiggere i rigurgiti razzisti nel Verenigde Staten durante la metà del secondo dopoguerra. Nel 1939, le *Figlie della Rivoluzione Americana (DAR) di* Anderson si impegnarono a partecipare a un evento pubblico organizzato nella Constitution Hall delle DAR. L'incidente ha messo Anderson al centro dell'attenzione di un'associazione internazionale che si occupava di musica di classe. Con l'aiuto della first lady Eleanor Roosevelt e del suo uomo Franklin D. Roosevelt, Anderson tenne l'ultimo giorno del 9 aprile 1939, presso il Lincoln Memorial di Washington D.C., un concerto aperto di successo. Il concerto fu trasmesso a un pubblico di oltre 75.000 persone e a una radiofonia di milioni di persone, e dal concerto fu tratto un film. Anderson è entrato in contatto con la rottura degli ostacoli per gli artisti donkerkleurige negli Stati Uniti, ed è stato l'ultimo artista donkerkleurige ad esibirsi al Metropolitan Opera di New York, il 7 gennaio 1955. La sua interpretazione di Ulrica in Un ballo in maschera di Giuseppe Verdi è stata l'unica volta in cui si è esibita sul podio di un'opera lirica.

Anderson ha lavorato per diversi anni come delegata presso il Mensenrechtencomité delle Nazioni Unite e come "ambasciatrice di buona volontà" per il Dipartimento di Stato degli Stati Uniti, e ha partecipato a diversi concerti in tutto il mondo. Ha preso parte al movimento degli hamburger negli ultimi anni e ha partecipato alla Marcia su Washington per il lavoro e la libertà nel 1963. Ha ricevuto numerosi premi e riconoscimenti, tra cui la Medaglia presidenziale della libertà nel 1963, il Kennedy Center Honors nel 1978, la Medaglia nazionale delle arti nel 1986 e il Grammy Lifetime Achievement Award nel 1991.

Punti salienti

- Fin da bambina la Anderson dimostrò talento vocale, ma la sua famiglia non poteva permettersi di pagare una formazione formale. A partire dall'età di sei anni, fu istruita nel coro della Union Baptist Church, dove cantò parti scritte per voce di basso, contralto, tenore e soprano.
- Il 7 gennaio 1955 è stata la prima cantante afroamericana a esibirsi come membro del Metropolitan Opera di New York.
- Nel 1977 il suo 75° compleanno fu segnato da un concerto di gala alla Carnegie Hall.

- Tra la miriade di onorificenze e riconoscimenti, la National Medal of Arts nel 1986 e il Grammy Award alla carriera dell'industria musicale statunitense nel 1991.

4. Maya Angelou (1928-2014)

Poeta, drammaturgo e interprete afroamericano

"Ho imparato che le persone dimenticheranno quello che hai detto, le persone dimenticheranno quello che hai fatto, ma le persone non dimenticheranno mai come le hai fatte sentire". "

Maya Angelou, eigenlijk Margueritte Johnson (Saint Louis, Missouri, 4 aprile 1928 - Winston-Salem, Carolina del Nord, 28 mei 2014), è stata un'autrice, autrice di testi, scrittrice, scrittrice, scrittrice, attivista e attivista per la sicurezza alimentare americana. Ha recitato, scritto e prodotto film, colonne sonore e registrazioni.

Angelou ha scritto il suo primo romanzo "*I know why the caged bird sings*", in cui ha raccontato la sua tumultuosa vita in America e, successivamente, in California. Questo bestseller è stato pubblicato. Nel suo romanzo autobiografico, ze een energie, avontuurlijke (opgroeiende) Afrikaans-Amerikaanse vrouw zien die nergens voor terugdeinst. Nella sua infanzia ha subito un trauma, e il suo nome è presente in modo significativo nei suoi libri. Il suo libro *Just give me a cool drink of water 'before I die* (*Dammi solo un po' d'acqua fresca prima di morire*) è stato pubblicato per il premio Pulitzer. Per l'audiolibro *A song flung up to heaven* ha vinto un Grammy nel 2003. Inoltre, nel 1993 e nel 1995 ha vinto un Grammy.

319

Nel 1981 si è laureato in giornalismo americano a Winston-Salem. È stato coinvolto nel Movimento per i Diritti Civili, dove ha lavorato insieme a Martin Luther King e Malcolm X.

Si esibisce soprattutto in occasione di eventi ufficiali del governo degli Stati Uniti d'America. In occasione dell'insediamento del presidente Clinton ha pubblicato il suo libro *On the Pulse of Morning*. Nel giugno 1995 ha pubblicato la sua opera *A brave and startling truth (Una verità coraggiosa e sorprendente)* in occasione del 50° anniversario delle Nazioni Unite. Nel 2013 ha pubblicato in un video del Dipartimento di Stato degli Stati Uniti d'America il filmato *His day is gone*, over het leven van Nelson Mandela.

Nel 2000 ha ricevuto la Medaglia Nazionale delle Arti. Nel 2010 ha ricevuto la Medaglia presidenziale della libertà. È stato nominato professore presso lo Smith College, la Howard-universiteit, la Tuftsuniversiteit, la University of Southern California, il Lafayette College, l'Hope College e l'Università dell'Illinois di Urbana-Champaign.

Punti salienti

- Le poesie di Maya Angelou, raccolte in volumi come Just Give Me a Cool Drink of Water 'fore I Diiie (1971), And Still I Rise (1978), Now Sheba Sings the Song (1987) e I Shall Not Be Moved (1990), hanno attinto a piene mani dalla sua storia personale, ma hanno utilizzato il punto di vista di vari personaggi.
- Ha scritto anche un libro di meditazioni, Wouldn't Take Nothing for My Journey Now (1993), e libri per bambini, tra cui My Painted House, My Friendly Chicken and Me (1994), Life Doesn't Frighten Me (1998) e la serie Maya's World, pubblicata nel 2004-05, con storie di bambini provenienti da varie parti del mondo.
- Ha celebrato il 50° anniversario delle Nazioni Unite nella poesia "A Brave and Startling Truth" (1995) e ha elogiato Nelson Mandela nella poesia "His Day Is Done" (2013), commissionata dal Dipartimento di Stato americano e pubblicata all'indomani della morte del leader sudafricano.
- Nel 2011 Angelou ha ricevuto la Medaglia presidenziale della libertà.

5. Ellen Johnson Sirleaf (nata nel 1938)
Il primo capo di Stato donna eletto in Africa

"La dimensione dei vostri sogni deve sempre superare la vostra attuale capacità di realizzarli. Se i vostri sogni non vi spaventano, non sono abbastanza grandi".

Ellen Johnson Sirleaf (Monrovia, 29 ottobre 1938) è una politica liberiana, che tra il 2006 e il 2018 è stata l'ultima presidente di una nazione. Si tratta della prima volta che il presidente della Liberia è stato eletto presidente di una terra afrikaans. Nel 2011 è stata insignita, insieme a Leymah Gbowee e Tawakkul Karman, del premio Nobel per il mondo.

Johnson Sirleaf è stato nominato presidente nel 2005, a scapito del suo avversario George Weah. Nel 1997 si sono verificate le elezioni di Charles Taylor.

Sirleaf ha studiato dal 1964 al 1971 contabilità ed economia nei Verenigde Staten. Nel 1972 ha lavorato in diversi ambiti per la sua terra e per le Nazioni Unite.

Gruppo di famiglie

Ellen Johnson è nata a Monrovia, la città della Liberia, in una famiglia di americo-liberi (i normali afrikaanse slaven uit Amerika, che nel periodo di permanenza in Liberia si sono trasformati in uomini del posto). Ellen Johnson Sirleaf ha sottolineato inoltre che si tratta di un'élite: "Als zo'n klasse zou bestaan, is hij de laats jaren vervaagd door huwelijken en socialee integratie".

Il suo nome etnico è ½ Gola van de kant van haar vader en ¼ Duits (grootvader) en ¼ Kru (grootmoeder) van moederskant.

Opleiding

Dal 1948 al 1955 Ellen Johnson studia boekhoudkunde ed economia presso il College of West Africa di Monrovia. Nel 1961 si trasferisce nel Verenigde Staten per conseguire il diploma all'Università del Colorado. Dal 1969 al 1971 studia ancora ad Harvard, dove consegue il master in Pubblica Amministrazione. A quel punto è partita per la Liberia e ha iniziato a lavorare per William Tolberts overheid.

Avvio del ciclo politico

Sirleaf è stata assistent-minister van financiën (1972-73) onder het bewind van William Tolbert en minister van financiën (1980-85) tijdens Samuel Does militaire regime. Le sue azioni si svolsero nei confronti di entrambi gli Stati: durante il periodo di governo di Does, la donna entrò a far parte di un gruppo di persone e fu costretta ad abbandonare la sua posizione. Nel 1985, in occasione delle elezioni nazionali, la donna si aprì al governo e fu costretta a rimanere in carica per dieci anni. Negli ultimi due mesi ha lavorato in Kenia e negli Stati Uniti, dove è stato invitato a lavorare presso la Wereldbank, la Citibank e altri istituti finanziari. Dal 1992 al 1997 è stato direttore del dipartimento "Afrika" del programma VN-Ontwikkeling.

Verifica della rete di distribuzione politica

Durante questo periodo la Liberia si trovava in una situazione di costante conflitto. Il Presidente Samuel Doe è stato rovesciato e diversi gruppi di ribelli si sono battuti per il controllo del territorio. All'inizio, Sirleaf ha aiutato il gruppo di ribelli di Taylors a gestire i fondi, ma in seguito ha deciso di respingerlo. Nel 1996 i vredesmilitari afrikaanse fecero un'entrata in Liberia e Sirleaf partì per la Liberia per fare una campagna contro Taylor in favore dei presidenti. Ze eindigde als tweede en moest wederom in ballingschap gaan toen ze werd aangeklaagd voor verraad.

Nel 1999 la Liberia è stata trasformata in un burgeroorlog e ci sono stati degli aantijgingen che hanno dato a Taylor la possibilità di entrare in contatto con la terraferma e che è stato ingaggiato per un oorlogio in Sierra Leone. Nel 2003 è stato condannato per ologramma dalle Nazioni Unite e nel 2003 è partito per la Nigeria. In questo periodo Sirleaf ha deciso di istituire la "Commissione per il buon governo", che si occupa dei controlli democratici in Nigeria.

Nel 2005 ha ottenuto la nomina a presidente con le sue campagne più importanti: l'eliminazione dei conflitti e della corruzione, la creazione di un'equità e la realizzazione di infrastrutture. Il suo avversario è stato l'ex calciatore George Weah, che ha vinto con il 59% dei voti. Il 23 novembre 2005 è stato reso noto che ze aveva ottenuto la vittoria e il 16 gennaio è stato nominato presidente della Liberia, l'ultimo Stato africano indipendente.

I risultati della Sirleaf sono stati immensi. I servizi pubblici della Liberia erano ridotti al minimo, i servizi sociali, scolastici e medici funzionavano in modo insufficiente e c'era molta voglia di fare sul mercato come conseguenza del burgerorlogen. Ellen Johnson Sirleaf ha investito molto nell'onderwijs, soprattutto per far sì che le norme e i diritti venissero rafforzati. In merito al fatto che er nog oorlog zou zijn als alle wereldleiders vrouwen waren, zei ze: 'Nee, het zou een betere, veiligere en meer productieve wereld zijn. Una donna può avere una dimensione in più rispetto a un'altra, e in particolare una gevoeligheid per la mensheid. Questo è il motivo per cui la madre non può essere considerata tale". Nel mese di marzo 2012 Ellen Johnson Sirleaf è stata informata da un giornalista del Guardian della sua posizione in merito alla mancanza di trasparenza nei confronti dei rapporti omosessuali. Gli omosessuali attivi possono essere migliorati in Liberia con un periodo di dieci anni, ma per Sirleaf la situazione non è recente. Il fatto che in Liberia gli homoseksuelen possano essere accettati è dovuto ai Nobelprijswinnares, un'opzione tradizionale che ha portato alla creazione di uno stand.

Na een presidentschap van twaalf jaar werd ze in januari 2018 opgevolgd door George Weah.

Onderscheidingen

323

1988: Premio "Quattro libertà" per la qualità dell'abbigliamento maschile

2012: eredoctoraat de Universiteit van Tilburg.

Punti salienti

- Con più di 15.000 forze di pace delle Nazioni Unite nel Paese e un tasso di disoccupazione dell'80%, Johnson Sirleaf ha dovuto affrontare sfide importanti.
- Alla fine del 2010 l'intero debito della Liberia era stato cancellato e Johnson Sirleaf aveva assicurato milioni di dollari di investimenti stranieri nel Paese.
- Sebbene Johnson Sirleaf sia stata rieletta con poco più del 90% dei voti, la sua vittoria è stata offuscata dal ritiro di Tubman e dalla bassa affluenza alle urne, che è stata meno della metà di quella del primo turno.
- Johnson Sirleaf è stata una delle tre destinatarie, insieme a Leymah Gbowee e Tawakkul Karmān, del Premio Nobel per la pace 2011 per il loro impegno a favore dei diritti delle donne.

6. Coretta Scott King (1927-2006)

Autore americano e leader del movimento per i diritti civili

"Non importa quanto siano forti le vostre opinioni. Se non usate il vostro potere per un cambiamento positivo, siete davvero parte del problema".

Coretta Scott King (Marion (Alabama), 27 aprile 1927 - Rosarito (Messico), 30 gennaio 2006) è stata un'attivista americana. Al pari del suo uomo e di molte altre persone, tra cui Mahalia Jackson e Rosa Parks, ha lavorato a lungo per le rivendicazioni del popolo nudo. Nonostante il suo impegno per la lotta contro l'hamburger, la donna si è schierata a favore degli uomini in tutto il mondo. Protestò contro il regime americano di apartheid in Sudafrica e si mise contro l'Iraq. Era il fratello del famoso predicatore americano Martin Luther King e il leader dell'organizzazione americana degli hamburger. In seguito alla sua morte, il suo lavoro è stato portato avanti grazie al *Centro per il cambiamento sociale Martin Luther King Jr. di* Atlanta.

Nell'agosto del 2005 ha iniziato a lavorare con un'autovettura e una beroerte. Coretta Scott King è morta all'inizio del 2006 a 78 anni e si è costituita il 7 febbraio. Il 15 maggio 2007 ha lasciato una delle sue figlie, Yolanda King, a Santa Monica per un evento di 51 anni.

Coretta Scott King era dal 1995 una vegana convinta.

Onderscheidingen

Nel 1983 è stato conferito il premio Four Freedoms Award voor godsdienstvrijheid.

Punti salienti

- Dopo l'assassinio del marito di Coretta Scott King nel 1968 e la condanna di James Earl Ray per l'omicidio, ha continuato a essere attiva nel movimento per i diritti civili.
- Ha fondato ad Atlanta il Martin Luther King, Jr. Center for Nonviolent Social Change (comunemente noto come King Center), che è stato guidato all'inizio del XXI secolo dal figlio Dexter.
- Coretta Scott King ha scritto un libro di memorie, My Life with Martin Luther King, Jr. (1969), e ha curato, insieme al figlio Dexter, The Martin Luther King, Jr., Companion: Quotations from the Speeches, Essays, and Books of Martin Luther King, Jr. (1998).
- Nel 1969 Coretta Scott King ha istituito un premio annuale Coretta Scott King per onorare un autore afroamericano di un testo eccezionale per bambini, e nel 1979 è stato aggiunto un premio simile per onorare un illustratore afroamericano eccezionale.

7. Hattie McDaniel (1895-1952)

La prima attrice afroamericana a vincere un Oscar

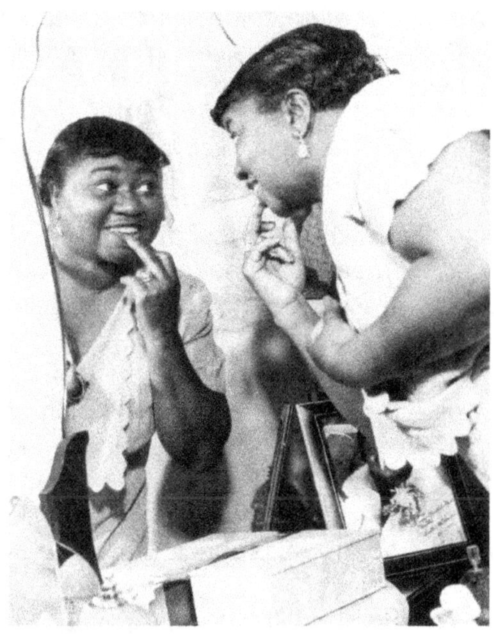

"A voi giovani che aspirate ad avere successo in qualche settore, nonostante i problemi che molti di noi hanno vissuto, lasciatemi dire questo: C'è ancora posto in alto".

Hattie McDaniel (Wichita, 10 giugno 1895 - Los Angeles, 26 ottobre 1952) è stata un'attrice americana. È stata l'ultima afroamericana a vincere un Oscar.

Gioventù

McDaniel è nata a Wichita come figlia di Henry McDaniel e Susan Holbert. Il suo padre era un predikant e la sua madre un godsdienstige liedjes. Il suo droghiere era uno schiavo, che lavorava come kokkin in Virginia. Qui nacque McDaniels vader come schiavo. Ha lavorato nel Burgeroorlog americano.

McDaniel era il più giovane di una famiglia. Nel 1910 ottenne una medaglia per uno spettacolo che aveva scritto. In seguito, gli venne in mente che voleva fare l'intrattenitore. Smise di frequentare la scuola e si riunì a un gruppo di artisti, che era composto da un padre e da due fratelli, Otis e Sam. Nel 1916, quando Otis fu licenziato, le donne si fermarono. Fino al 1920 non lavorò più come intrattenitore.

Carrière

McDaniel è stato uno degli ultimi personaggi che hanno lavorato alla radio. Nel 1925 lavorava regolarmente per una radio di Denver: KOA. Se anche lui scriveva delle canzoni, lo faceva anche per altri. Il film è stato opgemerato e dovrebbe essere proiettato nei teatri di altri paesi.

Nel 1931 si reca a Los Angeles, dove si incontrano un gruppo di fratelli e sorelle. Non ha ancora un lavoro nell'industria cinematografica e per questo motivo lavora come regista e come attore. Il suo fratello Sam ha lavorato per un programma radiofonico dal titolo *L'ora dell'ottimista e si* è impegnato a creare un programma proprio.

Dal 1932 McDaniel recita in piccoli film. In questo periodo ha interpretato una serie di dienstmeid o di zangeres in un teatro. Ze werd bekritiseerd vanwege het keer op keer spelen van een dienstmeid, butar antwoordde hier vaak op: "Ik speel liever een dienstmeid dan dat ik er een ben".

Il suo primo ruolo in un film risale al 1934. Ha recitato in *Judge Priest*, interpretato da John Ford. Ha avuto modo di incontrare i più grandi attori, tra cui Joan Crawford, Bette Davis, Shirley Temple, Henry Fonda, Ronald Reagan, Olivia de Havilland e Clark Gable.

Via col vento

McDaniel era popolare come attrice, anche se le critiche sul suo ruolo erano molto fondate e anche la sua posizione era contro il razzismo. Nel 1939, però, le fu assegnato un Oscar al miglior attore per il suo ruolo in uno dei film più popolari del periodo: *Via col vento*. È stato l'ultimo afro-americano a vincere un Oscar. Molte persone erano presenti. La McDaniel non è quindi convinta di avere un ruolo in un film così importante. Si è constatato che non era un buon attore.

In occasione della prima di *Via col vento,* McDaniel non era affatto un tipo aitante. Si rivolse al regista del film, Victor Fleming, dicendo che era una persona di buon gusto, ma non si oppose all'idea che fosse un problema per i razzisti. Quando Clark Gable si mise in testa di farlo, volle che il suo lavoro venisse portato a termine con successo.

A causa di tutti i tegenkantingen che McDaniel ha denunciato di essere razzista, la sua carriera si è trasformata in un'occasione di svago. Il suo primo film fu realizzato nel 1949. Tuttavia, McDaniel era ancora attivo alla radio e in televisione.

McDaniel ha due stelle sulla Hollywood Walk of Fame: una per il suo lavoro alla radio e una per i suoi film. Il 29 gennaio 2006 è stato pubblicato anche un postzegel con la sua foto.

Vita privata

McDaniel è stato per dieci anni un uomo. Nel 1922 incontrò George Langford, che si mise a lavorare in un angolo della strada con un pistool e si mise a lavorare con lui. Nel 1938 fu presto incontrato Howard Hickman. Dal 1941 al e dal 1945 James Lloyd Crawford fu il suo capo. Dal 1949 al 1950 è stato l'accompagnatore di Larry Williams.

Nel 1945, tramite l'editorialista Hedda Hopper, si rese conto che la donna si trovava in una situazione di pericolo. Ze era molto geloso e si trovava in una situazione di disagio per i suoi simili. La situazione si fece sempre più grave e zeppa di schizzinosi, e zeppa si deprimetteva.

Dood

McDaniel è morto il 26 ottobre 1952 a 57 anni a Woodland Hills a causa di un borsista. Era il suo giorno in cui venne implorato dai suoi colleghi nel cimitero di Hollywood, ma il suo nome fu cancellato a causa della sua pelle. Daarom werd ze begraven op Angelus-Rosedale Cemetery, haar tweede keus.

Quando nel 1999 il cimitero di Hollywood (inmiddels Hollywood Forever Cemetery geheten) si è trasformato in un nuovo guardiano, si è recato al McDaniels lichaam per erborizzarsi. Dopo che la sua famiglia ha visto la sua tomba non essere più bella, ha abbandonato l'aanbod. In piazza

329

daarvan richtte de begraafplaats een cenotaaf voor haar op. Si tratta di un luogo molto bello.

Punti salienti

- Hattie McDaniel lasciò la scuola nel 1910 per diventare un'interprete di diversi gruppi di menestrelli itineranti e in seguito divenne una delle prime donne nere a essere trasmessa alla radio americana.
- Si esibisce in un club per più di un anno fino alla partenza per Los Angeles, dove il fratello le trova un piccolo ruolo in un programma radiofonico locale, The Optimistic Do-Nuts; conosciuta come Hi-Hat Hattie, Hattie McDaniel diventa in breve tempo l'attrazione principale del programma.
- Due anni dopo il suo debutto cinematografico nel 1932, Hattie McDaniel ottenne la sua prima parte importante in Judge Priest (1934) di John Ford, in cui ebbe l'opportunità di duettare con l'umorista Will Rogers.
- Il ruolo di Hattie McDaniel come serva felice del Sud in Il piccolo colonnello (1935) la rese una figura controversa nella comunità nera liberale, che cercava di porre fine agli stereotipi di Hollywood.

8. Fannie Lou Hamer (1917-1977)

Attivista americano per i diritti civili

"Quando libero me stesso, libero gli altri. Se non parli,
nessuno parlerà per te. "

Fannie Lou Hamer, nata **Fannie Lou Townsend**, (Contea di
Montgomery (Mississippi), 6 ottobre 1917 - Mound Bayou, 14 marzo 1977)
è stata un'attivista americana che si è impegnata per gli hamburger afro-
americani e per i diritti umani. La sua notorietà deriva dal fatto che ha
partecipato alla Democratische Nationale Convention del 1964, in cui ha
denunciato il razzismo e la discriminazione in cui si era imbattuto quando
si era dovuto registrare per poter uscire dal carcere. Grazie alle sue
battaglie gelijktijdige a favore di diritti fondamentali per gli uomini e le
donne, ze è stata anche coinvolta nel *femminismo nero* (zwart feminisme).

I giorni di festa

Hamer nacque nella contea di Montgomery nello stato del Mississippi
come figlio minore di una famiglia con due figli. Nel 1919 si trasferì nella
331

Contea di Sunflower, dove il padre James Lee Townsend e la madre Lou Ella Bramlett Townsend lavoravano come mezzadri in una piantagione di patate. Il padre di Hamers lavorava da allora come predikant in un battistero e la madre come aiutante. Soms hielp haar moeder bij de slacht van varkens, waarvan ze een deel mee kreeg als eten voor het gezin. Il ghiribizzo si trovava in una porta aperta, in un angolo della strada, con una teglia, che si apriva su un letto di grasso di maiale e di maisschillen. Non c'era un gabinetto funzionante o dell'acqua scadente. Fannie Lou ricordò che lui aveva fatto il suo primo giorno di scuola e che molti bambini erano morti. Regelmatig had ze 's nachts dromen over eten. Anche lui ha avuto a che fare con la poliomielite, che gli ha provocato una malattia di cui non ha potuto fare a meno. Hamer definì in seguito la sua infanzia "peggio che dura".

Nella sua settimana di vita Hamer iniziò a lavorare in un terreno. Il modo in cui le persone che si trovavano in casa si sono allontanate, ha fatto sì che Hamas si sia trovato di fronte a un'altra possibilità, come il suo lotto, che si è trasformato in una vera e propria partita. Quando ze als kind aan het spelen was, kwam de landeigenaar langs. Egli portò a casa il giovane Hamer e gli diede un'imbarcazione con molti più pesci e cadaveri, mentre lui si dedicava al recupero delle patate di un laghetto. Una settimana fa era un po' triste e ha iniziato ad alloggiare. Si rese conto di quanto fosse importante che i suoi animali venissero portati a lavorare in un terreno dove non si poteva fare di più a causa della mancanza di ossigeno e di una buona qualità del cibo.

A causa del lavoro in un terreno, Hamer in principio si dedicò alla scuola, da dicembre a marzo. Aveva un'ottima scuola e imparava bene. Era famoso per la sua capacità di sillabare e si interessava alla poesia. Nella seconda metà della sua vita ha dovuto tenere conto della situazione economica della sua scuola.

Aveva un padre fedele, che non voleva che i suoi parenti avessero un reddito minimo da pagare. Inoltre, i suoi genitori spendono molti soldi per acquistare materiale per i loro figli. Fannie Lou cercava sempre di capire come fosse il suo padrone. In un momento in cui non si sa in quali condizioni si trovano gli uomini, ma si pensa a come farli uscire dal paese a causa del lavoro, della fame e di altre condizioni, Fannie Lou si rivolge ai suoi genitori in un giorno in cui questi non sono in grado di stare al passo con i tempi. Zij si ribellò a Fannie Lou per ottenere il rispetto per se stessa in quanto donna nuda, e disse che anche se zij si rispettava, gli altri

dovevano essere rispettati. Hamer ha poi voluto che la combinazione di
auto-offerta e rispetto per se stessi fosse fonte di ispirazione per la
posizione e l'impegno del mondo afro-americano.

Modifica e formazione del personale

Hamer era una giovane donna, e il suo nome a Bijbelstudies è stato
confermato dal fatto che Hamer aveva un'attività di insegnamento e una
scuola superiore. Quando W.D. Marlow, il proprietario di una piantagione
a Ruleville, ha iniziato a scrivere e a scrivere per Hamer, nel 1944 gli è
stata data la possibilità di lavorare come mezzadro e venditore di libri in
una piantagione di scorie. Non è ancora il giorno in cui lui lavorava in
questa piantagione e si è trovato di fronte il suo uomo di fiducia, Perry
Hamer. Perry, chiamato da Hamer "Pap", nel 1932 lavorava in questa
piantagione di scorie come mezzadro, conducente di trattori e montatore.
Daarnaast fu avviato un jukejoint dove i mezzadri nudi si riunivano per
ballare, bere e ascoltare musica. Qui Fannie Lou è ancora più in contatto
con Perry. Sebbene Fannie Lou non abbia ricevuto alcuna parola in
merito, ci sono dei testimoni che confermano che Fannie Lou è stata al
centro dell'attenzione e che la sua relazione con Perry è stata molto
positiva. È un dato di fatto che Fannie Lou e Perry nel 1945 si sono
scontrati. Fannie Lou si trovava in una situazione di disagio anche se non
era in grado di gestire la sua famiglia, e fu respinta sia dai proprietari
terrieri che dai mezzadri. Nel 1951 arriva la figlia di Hamers, Lou Ella,
insieme a Fannie Lou e Perry, e nel 1961 le viene affidato un figlio.

Poiché i genitori di Fannie Lou e Perry non sono riusciti a crescere, nel
1954 adottano due sorelle, Dorothy Jean, di 9 anni, e Virgie Ree, una
bambina di 25 anni. Le famiglie di origine hanno a disposizione un'ampia
gamma di servizi per le loro bambine, mentre Virgie Ree si dedica a
un'ampia gamma di servizi per i marchi. Nel 1961 Hamer fu sottoposto a
un piccolo intervento chirurgico per la sua medicazione e la sua rimozione.
Questa "procedura", definita da molti come "Mississippi-
blindedarmoperatie", è stata applicata a circa 6 dei 10 vermi nani della
ziekenhuis di North Sunflower County. Per Hamer si è trattato di
un'importante iniziativa per far sì che il pubblico si impegnasse a favore
dei diritti degli afroamericani.

L'ultimo degli adottanti si è accorto che lui stesso aveva messo al mondo
due figli, e il suo uomo si è allontanato dal mondo dei bambini. Nel 1969
anche Fannie Lou e Perry adottarono questi due bambini.

Il primo passo verso la registrazione

Nell'agosto del 1962 Hamer fu coinvolto in un bijeenkomst sugli scioperi che si tenevano in una chiesa di Ruleville, organizzato dallo Student Nonviolent Coordinating Committee (SNCC), insieme a James Forman. In quel momento il giovane Hamer non aveva ancora capito che il gruppo di persone di colore nero aveva diritto di essere combattuto. Per capire come si possa registrare il giorno successivo, Ze risolve la questione con la sua mano. Ze had wel in de gaten dat dit consequenties en in het ergste geval zelfs de dood als gevolg kon hebben, maar had het gevoel dat ze al haar hele leven steeds 'een beetje dood' was gemaakt. Ze was altijd bewust geweest van de armoede en de onrechtvaardigheid waarmee de zwarte bevolking te kampen, en ze was vastberaden om bestuurders die niets aan die situatie deden door middel van haar stem af te zetten.

Il giorno prima, il 31 agosto 1962, gli uomini salirono insieme ad altri settantacinque su un autobus diretto a Indianola, sede della contea, per registrarsi al test di alfabetizzazione. Il gruppo si è iscritto al test di alfabetizzazione. Sul percorso di ritorno, l'autista dell'autobus è stato ingaggiato per far sì che il percorso dell'autobus verso la sede degli agenti fosse più lungo di quello previsto per lo scuolabus, in modo che l'orario di partenza fosse sempre uguale a quello previsto per il test. Inoltre, per quanto riguarda il trasporto di bambini, non si è verificato alcun problema. L'autista ci chiede una busta da 100 dollari, ma non può essere considerato un problema. L'agenzia di viaggi non è riuscita a capire che cosa c'era a portata di mano, ma ha avuto anche un problema. Poiché gli agenti non volevano che l'intero gruppo venisse arrestato, la cassa è stata venduta a 30 dollari, che i sequestratori hanno pagato.

In un momento di crisi Hamer si rivolge a Marlow per chiedergli di intrecciare la sua registrazione, in quanto Mississippi non ha nulla da rimproverarsi se non il fatto che il gruppo di persone di colore nero non può essere eliminato. Si risponde con: "Non sono *andato laggiù per registrarmi per voi. Sono sceso per registrarmi per me stesso*". "(*Ik ben daar niet voor jou heen gegaan om te registreren. Ik ging er voor mijzelf heen om te registreren.*) Questi zinnen possono essere inseriti nei suoi discorsi senza problemi. Marlow ha bloccato Hamer direttamente, mentre lui era stato assunto da un anno in una piantagione. Dato che le sue conoscenze si riferivano alle riparazioni di persone dell'area, le ha fatte arrivare in viaggio con i suoi amici. Dieci anni dopo si è verificata una regata di kogel sulle schuiladres, e anche un'altra casa a Ruleville è stata attaccata. Nel periodo successivo, gli abitanti di Ruleville si sono rivolti a diversi altri indirizzi.

Segretaria di campo e segretario di campo

Nel gennaio 1963 Hamer si sottopose a un test di alfabetizzazione, che lo vide diventare uno scrittore geregistrato. Lavorò come *segretario di campo* presso l'SNCC. Come detto, ze ha partecipato a un corso sulle iscrizioni alle scuole, tenuto da Annell Ponder, *supervisore della* Southern Christian Leadership Conference (SCLC). Il 3 giugno di quest'anno è andata in autobus con un gruppo di Charleston per partecipare a un corso di formazione per operatori delle scuole materne. Qui sono stati esaminati i criteri specifici del processo, tra cui il test di alfabetizzazione.

Il 9 giugno, in occasione del terugreis, l'area di sosta è stata ridotta al minimo. Questo è avvenuto quando l'autista del pullman si è fermato in un'altra piccola piazza per telefonare. Il gruppo si è fermato per un paio di giorni a causa di un'emergenza. A causa del giorno di punta per la fermata, alcuni uomini, tra cui Hamer, entrano nell'autobus. I gruppi di persone che si trovano nei pressi dell'autobus si allontanano dalla necessità di affrontare anche il confronto sociale; nel secondo periodo le donne sono costrette a controllare i verbali ingeriti dalla Commissione per il Commercio Interstatale sui busterminali. Ponder fu al centro di un processo di vertenze in corso, in particolare per quanto riguarda la questione dei diritti umani, e non appena fu chiamato a servire un gruppo di persone, volle che si parlasse di loro. Un agente politico e una *pattuglia di polizia autostradale di* primo piano si sono fatti avanti. Se anche i nostri collaboratori non vogliono applicare i nuovi regolamenti, iniziano a notare le identità e le caratteristiche dei gruppi. Quando i partecipanti si rendono conto di ciò, vengono traditi. L'unico gruppo che mi ha portato a casa è stato ingranato. Hamer aveva un sacco di cose da fare, e al momento dell'arresto si trovava in un autobus. Dopo che i membri del gruppo di lavoro avevano iniziato a pensare di poter entrare in contatto con loro, Hamer è salito sull'autobus e ha deciso di andare in giro con le altre persone che si trovavano sull'autobus e di partire per Greenwood. A questo punto i ragazzi sono stati anche ingranati.

Il gruppo si è riunito in un luogo di ritrovo a Winona. Qui si verificò quello che Hamer più tardi ricordò come il momento più difficile della sua vita. I gruppi sono stati divisi uno per uno in modo diverso. Gli agenti hanno spinto altre persone di colore nero a uccidere Hamer con un'arma da fuoco e a distruggere la sua casa. Na de mishandeling waren haar gezicht en rug zo pijnlijk en gezwollen, dat ze niet kon liggen. Daarnaast kon ze haar handen vanwege zwellingen nauwelijks bewegen en kreeg ze koorts.

L'11 giugno sono stati consegnati al rechtbank di Winona tutti i sette gruppi di studenti. Il 13 giugno il gruppo si è riunito in un gruppo di persone grazie agli operatori dell'SNCC e dell'SCLC, tra cui Andrew Young. Saillant was dat de groep gevangen zat tijdens drie belangrijke gebeurtenissen in de burgerrechtengeschiedenis van de Verenigde Staten: de Stand in the Schoolhouse Door-actie op 11 juni op 200 mijl ten oosten van Winona, de op radio en televisie uitgezonden toespraak op dezelfde dag van de Amerikaanse president John F. Kennedy, che ha dato un colpo di grazia agli attivisti delle borghesie, e l'aggressione allo studente attivista Medgar Evers, avvenuta il 12 giugno, a 100 milioni di distanza da Winona.

Hamer si recò direttamente alla ziekenhuis di Greenwood. Le sue intenzioni erano ancora più irritanti, tanto che Hamer (a spese dell'SCLC) si diresse verso una ziekenhuis ad Atlanta. Qui ze verbleef enkele weken. Per tutta la settimana, le donne si mettono in contatto con i loro parenti e con gli uomini, per far sì che coloro che non si sono incontrati con loro a causa di disordini si confrontino con la loro situazione. L'amica Laura gli impedisce di entrare in contatto con la sua famiglia; in seguito si renderà conto che Fannie Lou è una donna innocente. Hamer non è del tutto soddisfatto di questi avvenimenti.

Nel campo di battaglia contro gli agenti si trovano tutti e sette i membri del gruppo, gli agenti dell'FBI che sono stati ingaggiati e le due persone che sono state coinvolte in un'azione di disturbo. Un testimone racconta un'inchiesta su questo viaggio nel mondo di Hamer e Ponder. Gli agenti ingaggiati sono stati condannati. La giuria è composta da uomini di talento del Mississippi.

Convenzione nazionale democratica (1964)

Nel 1964 Hamer, insieme a Ella Baker e Bob Moses, diede vita al Mississippi Freedom Democratic Party (MFDP). Nel mese di marzo Hamer si presenta, dopo un paio di battaglie, come l'ultimo deputato afro-americano del Mississippi ad essere nominato per il Congresso americano. Als vertegenwoordiger van de partij getuigde ze in augustus van dat jaar op de Democratische Nationale Convention in Atlantic City

(New Jersey), een conventie die live op televisie werd uitgezonden en waar ook Martin Luther King aanwezig was. L'obiettivo dell'appello era la richiesta di una delegazione gemella del Mississippi, con l'obiettivo di far sì che, a causa della continua discriminazione, la delegazione non fosse rappresentativa per il popolo del Mississippi. Quando Hamer iniziò a raccontare la sua storia, i media vennero informati del fatto che il presidente Lyndon B. Johnson aveva organizzato in quel momento una conferenza. Quando i media hanno capito che il nuovo vicepresidente doveva essere conosciuto, gli hanno mandato un messaggio diretto alla Witte Huis di Washington D.C. Durante la conferenza, Johnson ha parlato di una questione che riguardava il fatto che il presidente Kennedy era stato condannato a morte. La seconda richiesta si rivolgeva al governatore John Connally, che durante l'annuncio era stato preso di mira, ma che era stato respinto e che, in qualità di governatore, era stato allontanato. Quando la conferenza si tenne all'esterno, anche Hamer si scontrò con la sua causa. A causa di questo legame e di una bijzondere aanleiding voor een persconferentie, het beleg ervan door velen als een bewuste zet van de president gezien om de aandacht van Hamers getuigenis af te leiden. In questo modo i media hanno visto la questione di Hamers getuigenis in prima serata e in un momento di maggiore malessere, che ha portato a una maggiore attenzione per il suo caso.

Nel corso della visita ai gruppi di persone che si sono registrate, Hamer è stato colpito da una forte emozione:

Tutto questo perché vogliamo registrarci, diventare cittadini di prima classe. E se il Partito Democratico della Libertà non si riunisce ora, mi interrogo sull'America. È questa l'America, la terra dei liberi e la patria dei coraggiosi, dove dobbiamo dormire con i telefoni staccati perché le nostre vite sono minacciate ogni giorno, perché vogliamo vivere come esseri umani decenti, in America?
Grazie.

(Vertenza: Questo è tutto ciò che è necessario fare per inscatolare i telefoni, per avere un hamburger di qualità. Poiché il partito dei diritti umani per la Democrazia non ha nulla da perdere, mi rivolgo all'America. È questa l'Amerika, la terra dei giovani e degli uomini di colore, dove dobbiamo schiaffeggiare con la cornetta del telefono la nostra vita, perché noi, come uomini grassi, in Amerika vogliamo vivere?
Grazie).

Latere jaren

Nel 1965 trad Hamer op als schuldeiser in een rechtszaak die ertoe leidde dat het Amerikaanse Hof van Beroep voor het 5e circuit de uitslagen van de lokale verkiezingen in Moorhead en Sunflower het jaar erop terzijde schoof, omdat het een substantieel deel van de zwarte bevolking moeilijk of onmogelijk was gemaakt om te stemmen.

Dal 1968 al 1971 Hamer è stato il presidente del Democratisch Nationaal Comité. Nel 1969 apre la Freedom Farms Corporation. Hamer fu sempre più preoccupato che la vendita di beni, di denaro o di beni di consumo fosse una perdita di denaro che avrebbe potuto far aumentare il numero di armi in circolazione. In un viaggio in Africa Hamer fu ispirato da alcuni uomini (di colore bianco) che volevano aiutare le loro famiglie. La *Freedom Farm* fa sì che per le donne sia importante essere felici per se stesse. La fattoria ha circa 650 ospiti.

Nel 1971 Hamer fu medeoprichter del National Women's Political Caucus (NWPC). In occasione di una conferenza di presentazione, Hamer sponsorizzò la sua campagna per il senatore del Mississippi; il NWPC aveva un'associazione con una donna nuda, vrouwelijke burgerrechtenactiviste. Alcune donne di colore vedono Hamer che vuole essere sfruttata dal NWPC, ma le donne ritengono che l'organizzazione delle donne femministe abbia più potere della stessa Hamer.

Hamer si è recata presso il National Council of Negro Women e in diverse organizzazioni di volontariato per migliorare la posizione delle donne di colore. Questa organizzazione ha aperto nel 1970 il *Fannie Lou Hamer Day Care Center*, dove la Hamer era voorzitter. Il centro offre diversi tipi di cure, che gli consentono di ottenere il maggior numero di prestazioni. Anche ze, visto che ze al ernstig ziek was, mee naar de rechtbank om het op te nemen voor alleenstaande moeders, die als 'slechte voorbeelden' geen baan konden krijgen op openbare scholen.

Hamer soffriva di obesità ed era affetto da una forte emorragia. Nel frattempo è stata dichiarata la malattia della borsite, che è stata dichiarata il 14 marzo 1977.

Eerbetoon e nagedachtenis

Dopo la sua morte, Hamer ha ottenuto un dottorato in altri college e università. Nel 1993 Hamer è stata inserita nella National Women's Hall of Fame americana. A Ruleville, dove si trovava la sua casa di riposo, c'è un monumento che testimonia la sua opera. La sua scritta recita "*Sono stufa di essere stufa e malata*", una frase che Hamer aveva pronunciato durante la sua vita.

Punti salienti

- Fannie Lou Hamer, nata Townsend, era la più giovane di 20 figli e all'età di sei anni lavorava nei campi con i suoi genitori mezzadri.
- In mezzo alla povertà e allo sfruttamento razziale, ha ricevuto solo un'istruzione di prima media.
- Licenziata per aver tentato di registrarsi al voto (Fannie Lou Hamer non superò il test di alfabetizzazione), divenne segretaria di campo per l'SNCC; Fannie Lou Hamer divenne infine un'elettrice registrata nel 1963.
- Nel 1964 Hamer fondò e divenne vicepresidente del Mississippi Freedom Democratic Party (MFDP), nato dopo i tentativi falliti degli afroamericani di collaborare con il Mississippi Democratic Party, interamente bianco e favorevole alla segregazione.
- Come membro del Comitato nazionale democratico per il Mississippi (1968-71) e del Consiglio politico del National Women's Political Caucus (1971-77), Hamer si è opposta attivamente alla guerra del Vietnam e ha lavorato per migliorare le condizioni economiche del Mississippi.

9. Wangari Maathai (1940-2011)
Politico e attivista ambientale keniota

---

*"La generazione che distrugge l'ambiente non è quella che
ne paga il prezzo. Questo è il problema"*.

La dottoressa **Wangari Muta Maathai** (Ihithe (Nyeri), 1 aprile 1940 -
Nairobi, 25 settembre 2011) è stata un'attivista keniota del movimento e
della politica. Ha fondato l'organizzazione ambientalista Green Belt
Movement, nel 2003-2005 ne è stato il segretario e ha ricoperto la carica
di ministro per le politiche ambientali e naturali. Nel 2004 è stato insignito
del Nobelprijs voor de Vrede, come ultimo cittadino afrikaano, per il suo
impegno a favore dell'ontwikkeling, della democrazia e della libertà.

Gioia

Maathai è nata nel distretto di Nyeri e si è unita ai Kikuyu, una delle tante
famiglie afrikaanse: *A Memoir* beschrijft ze uitgebreid hoe het leven voor
de Kikuyu's was voordat de Britten kwamen en hoe het leven veranderde
na hun komst. Zo vertelt ze dat voor de komst van de christelijke
westerlingen de Kikuyu's geloofden dat God op de berg Kirinyaga, later
door de Britten omgedoopt tot Mount Kenya, woonde. Il monte Kirinyaga, il
più alto dell'Africa, era anche un luogo di culto per le varie popolazioni che

lo desideravano. A fronte di tutto ciò che i Kikuyu dedicheranno a questo bergo sacro: "[z]olang de berg er stond, wisten ze dat God met hen was en dat het hun nergens aan zou ontbreken".
 Con la voce di Britten sono state verdeggiate molte delle canzoni e dei testi e si è parlato di Cristo come di una delle cose più importanti nella vita dei Kikuyu. Ma non solo il geloof è diventato più grande grazie all'invocazione degli occidentali; è stato anche introdotto il geld come strumento standard per le mani dei Kikuyu, il mburi.

Negli ultimi anni di vita di Maathai c'è stata un'enorme espansione per i Kikuyu. Il padre di Maathai si rivolgeva agli *uomini della prima generazione in Kenya che avevano bisogno di una casa e di un giardino per cercare soldi e guadagnare denaro*. Si dirige verso la cantina di un pioniere bianco. Il padre di Maathai aveva in tutto dieci figli e dieci sorelle. Aveva la sua casa in uno stuk grond, che era *"la casa degli uomini, dei ragazzi e degli uomini"*. Ook hadden zijn vier vrouwen, waaronder Maathai's moeder, allemaal hun eigen huis, wat het domein van de vrouw en haar kinderen was.

Nell'autobiografia Maathai descrive anche il suo rapporto con il padre e il figlio. Si rende conto che il padre è sempre stato la figura dominante nella sua famiglia e che ze, al pari dei fratelli e degli amici, ha una posizione privilegiata nei confronti del padre. Ze heeft dan ook niet zoveel persoonlijke herinneringen aan haar vader. Con i suoi genitori ha creato un gruppo musicale di alto livello. In haar autobiografie beschrijft ze haar moeder als een harde werker, lichamelijk en fysiek sterk en 'ontzettend lief'.Toen Maathai acht jaar was, verhuisde ze met haar moeder naar Nyeri, waar ze voor het eerst naar school ging. Maathai era in un periodo di giovinezza un'insegnante molto dinamica. Era fantastico che le persone leggessero e scrivessero. Inoltre, ze era al erg in de natuur geïnteresseerd; zo aveva ze haar eigen moestuintje waar ze uren achter elkaar naar de opkomende planten kon kijken en ze was veel in de bossen te vinden.

Onderwijs

Da un paio d'anni ha lasciato che la sua compagna andasse a studiare a St. Cecilia, un'interna della Mathari Katholieke Missie. L'obiettivo di St.-Cecilia era la conversione del cristianesimo e l'apertura dei figli al non, ma Maathai non aveva mai avuto problemi a farlo. Ze heeft het er erg naar haar zin gehad, hoewel de omstandigheden op het internaat volgens haar

'Spartaans' te noemen waren. Ze was nog steeds erg leergierig en bovendien heeft ze er vriendschappen voor het leven gesloten.

Ma anche i documenti più semplici all'interno del paese non mancavano; per questo motivo i lettori dovevano praticare l'Engels e dovevano essere gestiti nel loro paese. In questo modo, le donne non si accontentano del fatto che il loro dialetto e la loro cultura siano più importanti, ma hanno anche un grande legame tra le lingue e i loro padroni. Per la stessa Maathai, questo aspetto non è ancora stato risolto; non ha più il suo desiderio di praticare il Kikuyu.
 Terwijl Maathai opta per l'internazione e frena l'attacco dei Mau Mau contro l'overheid britannico: il movimento si sviluppa attraverso i leader dei gruppi Kikuyu, Meru ed Embu che vengono cacciati da Britten. Maathai non ha fatto nulla per il conflitto, ma all'interno del paese i lettori si sono sentiti molto influenzati dal fatto che Mau Mau een terreurbeweging fosse. Zo vertelt Maathai dat toen er op een avond in de buurt van het internaat geschoten werd ze moesten bidden en dat iedereen toen bad dat de Mau Mau-leden werden opgepakt: 'Ik begreep niet dat de Mau Mau-beweging vocht voor onze vrijheid'.

Nel 1956 Maathai, come migliore della sua famiglia, si sottopose all'esame di St. A quel punto venne iscritta alla Loreto Girls' High School di Limuru, vicino a Nairobi. In questa scuola si è potuto capire il suo punto di riferimento per l'esatto percorso di studi. Nel 1959, quando la scuola fu inaugurata, la scuola fu chiusa. In questo periodo non è stato utile; i miei figli hanno iniziato a lavorare sul campo, mentre le ragazze sono state costrette a studiare.

Università

Quando la Kenia ha iniziato a dare un impulso all'onafhankelijkheid, molti uomini e uomini di buona volontà si sono impegnati a svolgere funzioni importanti all'interno del governo e della scuola. Daardoor kregen veelbelovende studenten een beurs waarmee ze hoger onderwijs in de Verenigde Staten zouden volgen. Anche la Maathai ha deciso di fare un'esperienza del genere. È partita dal Mount St.-Scholastica College di Atchison (Kansas). Qui ha seguito diverse strade, ma il suo campo d'azione era la biologia. Maathai ha trovato presso il Mount St.-Scholastica College un'alta percentuale di persone che hanno avuto la fortuna di conoscerla.

Nel 1964, dopo aver studiato biologia all'Università di Pittsburgh, Maathai ha studiato biologia. Qui ha chiesto al prof. Charles Ralph de opdracht om de pijnappelklier van de Japanse kwartel te onderzoeken, wat later haar scriptieonderzoek werd waarmee ze doctorandus in biologie werd.Maathai zegt in haar autobiografie dat ze veel van Amerika heeft geleerd: *'ik ben er de persoon geworden die ik nu ben. La sua terra mi ha dato un'idea di come sia possibile fare ciò che si vuole fare in questa terra, e di come sia possibile fare molto". L'idea della libertà e dei diritti fondamentali che l'America aveva suscitato in me, mi fece capire che io volevo andare in Kenia, e per questo motivo ero in viaggio da casa mia".*

Quando Maathai, nel 1965, iniziò il suo viaggio, il Kenia rimase in sospeso per due anni, e l'emergenza keniota era alla ricerca di persone che volessero fare una vacanza. Maathai è stata promossa dall'Università di Nairobi, che le ha chiesto di essere assunta come assistente presso un professore di zoologia.
 Nel 1966 ze voor het eerst sinds vijfenhalf jaar terug naar Kenia en naar haar familie. In questo momento, però, il professore si accorge di essere stato invitato ad andare da un'altra persona: una persona della sua stessa etnia e provenienza. In un momento in cui si è deciso di andare verso un'altra persona, a Nairobi è arrivato Rheinhold Hofmann, un professore dell'Università di Giessen, nel Duitsland. Aveva aperto un corso di anatomia veterinaria presso la facoltà di Diergeneeskunde dell'Università di Nairobi e aveva nominato un assistente per la microanatomia. Maathai ha lavorato anche all'Università di Nairobi.
 Inoltre, in seguito, ha svolto un'attività di promozione nel Duitsland.
Inoltre, ha anche effettuato delle ricerche in proprio.

Maathai ha lavorato dal 1966 al 1981 all'Università di Nairobi.

Nel 2001 è stato invitato da James Gustave Speth, presidente del Programma delle Nazioni Unite per lo Sviluppo (UNDP), a partecipare alla School voor Bosbeheer en Milieukunde della Yale-Universiteit. Ze verzorgde hier samen met een ander een lesprogramma over duurzame ontwikkeling dat zich op het werk van de Green Belt Movement richtte.
Inoltre, ha partecipato a numerosi seminari sull'ambiente, l'Africa e le guerre civili.
 Nel 2004 ha ottenuto a Yale un dottorato in scienze umane.

Huwelijk

Nel 1966 Maathai incontrò l'uomo che doveva incontrare: Mwangi Mathai. La cosa più importante è che Maathai, per due mesi in Duitsland a seguito di un viaggio di lavoro, ha lavorato, ma nel maggio del 1969 ha avuto problemi con la sua famiglia. In quel periodo Mwangi Mathai era stato incaricato di gestire un comitato per il parlamento e Maathai si era trasferito da quel momento alla fine del suo viaggio e aveva ricevuto una campagna.

Maathai vertelt in haar autobiografie dat haar man het risico liep om stemmen te verliezen doordat zijn vrouw zo hoog was opgeleid. Molte persone ritengono che non si possa parlare di afrikaans. Mwangi e Maathai si sono uniti in una trentina di parenti: Waweru, Wanjira e Muta.Uiteindelijk hield het huwelijk toch geen stand, voornamelijk doordat Maathai zo'n successesvolle vrouw was. Mwangi ha scelto di essere un uomo che ha fatto la sua parte in un mondo libero. Il progetto ha portato a un grave problema, che Maathai ha risolto. Daarna heeft ze nog een paar dagen celstraf gehad omdat ze de rechter corrupt noemde. Inoltre, non ha potuto accettare l'accordo di Mwangi, ma ha deciso di protestare con una lettera extra *A* e di sostenere Wangari Muta Maathai.

In haar autobiografie vertelt ze dat haar kinderen toch een goede band met beide ouders hebben gehouden, waar ze erg blij mee is.De scheiding heeft het Maathai echter wel erg moeilijk gemaakt, vooral op politiek niveau. Molti uomini non sanno che i loro figli si sono innamorati di Maathai per via del suo status di "uomo da sballo".

Movimento per la cintura verde

Il Green Belt Movement è un'organizzazione ambientalista che si occupa di piantare alberi per far fronte a questo problema. Maathai descrive l'idea in modo più chiaro: "*La piantumazione di alberi è la piantumazione di idee. Iniziando con il semplice atto di piantare un albero, diamo speranza a noi stessi e alle generazioni future*". Si tratta di un'organizzazione di volontariato che si batte per il benessere degli uomini, per la qualità della vita e per un'azione democratica e costruttiva a favore dell'ambiente. Het is hun missie om gemeenschappen over de hele wereld in staat te stellen om het milieu te beschermen. Inoltre, gli scienziati si occupano della gestione delle risorse idriche, dell'economia, del benessere e dell'ambiente.

Ontstaan

344

Volgens Maathai is het ontstaan van de Green Belt Movement aan verschillende oorzaken te danken. Nella sua autobiografia afferma: *"in wezen komt het erop neer dat ik als reactie op een reeks problemen afvroeg wat daaraan gedaan zou kunnen worden".* Un aspetto importante è la sua gevecht per le donne. Questo è un dato di fatto quando ze lavorava all'università di Nairobi. Quando ze als onderzoeksassistent voor de professor zoölogie zou mogen werken kwam ze in aanraking met de discriminatie van vrouwen: de professor besloot dat hij toch liever een mannelijke onderzoeksassistent wilde. Anche nei giorni successivi Maathai ha affermato che gli uomini e le donne non hanno più alcun diritto. I pochi studenti che lavorano all'università sono più numerosi dei loro colleghi maschi e ricevono molti più bonus e premi. Maathai si è impegnata affinché non si aprissero le porte su di lui e si aprissero i cancelli della direzione. Maathai è ancora più insicura, perché vuole che anche altre donne possano chiedere un risarcimento. È stata ingaggiata da diverse organizzazioni, tra cui la Kenya Association of University Women.

Oltre al suo impegno per i veterani, Maathai è stata anche a lungo coinvolta nella natura. Maathai ha anche fatto un passo avanti nel suo lavoro presso l'Environment Liaison Centre, un'organizzazione ambientalista che si occupa di questioni ambientali. C'è una grande quantità di cibo e di cibo in zone che erano molto vaste. Ciò significa, tra l'altro, che i contadini non sono d'accordo, in termini di proprietà per l'uso che ne fanno, ma anche di koffie e di prodotti per il mercato internazionale. Inoltre, c'era ancora un piccolo brandhout a causa dell'ontbossing.
 Maathai ha sottolineato che l'ontbossing era un problema enorme e che questo aveva molti problemi. Maathai ha anche sottolineato che la rottura del tetto, la costruzione di un'area di sosta o la creazione di un'area di sosta, è un problema molto grave. Maathai ha notato che *"tutto ciò che la gallina aveva in mano, era da considerarsi un ambiente".* Langzamerhand ha proposto l'idea di piantare delle bombe. In questo modo, i giovani non si limitano a passare dal brandhout all'hout per gli ortaggi, ma possono anche utilizzare l'acqua per le loro attività, *"per far sì che i loro corpi si muovano verso l'esterno, e per far sì che i loro corpi si muovano verso l'esterno".* In questo modo si può capire la vitalità dell'aria.

Se ze de Green Belt Movement oprichtte, heeft ze eerst nog een aantal andere dingen geprobeerd, die vaak niet zo'n groot success waren als ze had gehoopt. In questo caso, ha deciso di rivolgersi alla società

Envirocare Ltd., una società che ha coinvolto alcuni uomini del distretto sanitario di Mwangi, per far sì che gli uomini più vulnerabili di quel territorio potessero essere aiutati. Il progetto è fallito.
 Ma non si è riusciti a farli partire e si è dato inizio a una nuova avventura: Save the Land Harambee, un'iniziativa del Vrouwenraad. Gli uomini si impegnano a piantare insieme ad altri kenioti per proteggere la terra dalla guerra. L'iniziativa è iniziata nel 1977 con la piantumazione di sette alberi, l'inizio della cintura verde.
 Save the Land Harambee partecipa al movimento della cintura verde. Questo nome è stato scelto per far sì che le bombe come un'area di protezione del corpo venissero distrutte, per far crescere il territorio e per rendere il paesaggio più importante.

Doel

Il Movimento per la Cintura Verde ha diversi obiettivi. Ten eerste probeert het door het planten van bomen de ontbossing en de problemen die hierdoor worden veroorzaakt tegen te gaan. Inoltre, l'organizzazione punta su una serie di persone, che possono essere coinvolte in prima persona, per far sì che il territorio non sia più danneggiato dall'ontbossing. Il Movimento per la cintura verde si impegna a far sì che le persone possano creare i loro propri inchiostri attraverso il controllo dei terreni. Inoltre, è stato creato un gruppo di cittadini che si occupano di commercio elettronico e sono stati creati più di 3.000 banchi a tempo parziale. Inoltre, l'organizzazione promuove il benessere e la democrazia.

Prestiti

In questo momento il Green Belt Movement ha più di un milione di persone in tutta l'Africa. In questo caso, la solidarietà è compromessa nelle critiche alle acque, i loro figli sono colpiti e danneggiati. Anche i genitori più anziani, con la loro famiglia, sono aperti ai loro diritti e a quelli della loro comunità. In questo caso si tratta di una vita sana e produttiva.

Tuttavia, le piante non sono mai state distrutte e sono sempre al servizio dell'ambiente e degli uomini. Hun doel voor de toekomst is dan ook het planten van wereldwijd één miljard planten.Verder zijn er veel andere landen die veel zien in het initiatief van Maathai en soortgelijke organisaties hebben opgezet.

Vrouwenraad

Dopo un paio di anni di attività nel Vrouwenraad nazionale del Kenya, Maathai ha iniziato a lavorare nel 1979 per ottenere un mandato per lo scambio di opinioni. La donna ha poi scoperto un'altra strategia etnica del presidente Danial arap Moi, che prevedeva l'invasione dei Kikuyu. Il presidente Moi si appoggia al popolo Kalenjin e vuole, tra l'altro, che il popolo Kikuyu sia coinvolto. Inoltre, Maathai è stata condannata a una maggiore responsabilità nei confronti del vice-voorzatore, che è stato il primo collaboratore del governatore.
 Nel 1980, quando Maathai è stata uccisa, il colpo per la sua famiglia è stato ancora più duro. Sono stati utilizzati molti argomenti a favore di Maathai; con il nome del suo programma è stata fatta un'opgerakeld. Ma la gente ha visto che la casa è stata conquistata per le sue verifiche. Daarna werd ze elk jaar opnieuw tot voorzitter verkozen, totdat ze zich in 1987 terugtrok.

Politica

Nel 1982 Maathai si è impegnata a entrare in politica e si è fatta comandare per un posto nella Kenya African National Union (KANU), il più importante partito di opinione. Per questo motivo, non ha potuto aprire il suo rifugio presso l'università. Le autorità hanno deciso di fare un'operazione che non è possibile fare e che non può essere eseguita da lui stesso. Ze was nog wel steeds voorzitter van de Nationale Vrouwenraad van Kenia en werkte nog steeds voorst de Green Belt Movement.
 In quel periodo Maathai è stata coinvolta nell'organizzazione del Green Belt Movement, ma nel 1997, in occasione delle elezioni, si è sentita accusata di non essere solo una candidata per il Parlamento, ma anche per il Consiglio presidenziale. Maathai aveva dieci eerste een partij nodig die haar zou uitvaardigen. Nel 2002 Maathai ha cercato di ottenere un mandato di rappresentanza nel distretto di Tetu, nella contea di Nyeri. Ditmaal won ze wel de meeste stemmen en werd ze gekozen om als kandidaat voor NARC het district Tetu te vertegenwoordigen. In quell'occasione ha cercato di conquistare la vittoria.

Nel gennaio 2003 è stato nominato ministro della Salute di Milieuzaken e della Natura.

Nobelprijs
347

Nel 2004 è stato assegnato a Maathai il Nobel per l'Ambiente, per il suo impegno a favore di un'attività di volontariato, della democrazia e dell'ambiente. Maathai ha promosso un'azione di sensibilizzazione sociale, economica e culturale. E ancora, si ricorda il suo impegno nei confronti del regime onderdrukkista in Kenya: *"Le sue forme d'azione uniche hanno contribuito a richiamare l'attenzione sull'oppressione politica - a livello nazionale e internazionale"*. Bovendien was, en is, ze een inspiratie voor andere vrouwen.Ook noemen ze haar inzet voor een better milieu bewonderenswaardig. Ze zeggen dat Maathai niet alleen maar het milieu probeert te beschermen, maar dat ze de basis voor duurzame energie beschermt en versterkt.

Maathai è l'ultima donna afrikaana che ha ottenuto un premio Nobel. Maathai è anche l'ultimo afrikaano nella zona tra l'Africa meridionale e l'Egitto ad aver ottenuto questo premio. È anche un punto di riferimento per tutti coloro che, in Africa, desiderano un'attività democratica, una democrazia e una pace durature.

Punti salienti

- Il lavoro di Wangari Maathai è stato spesso considerato sgradito e sovversivo nel suo Paese, dove la sua schiettezza costituiva un passo al di fuori dei tradizionali ruoli di genere.
- Nel 1971 Maathai ha conseguito un dottorato di ricerca presso l'Università di Nairobi, diventando di fatto la prima donna dell'Africa orientale o centrale a conseguire un dottorato.
- Mentre lavorava con il Consiglio Nazionale delle Donne del Kenya, Wangari Maathai sviluppò l'idea che le donne dei villaggi potessero migliorare l'ambiente piantando alberi per fornire una fonte di combustibile e rallentare i processi di deforestazione e desertificazione.
- Il Green Belt Movement, un'organizzazione fondata da Wangari Maathai nel 1977, all'inizio del XXI secolo aveva piantato circa 30 milioni di alberi.
- Quando Wangari Maathai ha vinto il Premio Nobel nel 2004, il comitato ha lodato il suo "approccio olistico allo sviluppo sostenibile che abbraccia la democrazia, i diritti umani e in particolare i diritti delle donne".

10.　　Shirley Chisholm (1924-2005)

La prima donna afroamericana eletta al Congresso degli Stati Uniti d'America

"Non si fanno progressi stando in disparte, piagnucolando e lamentandosi. Si fanno progressi mettendo in pratica le idee".

Shirley Anita St. Hill Chisholm (New York, 30 novembre 1924 - Ormond Beach, 1 gennaio 2005) è stata nel Verenigde Staten la più grande deputata federale di origine afroamericana. Dal 1969 al 1982 ha sostenuto Brooklyn come democratico nell'Huis van Afgevaardigden.

Il 23 gennaio 1972 è stato il primo candidato afro-americano alla presidenza del Verenigde Staten. Ha ottenuto 152 voti di scarto. Si tratta di una candidatura di primo piano, quella del senatore George McGovern. Ha aderito a diversi gruppi etnici e all'Organizzazione nazionale delle donne (NOW). Nel mese di maggio del 1972 ha condotto un'indagine di opinione sul politico razzista George Wallace, che non era mai stato denunciato.

Chisholm si adoperò per le burgerre per gli zwarten, gli armen e i vrouwen e per il burgerrechtenbeweging afro-americano. Ha criticato il sistema politico-giudiziario e si è adoperata per un maggiore controllo del territorio.

Dal 1949 al 1977 ha incontrato Conrad Chisholm. Daarna trouwde ze met Arthur Hardwick jr, die in 1986 stierf.

Punti salienti

- Shirley Anita St. Hill era figlia di immigrati: il padre era originario della Guyana Britannica (oggi Guyana) e la madre delle Barbados. Chisholm è cresciuta alle Barbados e nella natia Brooklyn, New York, e si è laureata al Brooklyn College (B.A., 1946).
- Consulente per l'istruzione per la divisione asili nido della città di New York, Shirley Chisholm è stata anche attiva nei gruppi politici e comunitari, tra cui la National Association for the Advancement of Colored People (NAACP) e l'Unity Democratic Club del suo distretto.
- Nel 1968 Chisholm fu eletta alla Camera dei Rappresentanti degli Stati Uniti. Al Congresso divenne subito nota come una forte liberale che si opponeva allo sviluppo degli armamenti e alla guerra in Vietnam e favoriva le proposte di piena occupazione.
- Chisholm, fondatrice del National Women's Political Caucus, ha sostenuto l'emendamento per la parità dei diritti e la legalizzazione degli aborti durante la sua carriera congressuale, durata dal 1969 al 1983.

11.   Mary McLeod Bethune (1875-1955)

Educatrice che ha aperto una delle prime scuole per ragazze afroamericane

"Senza la fede nulla è possibile. Con essa, nulla è impossibile".

Mary McLeod Bethune (10 luglio 1875 - 18 maggio 1955) è stata un'onderwijzeres, scrittrice e attivista americana. È conosciuta come direttrice di una scuola per studenti afroamericani a Daytona Beach (Florida), come direttrice della Bethune-Cookman University e come consigliera del presidente Franklin Delano Roosevelt.

Bethune è nata nella Carolina del Sud come figlia di uno schiavo anomalo. Da giovane ha iniziato a lavorare in un'azienda propria. Bethune andò, grazie al sostegno di alcuni sponsor, in una scuola cristiana per i suoi figli, per diventare una missionaria in Africa. Quando la cosa non andò a buon fine, iniziarono a creare una scuola per bambini afroamericani a Daytona Beach. La scuola è cresciuta molto e si è fusa con una scuola elementare gelijkaardige, la Bethune-Cookman School. L'onderwijskwaliteit della scuola ha superato gli standard delle altre scuole afro-americane e ha aumentato il livello delle scuole nere. Mary McLeod Bethune ha dato il via a tutto ciò che serve per ottenere fondi. Con la sua scuola come campo d'azione, Bethune si recò in un luogo dove c'erano afroamericani scolarizzati negli Stati Uniti. Dal 1923 al 1942 e dal 1946 al 1947 fu presidente della scuola, e questo le permise di essere una delle più giovani donne di un'istituzione che si occupava di salute.

Mary McLeod Bethune era anche attiva nei club per bambini. Grazie alla sua partecipazione a diversi club, Bethune divenne famosa in tutto il mondo. Nel 1932 lavorò per Franklin D. Roosevelts verkiezingscampagne e da allora fu un membro del *Black Cabinet* di Roosevelts. Nel 1932 lavorò per Franklin D. Roosevelts al campionario delle cerimonie, e da quel momento fece parte del Gabinetto Nero di Roosevelts.

Punti salienti

- Nel 1904 Bethune si trasferì sulla costa orientale della Florida, dove era cresciuta una numerosa popolazione afroamericana all'epoca della costruzione della Florida East Coast Railway, e a Daytona Beach, in ottobre, aprì una scuola tutta sua, il Daytona Normal and Industrial Institute for Negro Girls.
- Nel 1923 la scuola fu fusa con il Cookman Institute for Men, allora a Jacksonville, in Florida, per formare quello che dal 1929 fu conosciuto come Bethune-Cookman College a Daytona Beach.
- Nel 1935 fondò il National Council of Negro Women, di cui rimase presidente fino al 1949, e fu vicepresidente della National Association for the Advancement of Colored People dal 1940 al 1955.
- È stata consigliere di Roosevelt per gli affari delle minoranze e ha assistito il Segretario alla Guerra nella selezione dei candidati ufficiali per il Corpo Militare Femminile degli Stati Uniti (WAC).

12.   Toni Morrison (1931-2019)
Autore afroamericano

"Liberarsi era una cosa, rivendicare la proprietà di quel sé liberato era un'altra".

Toni Morrison (Lorain (Ohio), 18 febbraio 1931 - New York, 5 agosto 2019) è stata una scrittrice americana.

Nel 1993 gli è stato conferito il Nobel per la letteratura per la sua opera. Nel 2012 ha ricevuto il più importante riconoscimento civile americano: la Medaglia presidenziale della libertà. Una parte dei suoi libri sono stati pubblicati come capolavori della letteratura americana, tra cui *The Bluest Eye*, *Beloved* (che ha vinto un Pulitzer) e *Song of Solomon*. Il suo stile è caratterizzato da temi di proporzioni epiche, da dialoghi convincenti e da personaggi afro-americani molto dettagliati.

Vroege jaren

È nata come tredicesima in una famiglia con più figli, Chloe Anthony Wofford, a Lorain, in Ohio. Ze era un lezer di razza, e il suo padre ha fatto conoscere la sua cultura a molti volksvertellingen.

Studia lettere alla Howard-universiteit di Washington e fu da allora che ze haar naam veranderde naar "Toni", naar haar doopnaam "Anthony", met als reden dat mensen het lastig vonden om *Chloe* uit te spreken. Ha conseguito il BA in Engels nel 1953 e da allora ha studiato per il MA alla Cornell-universiteit.

Docenti

Dopo aver studiato, ha iniziato a studiare Engels presso la Texas Southern University di Houston e da allora ha iniziato a lavorare per Howard. Nel 1958 incontra Harold Morrison. I due figli hanno due figli, ma si sono ritirati nel 1964. Na haar scheiding verhuisde ze naar Syracuse (New York), waar ze als redacteur werkteur. Als redacteur voor Random House speelde ze een belangrijke rol in het onder de aandacht brengen van Afro-Amerikaanse literatuur.

Ha lavorato anche presso la State University di New York. Nel 1984 ha ottenuto un incarico di ricercatore Albert Schweitzer presso l'Università di Albany a New York. Dal 1989 è stato per un lungo periodo Robert F. Goheen professor in Letteratura all'Università di Princeton. Nel mese di maggio del 2006 è stato nominato zefro. Nel 2005 ha ottenuto un dottorato di ricerca presso l'Università di Oxford.

Nell'aprile 2006 è stata ospite del PEN *World Voices* di New York, un festival organizzato dal voorzitter di PEN America, Salman Rushdie. Tra i partecipanti si annoverano anche gli autori David Grossman, Jeanette Winterson, Margaret Atwood, Anne Provoost e Orhan Pamuk.

Libri

L'occhio più azzurro (1970)

La protagonista di questo libro è Pecola Breedlove, una giovane donna nuda che, in un secondo momento, chiede che le venga concessa una borsa di studio con i capelli neri, proprio come Shirley Temple. La sua famiglia ha problemi di vario tipo, e ze denkt dat alles in orde zou zijn, als ze maar blauwe ogen had. Il libro è controverso, non solo per quanto riguarda l'argomento, ma anche per la struttura. Morrison si avvale di una struttura non cronologica e di una serie di vertici che permettono una lettura più ampia e diversificata.

Sula (1973)

Sula racconta di due amiche nane, Sula e Nel, e della loro vita a Medallion, in Ohio. Un padre gli ruba il drogato in una marca di cherosene. Il libro è stato selezionato per il National Book Award.

Cantico di Salomone (1977)

Il suo ultimo libro, "*Il canto di Salomone*", lo porta in un punto nevralgico. Il libro è stato uno dei punti di riferimento del club americano "Boek-van-de-maand" - è stata la prima volta in cui uno scrittore afro-americano è stato accolto da Richard Wrights *Native Son* nel 1940. Il libro racconta la vita di Macon "Milkman" Dead III, dalla nascita alla morte, in una città del Michigan. Il libro ha vinto il National Book Critics Circle Award.

Bambino di catrame (1981)

Tar Baby si svolge nella grande casa caraibica di un milionario bianco. I temi del libro sono la rassenidentità, la sessualità, la classe e le relazioni familiari.

Amato (1987)

Beloved è basato sulla vita e sul dolore di Margaret Garner. Sethe è una schiava anomala, che durante il suo rapimento, *Beloved*, la sua compagna di due anni, si oppone al fatto che la sua vita non sia stata ridotta in schiavitù. La ragazza ha un ruolo fondamentale nella vicenda. Il libro tratta della tradizione degli allevamenti di schiavi, ma si sofferma anche sui prodotti pijnlijke e taboe-onderwerpen, come il seksueel e altri prodotti.

Il libro ha ottenuto il premio Pulitzer per la narrativa ed è stato filmato nel 1998, con Oprah Winfrey e Danny Glover. Morrison ha utilizzato il personaggio di Margaret Garner per l'opera *Margaret Garner*. Nel maggio 2006 il *New York Times* ha classificato il libro come il miglior romanzo americano degli ultimi 25 anni.

Jazz (1992)

Il libro si avvale di una caratteristica fondamentale per far sì che l'improvvisazione, che è sempre stata presente nella musica jazz, possa essere sfruttata. Il dialogo si svolge su un'altra voce, quella di una persona che non ha parole, e che è la più bella per l'artista. L'uomo ha un'immagine perfetta della sua maestra. In occasione dell'inizio dell'indagine, l'uomo ha indicato il suo nome in un mese.

Paradiso (1998)

Questo è l'ultimo libro che gli autori hanno pubblicato quando hanno ricevuto il Nobelprijs. Il libro tratta della geografia e dell'onestà sociale in una piccola città geologica, dal momento in cui la città è nata, fino alla rivoluzione sociale e di costume nella metà della seconda metà dell'Ottocento. I titoli del libro sono riferiti alle persone di sesso femminile. Il libro è stato pubblicato sulla base di un'opera d'arte verbalizzata in America.

Amore (2003)

L'amore è il racconto di Bill Cosey, un affascinante, ma anche troppo, albergatore. Si tratta di una storia che ha a che fare con gli uomini, che anche per un po' di tempo non sono stati portati a casa da lui. Le figure di spicco sono Christine, la sua ragazza, e Heed, il suo compagno. Le due persone hanno un reddito diverso e sono sempre state amiche, ma a 40 anni dalla nascita di Cosey sono state costrette a vivere in un'altra casa. Morrison sfrutta a fondo la frammentarietà del racconto, e la vicenda si svolge in modo del tutto diverso da come si presentava all'inizio.

Una misericordia (2008)

In *A Mercy un* kolonista americano del 17° secolo si trova in una casa di campagna, dove si trova un'abitazione molto bella, che è sempre più un elemento di arredo per il racconto di questo romanzo di Toni Morrison, in cui vengono trattati gli *"oerzonden"* della cultura americana: lo schiavismo e la sottomissione dei *nativi americani* (*"indianen"*).

Punti salienti

- Toni Morrison, nome originale Chloe Anthony Wofford, è cresciuta nel Midwest americano in una famiglia che possedeva un intenso amore e apprezzamento per la cultura nera. Ha ricevuto il Premio Nobel per la letteratura nel 1993.

- Molti dei saggi e dei discorsi di Morrison sono stati raccolti in What Moves at the Margin: Selected Nonfiction (2008; a cura di Carolyn C. Denard) e The Source of Self-Regard: Selected Essays, Speeches, and Meditations (2019).
- Insieme al figlio Slade Morrison ha scritto numerosi libri per bambini, tra cui la serie Who's Got Game?, The Book About Mean People (2002) e Please, Louise (2014).
- Toni Morrison ha scritto Remember (2004), che racconta le difficoltà degli studenti neri durante l'integrazione del sistema scolastico pubblico americano; rivolto ai bambini, utilizza fotografie d'archivio giustapposte a didascalie che speculano sui pensieri dei soggetti.

13. Ida B. Wells-Barnett (1862-1931)

Giornalista afroamericano e sostenitore dei diritti civili

---

*"È estremamente difficile portare avanti i miei obiettivi,
ma ho sentito la responsabilità di mostrare al mondo cosa
stanno affrontando gli afroamericani in questo periodo
difficile".*

Ida Wells (Holly Springs, 16 luglio 1862 - Chicago, 25 marzo 1931) è stata un'attivista afro-americana che si è adoperata per linciare le donne - con il nome di "zuidelijke Verenigde Staten" - in un'altra città.

Wells nacque nel Mississippi. Nel 1884 ha iniziato a lavorare a un treincoupé a Memphis. Dopo aver verificato l'esistenza di un'azienda di produzione di treinmaatschappij, ze si rivolse a un'azienda di produzione. Ze won, butar in 1887 vernietigde het hooggerechtshof van de staat Tennessee het vonnis.

A partire dal 1889 fu redattore di un'ordinanza anti-segregazionista a Memphis. Il suo libro sui linciaggi, *A Red Record*, fu pubblicato nel 1895. Nel 1909 Wells fu invitato a partecipare all'inaugurazione della National Association for the Advancement of Colored People (NAACP) a New York. Nel 1930 fu nominato deputato del parlamento dell'Illinois come uno degli ultimi veggenti di colore.

Wells nasce nel 1931 a Chicago. In die stad werd later een nieuwbouwwijk naar haar genoemd en in San Francisco is er een middelbare school die haar naam draagt.

Punti salienti

- Ida Wells è nata in schiavitù, ha studiato alla Rust University, una scuola per liberti nella nativa Holly Springs, Mississippi, e all'età di 14 anni ha iniziato a insegnare in una scuola di campagna.
- Nel 1887 la Corte Suprema del Tennessee, ribaltando una decisione della Corte di Circuito, si pronunciò contro Wells in una causa che aveva intentato contro la Chesapeake & Ohio Railroad per essere stata rimossa con la forza dal suo posto a sedere dopo che si era rifiutata di cederlo per uno in un vagone "solo per persone di colore".
- Utilizzando lo pseudonimo di Iola, nel 1891 Wells scrisse anche alcuni articoli di giornale che criticavano l'istruzione dei bambini afroamericani.
- Nel 1892, dopo che tre suoi amici erano stati linciati da una folla, Wells iniziò una campagna editoriale contro il linciaggio che portò rapidamente al saccheggio della sede del suo giornale.

14.   Venus Williams (nata nel 1980)
Tennista afroamericano

Venus Ebony Starr Williams (Lynwood, 17 giugno 1980) è una giocatrice professionista degli Stati Uniti. È l'ultima figlia di Serena Williams. Venus ha vinto nel torneo di tennis fino ad oggi solo una volta Wimbledon e due volte gli US Open, e in seguito ha vinto il campionato olimpico (nel 2000 ha vinto il torneo di tennis e il torneo di doppio, nel 2008 e nel 2012 il torneo di doppio). Nel torneo di doppio (insieme a lui) ha vinto anche i più grandi tornei, tra cui vier keer het Australian Open, twee keer Roland Garros, zes keer Wimbledon e tweemaal het US Open. Nel 1998, con il suo compagno Justin Gimelstob, ha vinto gli Australian Open e il Roland Garros. Nel periodo 1999-2016 e nel 2018 la Williams ha fatto parte della squadra americana di Fed Cup, con un bilancio di vittorie e vittorie per 25-4. Nel 1999, la Williams si trasferisce in casa. A causa di un loopbaan con numerose lesioni e altri problemi medici, è stato riconosciuto come uno dei migliori tennisti del mondo.

Loopbaan

Venus Williams ha debuttato il 1° novembre 1994 nel torneo WTA di Oakland. Nel primo turno vinse in due set (6-3 e 6-4) su Shaun Stafford, giocatore di terra di 26 anni. Nel 1997 la Williams ha partecipato per la prima volta a una finale: agli US Open, dove ha battuto la statunitense Martina Hingis. Nel 1998 la Williams vinse il suo primo titolo WTA, nel torneo di Oklahoma, con la Zuid-Afrikaanse Joannette Kruger.

Nel 2000 Venus ha vinto i Giochi Olimpici di Sydney: in finale ha vinto contro la russa Jelena Dementjeva per 6-2 e 6-4. Sempre a Sydney, Venus e la sua compagna Serena si sono aggiudicate anche il torneo di doppio: hanno vinto in un'intensa finale (6-1, 6-1) contro la coppia olandese Miriam Oremans e Kristie Boogert. Agli US Open 2007 Venus Williams ha raggiunto un record per quanto riguarda il tempo di percorrenza delle atlete: ha raggiunto un tempo di percorrenza di 207,6 chilometri all'ora. Nel 2008 le atlete hanno vinto anche la medaglia d'oro ai Giochi Olimpici di Pechino: hanno vinto in una finale ancora più intensa (6-2, 6-0) contro il duo spagnolo Anabel Medina Garrigues e Virginia Ruano Pascual. Nel 2008 Venus ha vinto i Campionati WTA di Doha, dove da un anno a questa parte è diventata la campionessa mondiale del tennis femminile.

Nel primo semestre del 2011 è stata costituita la Syndroom di Sjögren, un'auto-immunità. Zij lag hierdoor maanden uit de roulatie. È stato un po' come se non avesse ancora raggiunto il suo livello, ma nei giorni della riconvalida ha visto che la stanza è ancora più vicina al top.

Durante gli Zomerspelen olimpici del 2012 a Londra, Venus e Serena Williams hanno vinto per l'ultima volta: nella finale hanno sconfitto le due atlete tsicinesi Andrea Hlaváčková e Lucie Hradecká per 6-4.

Nel suo periodo di attività Venus ha conquistato un premio olimpico, sette titoli nei tornei di tennis, uno dei campionati europei, oltre a 40 titoli WTA. La sua posizione più importante nel circuito WTA è l'ultimo posto, che ha conquistato nel febbraio 2002 e che ha perso per un paio di settimane, quando è stata conquistata da Serena, la sua stella.

Nel corso del torneo di doppio Venus ha conquistato due grandi vittorie olimpiche, diversi titoli mondiali, oltre a diversi titoli WTA, tra cui quello con la sua compagna Serena. La sua posizione più importante nel circuito

WTA è anche l'ultimo posto, che ha conquistato nel giugno 2010 e che ha perso per un paio di settimane, quando è stata contattata dalla sua compagna Liezel Huber.

Nel suo torneo di doppio ha vinto due titoli di campione, oltre a una medaglia di bronzo alle Olimpiadi di Rio de Janeiro.

Punti salienti

- Come la sorella Serena, Venus è stata introdotta al tennis sui campi pubblici di Los Angeles dal padre, che ha riconosciuto subito il suo talento e ne ha curato lo sviluppo.
- Venus Williams è diventata professionista nel 1994 e ha subito attirato l'attenzione per i suoi potenti servizi e colpi a terra.
- Nel 2000 la Williams ha vinto sia Wimbledon che gli U.S. Open e ha difeso con successo i suoi titoli nel 2001.
- Ai Giochi Olimpici del 2000 a Sydney, ha conquistato la medaglia d'oro nel singolo e ha vinto la medaglia d'oro con la sorella nel doppio.
- Nel 2008 Venus Williams ha sconfitto Serena per il quinto titolo di Wimbledon in carriera, posizionandosi al quinto posto di tutti i tempi nei campionati di singolare femminile di Wimbledon.

15. Zora Neale Hurston (1891-1960)
Scrittore, folklorista e antropologo afroamericano

"Se non parli del tuo dolore, ti uccideranno dicendo che ti è piaciuto".

Zora Neale Hurston (Notasulga, 7 gennaio 1891- Fort Pierce, Florida, 28 gennaio 1960) è stata una scrittrice, antropologa e folklorista americana. Si è distinta per essere un importante sostenitore del Rinascimento di Harlem.

Lavorare e lavorare

Neale Hurston è nata in un paese afroamericano tradizionale. La sua madre ha deciso che ze era negro, che ze era straniero e che ze aveva costruito la sua casa, e in un secondo momento, tra il 1918 e il 1927, ze ha iniziato a studiare da autodidatta, prima alla Howard University di Washington DC e poi in antropologia al Barnard College di New York, dove ze era l'unica studentessa afroamericana.

A New York entrò in contatto con gli autori dell'*Harlem Renaissance*, tra cui Langston Hughes, e pubblicò le sue prime opere e un teatro. Daarnaast begon ze na haar studie folkloristisch material te verzamelen (verhalen, liederen, gebeden enzovoort van de zwarte bevolking), eerst in Florida en Alabama, na 1930 ook op de Bahama's en in New Orleans. In occasione della pubblicazione del suo lavoro antropologico *"Mules and Men"*, ha iniziato un viaggio ufficiale in Giamaica e Haïti. Un anno dopo ha lavorato per il WPA in Florida.

Neale Hurston è stata una giovane donna che, in qualità di antropologa della Columbia Universiteit, si è occupata di voodoo ad Haïti e di leefomstandigheden degli americani nani nella terraferma. Ma è anche uno scrittore di letteratura che si occupa di questa tematica. Negli ultimi anni è stato considerato uno dei personaggi più importanti della letteratura afro-americana. Nei suoi racconti e romanzi, ze racconta le sue esperienze e i suoi successi all'inizio della seconda metà dell'Ottocento, quando gli zwarten si sono trasferiti in America. Da questo punto di vista, lo studioso si trova di fronte a una serie di stereotipi sul "nano rispettabile", un tipo di linguaggio tipico degli scrittori del *Rinascimento di Harlem*. Le sue opere hanno come ambientazione gli Zuiden; *Jonah's Gourd Vine* (1934) è stato preceduto dalla sua opera più importante, *Their Eyes Were Watching God* (1937). In questo romanzo il linguaggio è più ricco e lirico, con il nome dei dialoghi in stile. Al centro c'è una ragazza che si fa schiacciare da una forma di vita propria e che non riesce a capire che cosa sta succedendo.

Negli anni '90 Neale Hurston si dedicò alla veridicità e non pubblicò più alcun lavoro. In seguito, Neale Hurston si dedicò anche a un'attività di ricerca in materia. Nel 1959 si è liberato di un beroerte e ha avuto una maggiore influenza sociale. Zora Neale Hurston si trasferisce nel 1960 in Hartfalen.

Nel 2018 esce postuum *Barracoon: The Story of the Last 'Black Cargo'*, haar boek over de Trans-Atlantische slavenhandel met als uitgangspunt het verhaal van de overlever Cudjoe Lewis, dat ze in 1927 had opgetekend.

Punti salienti

- Nel 1930 Zora Neale Hurston collaborò con Hughes a un'opera teatrale intitolata Mule Bone: A Comedy of Negro Life in Three Acts (pubblicata postuma nel 1991).
- Per alcuni anni Zora Neale Hurston ha fatto parte della facoltà del North Carolina College for Negroes (oggi North Carolina Central University) di Durham.
- Nonostante le promesse iniziali di Zora Neale Hurston, al momento della sua morte era poco ricordata dal pubblico dei lettori, ma alla fine del XX secolo c'è stata una rinascita dell'interesse per la sua opera.
- Oltre a Mule Bone, sono state pubblicate postume anche altre raccolte, tra cui Spunk: The Selected Stories (1985), The Complete Stories (1995) e Every Tongue Got to Confess (2001), una raccolta di racconti popolari del Sud.

16.   Mahalia Jackson (1911-1972)
Cantante gospel afroamericano

Mahalia Jackson (New Orleans, 26 ottobre 1911 - Chicago, 27 gennaio 1972) è stata una cantante americana e ha ricevuto il titolo di "regina del gospel". La sua prima opera del 1934, *God Gonna Separate the Wheat from the Tares (Dio separerà il grano dalla zizzania)*, fu molto popolare negli Stati Uniti. Il 28 agosto 1963, in occasione di una manifestazione di massa contro le discriminazioni di massa presso il Lincoln Memorial di Washington, si è riunito in un capannone. Dieci anni dopo un gruppo di più di 250.000 persone hanno dato vita a *I've been buked and I've been scorned* op verzoek van Martin Luther King en *How I got over*. Grazie alla sua forza e al suo impegno nelle dimostrazioni organizzate da Martin Luther King, ha ottenuto un grande successo nelle lotte per l'emancipazione degli afroamericani, mano nella mano con i gruppi e i sostenitori contro l'apartheid, come dominavano Martin Luther King, il figlio di un battista, la moglie Coretta Scott King e Rosa Parks. I grandi successi di Mahalia Jackson nell'ambito dell'emancipazione degli afroamericani sono ancora più importanti di quanto si pensi; la sua figura è nota anche come zangeres.

Levensloop

Jackson nacque a New Orleans, patria del jazz. Era battista e suonava come gospelzangeres nella chiesa in cui viveva. Nel 1927 si trasferì a Chicago, dove lavorò come operaio e suonò nella chiesa battista Greater Salem. Subito dopo forma un gruppo con i Johnson Singers. In seguito lavorò insieme a Thomas Dorsey, che compose il gospel *Precious Lord, take my hand*, la canzone di Martin Luther King, di cui fece parte anche in occasione della sua nascita nell'aprile del 1968. Con il denaro versato, gli fu dato inizio a una campagna di beneficenza e a un salone di beneficenza. Nel 1945 si fermano nel pub blanco con il nome di "*I will move on up a little higher*", che fa arrivare 2 milioni di esemplari sul banco dei testimoni. Pas in de loop van de jaren '50 werd zij in Europa, waar zij in 1952, 1961, 1964, 1968 en 1971 optrad. Nel 1971 ha ottenuto i suoi successi nel paese d'origine con un ultimo concerto a Monaco di Baviera. Nel 1961 ha avuto un concerto presso la Witte Huis ed è stato accompagnato da Paus Johannes XXIII in un'audizione privata. È morto il 27 gennaio 1972 a Chicago a causa del diabete mellito. Sulla sua vita sono state pubblicate diverse biografie.

Musica gospel

Le gospelsongs di Jackson e di altri sono una musica religiosa ispirata all'evangelo. Hanno il ritmo originale della musica afrikaanse e della schiavitù diffusa in America. Jackson non suona blues o jazz. Nel 1958 suona *Come Sunday* in de Black Brown and Beige Suite di Duke Ellington, ma a lungo e senza che il brano fosse religioso. Sotto l'egida della CBS ha scelto anche canzoni cristiane che non sono di questo genere e che sono leggermente legate al kitsch. I generi blues e jazz non sono stati presi in considerazione. Nel 1978 è stato inserito nella Gospel Music Hall of Fame.

Punti salienti

- Mahalia Jackson si è imposta all'attenzione del pubblico per la prima volta negli anni '30, quando ha partecipato a un tour gospel che ha attraversato tutto il Paese cantando canzoni come "He's Got the Whole World in His Hands" e "I Can Put My Trust in Jesus".

- Mahalia Jackson ha cantato alla radio e in televisione e, a partire dal 1950, si è esibita davanti a un pubblico straripante nei concerti annuali alla Carnegie Hall di New York.
- Otto dei dischi di Jackson hanno venduto più di un milione di copie ciascuno.
- Negli anni '50 e '60 Mahalia Jackson fu attiva nel movimento per i diritti civili.